**멈춰라, 생각하라,
그리고 투자하라**

투자자들의 불안을 잠재우는 행동경제학 법칙

멈춰라, 생각하라, 그리고 투자하라

마이클 베일리
지음
이주영
옮김

STOP
THINK
INVEST

21세기북스

추천사

'동학개미'라는 용어가 탄생한 지도 벌써 3년이 지났다. 동학개미는 2020년 코로나19 바이러스가 전 세계로 확산하던 때 폭락하는 국내 주식시장에서 20조 이상의 외국인 매물을 꿋꿋하게 매수하던 국내 개인 투자자를 지칭한 신조어였다. 하지만 역사적으로 개인들이 주식을 대거 매수해서 성공한 적이 없었기에 '동학'이라는 단어에는 '결국 실패로 끝날 것'이라는 부정적 암시가 들어 있었다.

그러나 1년 뒤 코스피는 3,300포인트를 돌파하면서 '외국인 투매에 맞서 용감하게 주식을 매수한 동학개미의 한판승'으로 끝났다. 용기를 얻은 개인 투자자들은 미국 시장으로 눈을 돌려 미국의 우량 주식뿐만 아니라 S&P 500과 나스닥을 추종하는 ETF(SPY, QQQ)까지 과감하게 투자하면서 미국 시장에서도 큰 전과를 올리게 된다. 2021년 연말까지 연일 사상 최고가를 갱신하는 미국 시장에 대한 뉴스는 팬데믹의 공포를 이겨내고 과감하게 미국 주식을 담은 서학개미들의 승전보가 되었다.

반대로, 2022년은 개인과 기관 구분 없이 투자자들에게 가혹한 한 해였다. 미연방준비제도FED의 공격적인 금리 인상으로 글로벌 주식시장은 연전연패를 거듭하며 속절없이 무너졌고 동학개미, 서학개미 할 것 없이 대규모 손실을 기록하며 그동안 벌어놓았던 수익 대부분을 반납했다. 하지만 2023년은 대다수 전문가들의 우려에도 불구하고 대부분의 우량 기업들이 V자 반등을 시현하며 인내심 강한 투자자들에게는 수익을 안겨주고, 공포심과 두려움에 손절한 투자자들에게는 낙담을 가져다주었다. 특히 2023년 상반기에는 2차전지를 비롯한 '성장주'들의 잔치가 벌어지면서 비관론에 빠져 있던 투자자들을 더더욱 비참하게 만들었고, 여기서 더 나아가 마치 닷컴버블을 연상시키는 FOMO('Fear Of Missing Out'의 줄임말로, 자신만 소외되는 데 대해 두려움을 느끼는 것) 현상이 나타나며 이들 성장주에 대한 '패닉바잉panic buying'으로 이어지기도 했다.

자, 이제 이렇게 다이내믹했던 지난 3년을 스스로 한번 복기해보기 바란다. 나는 이 두 번의 급락과 급등장에서 어떤 선택을 했고, 또 나의 투자 성적표는 어떤지, 객관적이고 냉정하게 평가해보자.

만약 이 두 번의 급등락장에서 내 계좌 잔고가 오히려 줄어들었다면, 당신은 당장 주식투자를 멈추고 이 책부터 읽어봐야 한다. 이 책은 행동경제학의 개념을 소개하면서 왜 많은 사람들이 감정과 편향에 의해 어리석은 판단을 내리고 잘못된 매매를 반복하는지 그

원인을 쉽고 자세하게 가르쳐준다. 그리고 그런 실수를 반복하지 않도록 '행동 코칭 팁'을 통해 구체적인 실행 방법도 알려준다.

저자는 스포츠는 연습이 필수적이고, 투자 역시 반복과 경험이 중요하다고 말한다. 그러나 실제 투자의 세계에서 반복과 경험은 위험이 따르기 마련이다. 그러므로 이러한 책을 통한 끊임없는 공부와 간접경험이 중요하다. 저자가 이야기하는 것처럼 늘 이 책을 곁에 두고 당신의 투자를 점검하라. 지금 나의 투자 결정이 어느 한쪽으로 편향되지 않았는지 의심이 들 때마다 펼쳐보며 당신의 투자 원칙을 바로 세워라. 이 책을 읽고 나면 당신은 감정적 소음에 의한 실패의 반복이 아닌, 성장 마인드셋에 의한 행복한 투자를 시작하게 될 것이다.

체슬리투자자문㈜ 대표이사
박세익

매수와 매도 버튼 사이에서 감정이 요동칠 때

시장은 당신이 버틸 수 있는 것보다 더 오랫동안 비이성적인 상태를
유지할 수 있다.

- 존 메이너드 케인스John Maynard Keynes

1985년도에 개봉한 하이틴 코미디 영화 〈작은 사랑의 기적〉에서
저돌적인 신문 배달부 조니는 마이어스 가족이 자신에게 줘야 할 신
문 배달비를 속였다고 생각한다. 영화 내내 조니는 흙이 묻은 자전
거를 타고 온 동네를 돌아다니며 2달러를 달라고 마이어스 가족을
필사적으로 쫓아다닌다. 이 모습이 내겐 어딘가 낯설지가 않다. 이
는 마치 현실 세계에서 투자한 모든 돈에 대해 보상이 이루어지기를
바라고 필사적으로 시장을 이기려고 애쓰며 수익을 좇는 감정적인
투자자들의 모습과 비슷해 보인다.

그들은 왜 명확한 경고 신호를 보지 못했나

제너럴 일렉트릭General Electric, GE의 투자자들도 감정 때문에 회사의 미래 전망에 대한 판단이 흐려지면서 〈작은 사랑의 기적〉의 한 장면을 찍은 것일지도 모르겠다. 2015년 12월, GE의 CEO였던 제프 이멜트Jeff Immelt는 향후 몇 년간 제트 엔진, 헬스케어 기술, 가스 복합 발전소가 급격한 성장을 주도할 것이라면서 투자자들의 상상력을 자극했다. 투자자들은 GE의 이익이 2015년 주당 약 1.20달러에서 2018년에는 이멜트가 제시한 대담한 목표대로 주당 2.00달러까지 치솟을 것이라고 기대하며 환호했다. 안타깝게도 투자자들의 환호는 고통과 좌절로 바뀌었다. 투자자들은 경영이 악화되고 주가가 30달러대 초반에서 10달러대로 급락하는데도 향후 주당 이익이 2달러가 될 것이라는 희망에 매달렸다. 어떻게 된 것일까?

2년 동안이나 다 잘되고 있다고 투자자들을 안심시켰던 GE는 2017년 11월, 마침내 회사의 상황을 사실대로 밝혔다. 주당 2달러로 잡았던 이익 목표도 거의 절반으로 낮췄는데 사업 펀더멘털, 특히 화석연료 기반 전력발전 부문의 펀더멘털이 무너진 것이 주된 이유였다. 결국 2018년에는 주당 65센트라는 눈물겨운 이익을 기록하며 주가가 한 자릿수로 떨어졌다(그림 1). 현실은 환상적인 장기 성장을 이뤄 주가를 지탱하겠다는 CEO의 처음 의욕과 상당한 괴리가 있었다.

2008~2009년 금융 위기 이후 10년 동안 GE가 보여준 주가 움직임은 많은 장기 주주들에게 불쾌한 깨달음을 안겨줬다. 하지만 의문은 여전히 남는다. 투자자들은 왜 경고 신호를 무시했을까? 아마도

(단위: 달러)

그들은 지속적인 주가 상승을 이루며 매력적인 배당금을 지급하는 신뢰할 수 있는 우량주에 여러 해 동안 익숙해져 안일한 감정에 빠졌을 것이다.

GE 이사회는 회사의 실적과 주가가 부진한 상황에서 제프 이멜트와 그의 후임자를 해고하는 편이 낫겠다고 생각했다. 이 이야기는 치열한 산업계에서 벌어진 단순한 불운이었을까, 아니면 포트폴리오에 제2의 GE를 넣지 않을 수 있도록 깨달음을 주는 '감정적 의사결정'의 전형적인 사례일까?

2010년대 후반 GE에 투자했던 많은 투자자들은 편향과 감정의 바다에 빠져 있었다. GE는 카리스마 넘치는 CEO가 있는 누구나가 아는 유명 기업이었다. 이런 점이 투자자들로 하여금 회사를 과신하고, 회사의 이야기를 믿고, 집단적으로 위험과 불확실성을 보지 못하도록 편향에 빠지게 했다. 많은 투자자들이 GE의 경영진을 신뢰한 결과, 그들은 암묵적으로 "나는 GE를 잘 아니까 위험 파악을 위한 추가 공부를 할 필요는 없다."고 생각했다. 설상가상으로 회사가 제시한 주당 2달러의 이익 가이던스가 주가와 투자자 심리를 지탱했다. 결국 투자자들은 주가 30달러를 고수하며 매도를 꺼렸고, 주가가 미끄러운 내리막길을 따라 굴러떨어지는 동안에도 매수 의견을 유지했던 월스트리트의 애널리스트들은 이를 지지했다.[1]

GE의 경우, 지금 돌아보면 미국을 대표하는 기업이 자멸하기까지 명백해 보이는 일련의 심리적 경고 신호가 있었다. 하지만 2016년 주가가 30달러대에 머물 때는 많은 투자자들이 그 잠재적 위험을 완전히 파악하지 못했다. 그렇다면 전문 투자자들은 GE의 사례에서 무엇을 배울 수 있을까? 한 가지는 현재 보유하고 있는 주식과 신규 투자 대상을 연구하는 과정에서 GE에서 나타났던 경고 신호가 보이는지 찾아보는 것이다. 한 걸음 더 나아가 전체 투자 프로세스를 세분화하여 모든 단계에서 '제2의 GE'가 될 가능성 높은 종목은 없는지 찾아볼 수도 있다. 그리고 이것이 바로 이 책의 목표다.

당신의 투자는 냉정해질 필요가 있다

2010년대 후반 당신이 GE 주식을 보유하고 있었다면 감정적으로 롤러코스터를 탄 기분이었을 것이다. 돈은 왜 그렇게 우리를 감정적으로 만드는 것일까? 돈을 벌거나 잃을 때 왜 승자나 패자가 된 듯한 감정적 반응이 일어나는 것일까? 돈과 감정이 섞이면 우리의 머릿속에서는 사실과 정보를 처리하는 능력을 흐리거나 편향시키는 강력한 혼합물이 만들어진다.

우리는 감정 때문에 잘못된 투자 결정을 내리기도 한다. 그 결과 전문 투자자들은 시장수익률을 하회하는 수익률을 거두거나 고객을 잃거나 장기적인 투자 목표를 달성하지 못하는 등의 실질적인 손해를 입는다. 퇴직금의 상당 부분을 회사 주식으로 보유했던 GE의 직원들은 회사가 천천히 망해갈 때조차 회사 주식을 보유해야 했기 때문에 감정적으로 심각한 비용을 치러야 했다. 이 책은 당신이 그러한 어려움에 처하지 않도록 더 나은 투자 결정을 내리고, 투자에 대한 감정적 비용을 낮출 수 있는 프레임워크를 제공한다.

그렇다면 더 나은 투자 결정을 내리려면 어디서부터 시작해야 할까? 다행히도 많은 학술 연구가 투자의 감정적 비용을 낮추기 위한 여러 방법론을 제시하고 있다. 다만, 더 나은 투자 결정으로 향하는 첫 번째 단계는 조금 불편할 수도 있다.

전문 투자자 및 개인 투자자는 냉정을 유지하고 자연스럽게 나타나는 감정과 편향에 적극적으로 맞서야 한다는 사실을 깨달아야 한다. 시장이 하락하고 감정이 고조되면 내 동료 마이클 무시오Michael Mussio는 늘 "냉정해!"라고 말한다. 즉, 다음과 같이 하라는 것이다.

- 하던 일을 멈춘다.
- 다음에 어떤 행동을 취할지 면밀히 생각한다.
- 그리고 투자한다.

바로 이것이 이 책에서 말하려는 핵심 아이디어다.

오늘날 투자자들은 왜 잘못된 결정으로 이어지는 편향과 감정을 무시하여 돈 벌 기회를 놓치고 마는 걸까? 다행히도 우리는 이 질문에 답하기 위해 수십 년 동안 다양한 분야에서 노력해온 지성인들의 통찰력에 기댈 수 있다. '행동경제학behavioral economics'이라는 연구 분야를 창시하는 데 기여한 심리학자이자 노벨상 수상자인 대니얼 카너먼Daniel Kahneman은 인간은 감정적 상태에서 "느낌을 믿고 욕망에 따라 행동한다."고 말한 바 있다.[2]

오크트리 캐피털Oaktree Capital에서 행동경제학 이론을 적용해 투자하는 위대한 투자자 하워드 막스Howard Marks가 그렇듯이 대부분의 전문가들은 카너먼의 견해를 지지한다. 막스는 "투자자가 저지를 수 있는 가장 큰 실수 중 하나는 자신의 편향을 무시하거나 부정하는 것"이라고 말했고[3] 최초의 가치투자자인 벤자민 그레이엄Benjamin Graham 역시 유행하는 주식이나 고평가된 주식보다 인기도 없고 덜 비싼 주식을 추천하면서 행동경제학적 생각을 지지했다.[4] 미국이 대공황에서 벗어나는 데 기여한 저명한 경제학자 존 메이너드 케인스도 개인이 경제적으로 잘못된 결정을 내리지 않도록 하기 위해 애썼다.

'야성적 충동'을 이기는 투자자가 되려면

케인스는 개인 투자자들이 종종 비합리적인 결정을 내리며 이런 결정들이 거시적인 차원에서 시장을 고통스러운 방향으로 움직이게 한다는 사실을 알았다. 나쁜 결정들이 엄청나게 많이 모여 야성적인 시장 움직임을 만들어낸다면 개인 투자자는 인간의 논리와 지성을 사용하기보다는 보다 원시적인 감정에 따라 행동할 것이다.

케인스는 투자 결정에서 이 같이 중요한 역할을 하는 직감이나 감정, 변덕스러운 태도 변화를 의미하는 말로 '야성적 충동animal spirits' 이라는 용어를 만들었다.[5] 행동경제학자이자 노벨상 수상인 로버트 실러Robert Shiller 교수는 야성적 충동을 "기업가적 마인드를 가지고 위험을 감수하는 낙관적인 느낌과 준비된 에너지"라고 표현한다.[6] 시장이 불안정해지고 투자자들의 심리가 고통에서 환희로 혹은 환희에서 고통으로 기울어질 때 경제 뉴스 채널을 켜면 야성적 충동에 대해 떠드는 소리를 수도 없이 들을 수 있다.

그렇다면 야성적 충동은 방송에서 사람들의 관심을 끌기 위해 사용하는 단순한 선전 용어일 뿐일까, 아니면 다른 특별한 의미가 있는 것일까? 야성적 충동이 극단으로 치닫는다면 투자자는 시작 부분에 언급한 케인스의 인용문에 따라 주의를 기울여야 한다. 실러는 "주식시장에서 야성적 충동이 높아지면 종종 전통적인 권위와 전문가의 의견은 무시된다."고 말하기도 했다.[7] 인간은 흥분하면 의사결정을 내릴 때 외부에서 근거를 찾기보다는 직감에 따라 행동한다.

실러 교수의 말처럼 주식시장에는 정말 "꿈과 전문성 사이에 단절"이 존재하는가?[8] 그의 말이 사실이라면 우리는 감정의 변화가 계좌의 안녕에 어떤 영향을 미칠 수 있는지에 대해 좀 더 집중해야 한다. 감정이나 느낌이 평생의 투자 결정에 영향을 미친다면 의도했던 것보다 훨씬 가난한 삶을 살게 될 수도 있으니 말이다.

성공적인 투자를 하고 싶은 투자자라면 본능적인 느낌, 간단히 말해 '직감을 믿으라'는 감정적인 충동과 맞서 싸워야 한다. 큰 실수를 저지르고 있다는 '경고 신호'를 찾을 수만 있다면 우리는 더 나은 결정을 내릴 수 있다.

또 다른 행동경제학자이자 노벨상 수상자인 리처드 탈러Richard Thaler 교수는 뛰어난 유머 감각을 가지고 투자 결정을 내리는 사람들에게 여러 가지 조언을 해준다. 탈러 교수는 2015년 영화 〈빅쇼트〉에서 팝 스타 셀레나 고메즈Selena Gomez와 함께 카메오로 출연해 주택 시장의 거품을 부채질했던 심리적 지름길과 편향에 대해 알기 쉽게 설명해주었다. 영화에서 그는 '뜨거운 손의 오류hot hand fallacy'에 대해 이야기한다. 뜨거운 손의 오류란 스포츠 팬들이 연달아 슛을 성공시킨 농구 선수가 다음 슛도 잘 넣을 것이라고 성공 가능성을 과대평가하는 현상을 말한다. 주택 버블 시기에 많은 투자자들은 주택 가격이 계속 상승했기 때문에 이후에도 상승할 거라고 생각했다. 이런 생각이 논리적으로 보이는가? 탈러는 영화에서 우리가 논리적으로 행동하는 경우는 드물다고 말하며 이러한 생각을 카드로 만든 집처럼 무너뜨린다. 실제로 주택 버블 시기 동안 자산 가격의 오르내림을 보면 수많은 사람들이 논리를 무시하고 투자 결정을 내렸다는 사실을 알 수 있다.

자산 버블에 대해 말하자면, 버블처럼 심각한 불균형은 역사적으로 몇 년을 주기로 하여 발생하곤 한다. 이때 편향과 감정에 보다 주의를 기울이면 주택 버블과 같은 거대한 경제적 재앙에 빠지지 않을 수 있다. 탈러는 어렵고, 드물고, 위험한 결정일수록 세심한 주의를 기울이라고 조언한다.[9] 자산 버블은 이 세 가지 항목에 모두 해당하므로 주식이나 기타 투자 상품이 과열_{melting up}되기 시작하면 투자자들은 높은 경각심을 가져야 한다.

버블 외에 매일 주식을 살펴보는 금융 전문가들도 탈러의 조언에서 도움을 얻을 수 있다. 경험상 모든 주식은 제각기 다른 상황에 놓여 있기 때문에 전업 투자를 하면 자주 어렵고 드물고 위험한 순간을 맞이하곤 한다. 예를 들어 수년간 보유했던 주식을 매도할 때는 거의 거래하지 않았던 주식에 대해 어렵고 위험한 결정을 내리는 셈이다.

이 책은 이러한 드물고, 어렵고, 위험한 투자 결정을 다루는 체계적인 접근 방법에 대해 이야기하는 책이다. 탈러 교수는 방법론 이전에 기본적으로 속도를 늦추고 주의를 기울이고 숙고해야 한다고 조언한다. 투자자는 "경험이 있고, 양질의 정보를 알며, 즉각적인 피드백이 있는" 분야에서 더 나은 결정을 내릴 수 있다.[10]

하지만 투자가 어디 말처럼 그렇게 쉽던가? 안타깝게도 투자라는 장기적인 여정에서 우리는 최종 목적지에 도달하기 전에 많은 감정적 어려움을 겪는다. 투자를 할 때 종종 어려운 결정의 순간에 놓이게 되는데 감정과 편향 때문에 잘못된 결정을 내리곤 하는 것이다. 다행히도 똑똑한 노벨상 수상자들이 더 나은 선택을 할 수 있는 방법들을 찾아냈다. 다만 문제는 투자자가 수많은 개념 중 대체 언제, 어떤 개념을 사용해야 하는지, 어떻게 알 수 있느냐 하는 것이다.

바로 그러한 고민의 결과로 이 책이 탄생했다. 앞으로 나올 내용에서 여러분은 더 나은 투자 의사결정을 위한 종합적인 지침들을 만나볼 수 있다. 이 책을 100개 이상의 망치, 드릴, 톱, 스크루드라이버가 들어 있는 도구함의 사용 설명서라고 생각해라. 하지만 이 도구함은 집을 짓기 위함이 아니라 장기적인 투자 성과를 높이기 위한 것이다. 어떤 면에서 이 책을 읽는 것은 투자 결정을 내릴 때 올바른 방향으로 우리를 인도하는 트레이너나 코치와 함께하는 것과 비슷하다. 당신이 늘 해왔던 방식을 버리거나 태도를 바꿀 필요는 없다.[11] 다만 투자 성과를 향상시키고 대가가 따르는 실수를 피하기 위해 도움이 되는 몇 가지 새로운 도구를 더하는 것이라고 생각하라.

이 책은 투자 과정을 기본적인 구성 요소로 세분화한 뒤 행동 코칭behavioral coaching을 제시하는 방식을 취한다. 이 책의 프레임워크를 통해 투자자는 감정과 편향을 파악하는 동시에 투자 과정의 각 단계에서 성과 개선을 위한 전략을 수립할 수 있다. 행동 코칭이라는 용어는 스포츠(선수 훈련), 경영(직원 관리), 심리학 분야에서 상당히 느슨하게 정의되는데,[12] 이 책에서는 더 나은 결정을 내리도록 투자자를 '유도'하기 위해 경제학과 심리학 개념을 적용했다.[13]

또한 주식의 연구, 매수, 거래, 매도에 대한 단계별 접근 방식을 취함으로써 각 단계마다 가상의 트레이너에게 도움을 받을 수 있다. 트레이너가 팔 근육을 만들 수 있게 구체적인 운동법을 추천해주는 것처럼 이 책은 투자 과정의 각 단계에 대한 구체적인 행동 코칭 팁을 제공한다. 행동 코칭 프레임워크를 이용해 돈을 생각하는 방식이 달라진다면 감정 변화를 줄이고 미래에 대해 보다 안정감을 느낄 수 있을 것이다.

더 나은 투자 결정을 위한 100가지 조언

2015년, 나의 예전 고용주가 대니얼 카너먼의 『생각에 관한 생각 Thinking, Fast and Slow』을 읽고 내부 회의에서 논의할 준비를 하라고 했다. 『생각에 관한 생각』은 행동경제학의 기원을 밝히고 감정과 느낌이 우리의 의사결정을 흐리는 수십 가지 상황을 설명하는 책이다.[14]

나는 비록 회의가 열리기 전에 회사를 나왔지만 어쨌든 책을 읽었고 실제로 두 번이나 읽었다. 전문 투자자로서 책을 읽으면서 계속 "와, 진짜 좋은 방법들이다! 투자 과정을 개선하기 위해 한 번 활용해봐야겠는데."라고 혼잣말을 중얼거렸다. 어느새 책을 읽으면서 쓴 메모는 수십 장에 달했다. 그러나 어떻게 해야 더 좋은 주식을 고르는 데 카너먼의 도구 상자를 활용할 수 있을지에는 생각이 미치지 못했다.

처음에는 그냥 책에 나오는 방법들을 요약해서 벽에 붙여놨다. 안타깝게도 이것은 그냥 벽지나 다름없게 되어버렸다. 투자 과정을 바꾸려다 실패하자 내 안의 야심찬 계획가는 게으른 실행가로 변했다. 매주 열리는 투자 회의에서 몇 가지 방법을 도입해보려고도 했지만 무질서하고 무계획적인 접근 방식처럼 느껴졌다.

이렇게 시행착오를 겪던 중 리처드 탈러의 저서 『넛지 Nudge』와 『똑똑한 사람들의 멍청한 선택 Misbehaving』(2021년 『행동경제학』으로 개정-옮긴이)에서 행동경제학 도구의 또 다른 보고를 발견했다. 심리 투자에 대한 방법들을 수집하면서 나의 관심과 흥분은 리처드 탈러가 노벨 경제학상을 수상하던 2017년에 폭발했다. 함께 회사를 설립한 수전

풀턴Susan Fulton이 수업 중에 리처드 탈러를 만났는데, 그녀가 탈러의 아이디어를 투자 과정에 접목해야 한다는 점을 강력하게 주장했던 것이다. 이 새로운 에너지에 힘입어 나는 탈러의 여러 가지 다양한 아이디어를 받아들였고 더 나은 투자 결정을 위한 100가지 방법으로 도구 상자를 확장시켰다.

탈러 교수의 행동 연구는 금융부터 정치, 스포츠 분야를 아우른다. 그는 다수의 NFL 구단주들이 1라운드 드래프트에 과도한 비용을 지불한다는 것을 발견했다. 데이터에 따르면 선순위 드래프트 지명권에 붙는 가격은 그 효용에 비해 비싼데도 말이다. 탈러의 연구는 구단주들이 후순위 드래프트 지명권을 갖고 더 적은 비용을 지불함으로써 가성비를 챙길 수 있음을 보여주었다. 드래프트 지명권에 대해 과도한 자신감을 갖고 과도한 비용을 지불하는 패턴을 설명하면서 탈러는 "어리석음은 계속된다."고 말했다.[15] 이 책의 요점은 NFL 구단주들이 드래프트 지명권에 대해 자주 보이는 행동과는 반대로 '행동재무학behavioral finance'의 개념과 데이터를 이용해 멈추고, 생각하고, 더 나은 투자 결정을 내리라는 것이다.

이 책에서 다루는 대부분의 개념은 노벨 경제학상을 수상한 행동경제학자들의 이론이지만 20년 동안의 투자 경험에서 내가 선별한 행동 코칭 팁도 포함되어 있다. 이 팁들은 나의 경험에서, 그리고 카너먼과 탈러 이외의 저자들에게서 얻은 것들이다. 팁은 쌓였지만 나는 이 원재료를 더 나은 투자 결정을 내릴 수 있게 도움을 주는 완제품으로 만들 방법을 확실히 알지 못했다. 누군가 행동경제학적 주제들[16]을 투자자들을 위한 지침으로 정리해놓은 것이 있는지 검색

해봤지만 딱 맞는 것이 없었다. 내가 이 분야에서 발견한 대부분의 연구는 널리 알려진 행동재무학적 도구의 몇 안 되는 주제에 대해서 깊이 있게 파고든 것들뿐이었다. 그렇다면 나머지 80~90개의 개념들은?

나는 카너먼과 탈러의 도구 상자에서 그렇게 잊힌 도구들이 안타까웠다. 그래서 투자자들이 사용하기 쉽게 모든 아이디어를 담은 일종의 가이드북 혹은 사용설명서를 만들기로 마음먹었다. 하지만 어디서부터 시작해야 할까? 고민 끝에 머릿속에 두 가지 생각이 떠올랐다. 첫째, 100개에 달하는 행동경제학에 관한 개념을 투자자들이 필요한 때에 재빨리 찾을 수 있도록 사용자 친화적인 구성 방식으로 정리해야 했다. 둘째, 각각의 이론적 도구들을 실제 투자 세계에 적용해야 했다.

참고로 카너먼과 탈러는 대부분 집을 사거나 직업을 구하거나 식료품점에서 쇼핑을 하는 등의 광범위한 경제적 결정에 행동경제학 이론을 적용했다. 행동경제학 분야는 최신성 편향recency bias(모든 사건보다 최근 사건에만 초점을 맞추는 것)처럼 의사결정 과정에서 반복적으로 나타나는 결함을 파악하려고 노력한다. 일단 결점을 확인하면 카너먼과 탈러는 이러한 함정을 뛰어넘어 더 나은 결정을 내릴 수 있도록 조언을 해준다.

행동재무학의 세계로 더 깊이 들어가기 전에 대니얼 카너먼과 함께 긴밀히 연구했던 이 분야의 세 번째 거장 아모스 트버스키Amos Tversky의 공로도 인정하고 넘어가야겠다. 몇 년만 더 오래 살았더라면 트버스키는 카너먼과 함께 노벨상을 받았을 것이다.[17] 1974년, 트버스키와 카너먼은 과도한 자신감, 손실 회피, 앵커링anchoring 효과와 같은 다양한 편향 때문에 개인이 완전히 합리적인 선택을 하지 못한다고 주장하며 경제와 투자에 대한 행동적 접근 방식을 확립하기 시작했다.[18] 이 책에서 카너먼을 언급할 때는 이 분야에 광범위한 공헌을 한 트버스키의 연구 역시 포함되었다고 보면 될 것이다.

행동재무학 분야의 혁신가들에 대해 더 많이 알게 되자 내 눈에 도전 과제와 기회가 보이기 시작했다. 이들 노벨상 수상자들은 우리 뇌의 결점을 이해하는 데 혁명을 일으켰다. 게다가 카너먼과 탈러는 우리 뇌의 결점을 극복해 의사결정과 투자 과정 및 결과를 개선하는 방법을 찾아냈다. 그렇다면 어떻게 이들 전문가들로부터 광범위한 지식을 얻어 이를 투자 세계에 적용할 수 있을까?

내가 찾아낸 해결책은 약 100개에 달하는 카너먼과 탈러의 조언을 투자 과정의 각 단계에 따라 12장으로 나누는 것이었다. 왜 12개인지 궁금할 텐데, 솔직히 말하자면 이 역시 나의 자의적 판단에 의한 것이다. 언젠가 내 동료 잭 바이스Zach Weiss가 말한 것처럼 편향의 100가지 징후를 12개의 분야로 나누겠다는 결정 자체도 나의 정신적 지름길 또는 편향의 한 형태라는 얘기다! 이렇게 행동 편향의 위험에 대해 글을 쓰는 사람조차도 다른 사람들에게 피해야 한다고 말하는 실수를 저지른다.

이 책은 노벨상을 수상한 행동경제학 이론이 우리의 투자 과정을 개선시킬 수 있고 투자의 감정적 비용을 줄임으로써 수익률을 향상시킬 수 있다는 생각을 전제로 시작한다. 연구에 따르면 심리적 실수로 인해 투자자의 포트폴리오 연간 수익률이 1.5퍼센트 낮아질 수 있으며, 시간이 지남에 따라 장기적인 비용 절감 효과가 사라질 수 있다고 한다. 이를 반대로 생각하면 감정적 실수를 발견하고 고치는 모든 방법은 투자 성과를 높일 수 있다는 얘기다. 1장에서는 이러한 시장수익률을 상회하는 수익률을 거두기 위한 방법으로 심리적 우위behavioral edge에 대해 논의할 것이다. 그 외에도 이 책 전체에 걸쳐 투자 과정의 여러 부분에 도움이 되는 다양한 행동 이론들을 설명해 놓았다. 또한 실제 나의 투자 사례를 들어 이론을 실제와 연결시키고자 했다. 카너먼과 탈러의 도구는 약간 추상적인 면이 없지 않아서, 분명한 사례를 통해 투자자들이 투자 분석 및 포트폴리오 운영에 적용할 수 있도록 해야 했기 때문이다. 이 책은 이와 같은 노력들의 최종 산물이다. 많은 투자자들이 카너먼과 탈러의 연구 결과에서 새로운 관점을 얻고 도움을 얻을 수 있기를 바란다.

규모와 상관없이 투자 결정을 내리는 사람이라면 누구나 이 책에서 제시하는 팁을 통해 투자 시 더 나은 기분을 느낄 수 있으리라 생각한다. 뒤에 나올 '편향의 경제망'에서 논의하는 것처럼 금융 서비스의 훨씬 더 광범위한 측면을 이야기할 수도 있었지만 나는 미래의 경제적 안녕을 위한 '투자'에 책의 초점을 맞추기로 했다. 그런 이유로 이 책의 범위를 주식의 펀더멘털과 주가 움직임을 살피고, 싸게 사서 비싸게 파는 '전통적인 주식투자'의 과정으로 제한했다. 다시 말해 주식 차트와 가격 움직임을 이용하는 기술적 분석, 방대한 계산 능력이 필요한 계량적 분석, 대출(레버리지)을 이용하고 주가 하락에 베팅(공매도)해 위험과 수익을 증대시키는 헤지펀드 방식의 투자는 다루지 않는다. 전통적인 주식투자는 제품, 경영진, 경쟁 회사에 중점을 두고 기업에 대해 질적으로 판단하기 때문에 인간적인 오류를 저지를 수 있는 여지가 많다. 이때 행동재무학을 활용하면 이러한 오류를 최소화할 수 있다.

'재미있고 더 잘하는' 투자는 얼마든지 가능하다

나는 다섯 명의 자녀를 둔 아버지로서 여러 어린이 스포츠단의 코치를 맡아왔다. 나는 보통 선수들에게 "재미있게 더 잘하라"고 격려한다. 아이들이 점수에 집착하기보다는 기본적인 기술에 집중하고 재미있게 자신의 발전을 즐기도록 하기 위해서다.

그런데 어린이 스포츠와 투자가 대체 무슨 관계가 있을까? 어떤 의미에서 스포츠와 투자는 매우 비슷하다. 모두 연습과 의사결정이 활동의 핵심이 되기 때문이다. 스포츠는 연습이 필수고, 투자 역시 반복과 경험이 중요하다. 말콤 글래드웰Malcolm Gladwell은 자신의 저서 『아웃라이어Outlier』에서 전문가가 되고 싶다면 어떤 일을 정말 잘하기 위해 1만 시간을 투자해야 한다고 말한다.[19] 일주일에 40시간 이상 일하는 전문 투자자라면 1만 시간의 경험을 쌓는 데 5년이 걸릴 것이다. 그는 그 5년 동안 어떤 결정을 내릴 것인가? 더 나아지고 있을까, 나빠지고 있을까, 아니면 정체되어 있을까?

우리는 종종 스포츠 경기를 할 때나 투자를 할 때 잘못된 결정을 내린다. 시간을 들여 결정의 장단점을 따져보지 않고 서두르거나 지름길을 택하기 때문이다. 운동선수는 경기장에서 승패를 결정짓는 순간적인 결정을 내려야 하니 스포츠와 투자에서의 의사결정은 완전히 다르다고 주장할지도 모르겠다. 그러나 많은 금융 전문가들이 변동성이 심한 자본시장에서 손익을 결정하는 선택을 순간순간 계속해서 내린다는 사실을 생각해보면 스포츠에서의 의사결정과 투자에서의 의사결정이 결코 다르다고 할 수는 없을 것이다.

이 책은 대부분 더 나은 투자 결정을 내리는 데 초점을 맞추고 있지만 더 재미있게 투자하는 방법에 대해서도 다룬다. 주식투자를 재미있게 만드는 한 가지 방법은 매일 퍼즐을 풀고 있다고 상상하는 것이다. 십자말풀이가 해답에 대한 단서를 제공하는 것처럼 자본시장은 투자자들에게 장기적인 경제 추세와 단기적인 금융 역학에 대한 단서를 제공한다. 이 책은 투자의 감정적 비용을 줄여 투자를 더 잘하게 돕는 동시에 투자라는 이름의 퍼즐을 풀면서 재미있는 시간을 가지게 돕는다. 투자를 재미있게 더 잘하는 것은 시간이 지날수록 점점 더 큰 투자 결정을 내리는 데 중요한 '행동을 통한 학습'에도 도움을 줄 것이다.

인간의 투자에서 이콘의 투자로 가는 길

이 책은 본질적으로 투자를 더 잘하고 싶고 돈과 감정, 편향, 심리의 교차점에 대해 배우며 재미를 느끼고 싶은 사람들을 위한 일종의 지침서다. 모든 유형의 투자자가 이 책의 독자가 될 수 있지만 내가 특히나 타깃으로 삼는 독자는 바빠서 종종 지름길을 택하고, 그러한 선택으로 자주 실수를 저지르는 투자자들이다.

스탠퍼드 대학의 캐럴 드웩Carol Dweck 교수는 성장 마인드셋growth mindset이라는 개념을 정립했다. 성장 마인드셋이란 "노력, 전략, 다른 사람의 도움을 통해 기본적인 자질을 기를 수 있다는 믿음"이다.[20] 성장 마인드셋을 가진다면 실수로부터 배우는 과정은 시간이 지남에 따라 더 만족스러운 결과로 이어진다. 반대로 고정 마인드셋fixed mindset은 "계속해서 스스로를 증명해야 한다는 강박관념을 만들어" 의사결정자들이 실패를 후회하며 돌아보게 한다.[21]

당신은 주가가 하락하면 기분이 나쁘고 후회가 되는가? 아니면 다음에 더 잘할 수 있도록 뭐가 잘못됐는지 알아내려고 노력하는가? 이 책은 독자들이 시행착오의 성장 마인드셋을 취해 더 나은 투자 결정을 함으로써 손실을 후회하는 고정 마인드셋을 피할 수 있게 도와줄 것이다. 다시 어린이 스포츠로 돌아가 보자면, 나는 아이들에게 실수에서 배우고 아쉬운 패배에 낙담하지 말고 다음 경기에서 더 잘하라고 격려해준다. 스포츠 경기를 할 때도 투자를 할 때도, 이길 때도 있고 질 때도 있다고 생각한다면 그 순간의 흥분에서 벗어나서 보다 장기적인 목표로 방향을 바꿀 수 있다.

노벨상 수상자들도 우리가 의사결정의 실수에서 교훈을 얻을 수 있도록 도와준다. 대니얼 카너먼은 빠르게 생각하는 시스템 1과 느리게 생각하는 시스템 2를 사용하는 의사결정의 두 가지 방법에 대해 이야기한다.[22] 시스템 1은 노력이 거의 필요하지 않으며 통제력이 부족한, 편하고 자동적인 사고 시스템이다. 선택권이 주어진다면 대부분의 사람들은 똑같은 목표를 달성하기 위해 노력을 덜 들이는 편을 선택할 것이다. 반대로 시스템 2는 노력이 필요하고 주의를 기울여야 하는, 집중을 요하는 사고 시스템이다. 주식투자의 세계에서 시스템 1은 빠르고 쉽게 결정을 내리게 하는 반면 시스템 2는 집중하고, 반성하고, 데이터를 수집하고, 선택을 비교하고, 최종 결정에 대해 고민하게 한다.

빠르게 생각하는 시스템 1은 점심으로 무엇을 먹을지를 정하는 일상적인 결정에 잘 맞다. 하지만 게으른 사고 체계인 시스템 1을 대학 선택, 주택 구입, 은퇴 설계처럼 인생을 바꾸는 중요한 결정을 위해 사용한다면 심각한 문제에 직면한다. 이 책은 바쁘고 산만한 시스템 1로 사고하는 것을 멈추고 느리게 사고하는 시스템 2로 전환한 다음 투자하라고 조언한다. 이것이 바로 이 책이 전하는 핵심 메시지다.

리처드 탈러는 조금 다른 접근법으로 두 가지 유형의 의사결정자를 정의한다. '인간humans'으로 칭하는 첫 번째 그룹은 사회의 큰 부분을 차지한다. 인간은 자동적인 결정을 내리고 이들의 인간적인 감정은 실수로 이어지기도 한다. 탈러가 '이콘econs'이라고 칭하는 두 번째 부류는 사회에서 더 적은 비중을 차지하는 사람들로, 가능한 최선의 결정을 합리적이고 사려 깊게 숙고하는 우울한 과학자들이다. 두 그룹을 비교하면서 탈러는 인간은 호머 심슨과 비슷한 반면 이콘은 〈스타 트렉〉에 나오는 스팍과 비슷하다고 말한다.[23] 많은 사람들이 결과를 보지 못하고 같은 실수를 반복해서 저지른다는 점을 생각해볼 때, "사람들이 시스템적으로 어떻게 실수하는지 파악해 인간 행동에 대한 이해를 높일 수 있다."[24]는 탈러의 생각을 받아들인다면 이러한 악순환에서 벗어날 수 있지 않을까?

이 책의 목표는 투자 과정에서 우리가 '인간'으로서 시스템 1로 사고하는 순간을 파악하는 것이다. 동시에 '이콘'이 중요한 투자 결정을 내릴 때 사용하는 시스템 2로 사고할 수 있도록 도와줄 것이다. 투자는 언제나 어려운 일이고 완벽한 의사결정은 거의 불가능하지만 우리가 반복해서 저지르는 '체계적인 오류'를 멈출 수 있다면 성공 가능성에 한 발짝 더 가까워질 수 있다.

이제 주식을 조사하고 매수하고 매도하는 과정으로 성공 투자를 향한 당신의 여정을 시작해보자. 감정적 소음을 줄이기 위해 하던 일을 멈춰라. 선택지를 신중히 생각하라. 그리고 이제 투자하라.

목차

1장 투자를 시작할 때 우리의 마음속에서 일어나는 일들
새로운 투자 아이디어와 테마 탐색하기 · 45

선택 설계와 자유주의적 개입주의 ▮ 멀티태스킹과 시스템 1 사고 ▮ 친숙도 편향: 우리는 왜 익숙한 것에 끌리는가 ▮ 외부 관점: 직감을 따르지 말고 질문하라 ▮ 가용성 편향: 경험과 사실은 동의어가 아니다 ▮ 위험 회피: 작지만 확실한 수익 ▮ 편협한 범주화: 세상은 흑백으로 이루어져 있지 않다 ▮ 넓은 범주화: 위험을 선택하는 안전한 방법 ▮ 심리적 회계: 저축을 하면서 신용카드를 쓰는 이유 ▮ 확신 편향: 전문가와 미디어의 최면에서 벗어나라 ▮ 책임 없는 불안: 걱정의 99퍼센트는 일어나지 않는다 ▮ '역발상 마켓 타이머'가 되는 법 ▮ 대기업을 선택할 때 주의해야 할 점

2장 무엇을 믿고, 무엇을 믿지 않을 것인가?
리서치 시작하기 · 89

완벽한 투자의 타이밍은 존재하는가 ▮ 보이는 것이 전부는 아니다 ▮ 전문가의 말을 참고하되, 너무 믿지는 마라 ▮ 후광 효과와 감정 휴리스틱

3장 사색적인 '시스템 2'의 목소리를 들어라
종목 심층 분석하기 · 105

종합적으로 리서치하기 ▮ 인지적 편안함: 기분이 결정이 되는 순간을 주의하라 ▮ 기업을 파악하는 네 가지 질문을 던져라 ▮ 확인하고, 살펴보고, 검증하라 ▮ 경영진 평가하기 ▮ CEO가 기업 성과에 미치는 영향 ▮ 과신은 모든 심리적 편향의 어머니 ▮ 자신

감 과잉 리더가 세운 제국을 조심하라 ▎ CEO의 지분과 대형 인수 거래 ▎ 매몰 비용에 발이 묶이지 않는 사람을 선택하라 ▎ 데이터 분석하기 ▎ 옷을 고르듯 주식도 비교하며 사야 한다 ▎ 편향을 제거하는 예측의 4단계 ▎ 과거의 데이터에서 미래를 예측하는 법 ▎ 의사결정 시 변수에 가중치를 둬라 ▎ 때론 창의력을 발휘해야 할 때도 있다

판단과 소음 ▎ 극단적 투자 논거의 위험 1: 과감한 예측과 내부 관점 ▎ 극단적 투자 논거의 위험 2: 계획 오류 ▎ 극단적 투자 논거의 위험 3: 가능성 효과와 확실성 효과 ▎ 극단적 투자 논거의 위험 4: 생생한 경험의 효과 ▎ 극단적 투자 논거의 위험 5: 단기적인 패턴 변화 예상하기 ▎ 투자 논거를 '사전 부검'하라 ▎ 대담한 예측과 소심한 선택

토론이 가져다주는 올바른 선택 ▎ 시장을 따라가기만 해서는 수익을 낼 수 없다 ▎ 어려운 질문과 게으른 대답 ▎ 배고플 때는 중요한 결정을 내리지 마라 ▎ 후광 효과와 집단 사고 ▎ 좋은 회사가 늘 좋은 주식인 것은 아니다 ▎ 위험을 부풀리지 말고 전체를 생각하라 ▎ 1퍼센트의 가능성은 1퍼센트일 뿐 ▎ 투자는 이분법이 아닌 상대적인 것이다 ▎ 회사와 고객 간의 최적의 지점을 찾는 법 ▎ 공개적인 투자에서의 위험 회피 ▎ 처벌의 두려움이 없는 열린 토론을 장려하라

합리적인 투자를 가로막는 심리적 함정들

우리는 이제 막 성과를 잠식하는 심리적 지름길과 감정의 거친 바다를 헤쳐 나가며 투자에 뛰어들려는 참이다. 하지만 발을 적시기 전에 한 걸음 물러나서 더 넓은 틀을 정리해보자.

제일 처음 우리는 조사, 분석, 거래에 영향을 미칠 수 있는 편향의 다양한 원인을 심도 있게 살펴볼 것이다. 이 '편향의 경제망economic web of bias' 안에서 누가 우리의 투자 결정에 영향을 미치려고 하는지 알아야 한다. 그런 다음 투자의 라이프 사이클에 대해 단계별로 짚어보려 한다. 이는 투자자가 주식을 연구하고 매수하고 포트폴리오를 운용하는 여정에서 어떤 행동 개념을 사용해야 하는지 파악하는 데 도움이 될 것이다. 마지막으로 나의 투자 스타일에 대해 설명하며 투자의 한 방법인 '심리적 우위'라는 개념을 이야기할 예정이다. 투자의 방법은 다양하며 나는 다른 투자 스타일도 존중한다. 다만 이 책의 목적상 독자들이 나의 일반적인 투자 방법을 안다면

100가지 행동 코칭 주제에 대한 나의 접근법을 더 잘 이해할 수 있으리라고 생각한다.

정보, 돈, 편향의 경제망

세상은 늘 용기 있는 사람들을 모함하려 하고 있다. 이것은 오래된 싸움이다. 한쪽에서는 군중의 고함 소리가 들리고 다른 한쪽에서는 양심의 목소리가 들린다.

- 더글러스 맥아더Douglas MacArthur

맥아더 장군의 명언은 대중의 의견이 파도가 되어 덮치면 그와 다른 의견을 가진 사람은 외롭기 마련이라는 사실을 상기시켜준다. 군중의 의견과 다른 의견을 가질 때 우리는 '대세의 흐름'을 따라야 할까 아니면 이에 맞서 '양심의 소리'에 귀를 기울여야 할까? 투자자들에게 이와 같은 결정은 시장을 이기는 것과 당황스럽고 고통스러운 손실을 마주하는 것 사이의 차이일 것이다.

많은 투자자들이 군중의 함성을 따라간다. 그것이 지름길이기 때문이다. 하지만 지름길을 택하거나 의사결정에 편향된 접근법을 취하는 이들이 과연 투자자들뿐일까? 아마도 그렇지 않을 것이다. 행동경제학을 보다 광범위한 투자의 라이프 사이클에 적용해 편향이 나타나는 곳을 확인할 수 있다. [그림 1]은 상호 연결된 편향의 출처를 시각화한 것이다. 나는 이것을 경제와 사회 전반에 퍼져 합리적

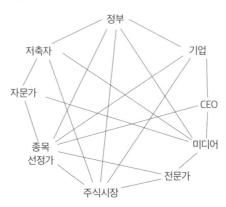

[그림 1] 편향의 경제망

정부
저축자
기업
자문가
CEO
종목
선정가
미디어
전문가
주식시장

금융 업계의 '먹이사슬'이자 편향의 원천을 보여준다.

인 투자 결정을 어렵게 만드는 '편향의 경제망'이라고 정의한다.

의사결정자들 중 누가 이 편향의 경제망에 영향을 미치는지 생각해보면 먼저 정치 지도자와 중앙은행 등 규제자를 떠올릴 수 있다. 선출 및 임명된 공직자들은 금리, 경제성장률, 규제, 무역 장벽, 적자, 국가 부채, 통화에 영향을 미친다. 이타적인 공직자가 될 수 있는 정치인과 관료들도 많지만 이해 상충의 위치에 있거나나 고용 안정성 또는 재선에만 더 관심을 갖고 민간 부문에 있는 수백만 명의 사람들에게 영향을 미치는 편향된 결정을 내리는 관료들도 있다.

편향의 망에서 또 다른 중요한 연결 관계는 고객, 경쟁업체, 공급자로 구성되어 있으며 CEO와 CFO 등 고위 의사결정권자가 주도하는 상호 연결된 자유시장이다. 이들 기업 리더도 비합리적으로 행동할 수 있다. 예를 들어, 단기적인 인센티브 때문에 현재 CEO에게는 긍정적이지만 장기적으로 더 광범위한 이해관계자에게는 부정적인 결정을 내릴 수 있다. 이렇게 공공 부문과 민간 부문을 이루는 각각의 구성원들은 시스템의 다른 부분에 영향을 미치며 감정적인 결정을 내릴 수 있다.

편향의 망을 이루는 다음 요소는 투자자들이 경제 활동에 대해 배우는 메시지와 메신저다. 나의 경험에 따르면, 정부와 자유시장에 대해 보도하는 미디어와 전문가들의 방식이 편향의 망에 복잡성을 증가시킨다. 의사결정자들은 종종 새로운 사실을 보도해 정보 효율성을 개선하고 윤리적으로 높은 기준을 만족시키기 위해 노력하는 언론인들로부터 경제 뉴스를 얻는다. 그러나 언론 또한 이윤 동기를 가지고 있으며 이것이 보도에 영향을 미치거나 편향을 가져오곤 한다. 게다가 업계 전문가와 주식 애널리스트 역시 시장에 편향된 정보를 전달할 수 있다. 어떤 전문가가 생방송 TV 인터뷰 중에 주식에 대해 극단적인 코멘트를 한다면 그의 분석을 흐리는 어떤 감정이 있으리라는 생각이 들지 않는가?

현실의 투자 세계로 눈을 돌려보면 주식시장에서는 기업과 경영진의 향후 행동에 베팅할 때 집단 심리가 나타난다. 대중의 지혜를 주장하는 사람들도 있겠지만 반대로 인간의 감정이 불러오는 급류는 금융시장의 혈관을 타고 흘러 편향, 잘못된 결정, 별 것 아닌 일에 대한 극단적인 반응을 만들어낸다. 투자의 세계에서 모든 투자자는 스스로 매수, 보유, 매도 중 한 가지 결정을 내려야 하는데, 이때 '감정'과 '느낌'이 개인 투자자를 여러 가지 방법으로 지배하곤 한다.

나는 이 책에서 100가지 이상의 행동 코칭을 제시하면서 그 개념을 크게 내적 편향과 외적 편향으로 나누었다. 내적으로 보면 사람들은 보통 지름길과 자동 선택이라는 아주 인간적인 본능을 가지고 태어난다. 반대로 우리는 외적 요소를 해석하면서 나쁜 투자 결정을 내리기도 한다. 이러한 잠재적 위험신호를 여기서는 '외적 편향'이라고 표현한다. 이 같은 내·외적 편향을 가진 여러 의사결정자들이 상호 연결된 선택을 함으로써 편향의 경제망이라는 복잡한 환경이 만들어지게 된다.

투자의 라이프 사이클

우리의 감정은 명확한 사고를 방해한다. 특히 돈과 투자에 관한한 더욱 그러하다. 흥분, 불안과 함께 오는 두려움과 탐욕의 감정적 사이클은 시장과 개별 주식의 거품과 붕괴로 이어질 수 있다. 그러므로 우리 자신의 감정과 느낌은 물론 편향의 경제망에서 다른 사람들의 행동적 편향을 이해한다면 이러한 투자 실수를 피할 수 있다. 하지만 요령은 언제, '어떤 감정'을 조심해야 하는지 아는 것이다.

머리말에서 이야기했듯이 나는 100가지도 넘는 노벨상 수상자들의 투자 팁을 여러 단계의 투자 라이프 사이클investment life cycles에 맞춰 12개 범주로 나누었다. '투자 라이프 사이클'이란 새로운 투자 아이디어를 떠올리고 매수를 한 뒤 다시 최종 매도를 하는 일련의 과정을 말한다. 다음은 이 책의 12장에 해당하는 투자 라이프 사이클의 12단계이다.

1. 완전히 새로운 투자 아이디어나 테마를 탐색한다.

2. 최초 연구를 시작한다.

3. 연구 과정을 완료한다.

4. 투자 논거investment thesis를 세운다.

5. 거래 시기와 규모를 정한다.

6. 최초 매수를 시작한다.

7. 초기 투자 결과와 주가 움직임을 분석한다.

8. 후속 거래를 고려한다.

9. 후속 거래를 실행한다.

10. 장기적인 투자 논거를 검토한다.

11. 전체 매매를 평가한다.

12. 매도하고 지속적인 개선에 집중한다.

투자의 라이프 사이클에서 내가 제시하는 행동 코칭 팁을 어떻게 활용할 수 있는지 더 자세히 알아보기 전에 각 장의 구성에 대해 잠시 살펴보겠다. 대부분의 전문 투자자들에게 물어보면 자신의 투자 업무를 12단계로 확실히 구분하는 사람은 없을 것이다. 하지만 수프에서 디저트까지 투자의 전 과정에서 일어나는 정신 활동을 전부 구분해달라고 요청한다면 아마도 위 12단계가 기본적으로 잘 들어맞다고 동의할 것이다.

전문적인 투자에는 공통의 회계 언어, 널리 사용되는 가치평가 기법, 중앙화된 거래 및 가격 시스템 등 몇 가지 기본 규칙이 있다. 그러나 이 틀을 넘어서면 투자자는 기본적으로 자기만의 방식에 따라 투자한다. 자신만의 독자적 룰에 따라 주식을 고르고 투자하는 것이다. 이를 염두에 두고서 투자 과정의 공통적인 12단계를 살펴보고 각 단계에서 실수를 피하는 방법을 알아보자.

이어지는 장들에서 나는 투자 라이프 사이클의 매 단계마다 각각의 개념 뒤에 숨겨진 이론에 대해 논의한 다음, 이 개념을 투자 과정에 적용하고 주식으로 실제 사례를 제시할 것이다. 예를 들어 1장에서는 사람들이 의사결정을 내릴 때 전체 사건보다 최근 사건에 더 집중하는 현상을 의미하는 '최신성 편향'에 대해 논의한다. 최신 사건 때문에 투자자가 뉴스에 나오는 특정 테마나 '핫한' 주식에 집중하게 되는 경우가 여기에 해당한다. 뒤에서 설명하겠지만 대규모 해킹 사건이 일어난 후에 투자자들은 사이버 보안 상품을 판매하는 팰로앨토 네트웍스Palo Alto Networks와 같은 기술 회사 주식을 마구 사들이곤 한다. 다수의 투자자가 동일한 최신성 편향을 가지고 사이버 보안 회사의 주식을 동시에 매수한다면 결국 투자자들은 좋은 회사를 나쁜(높은) 가격에 매수하게 되는 것이다. 이렇게 이론과 함께 제시하는 실제 사례를 통해 더 나은 결정을 내리는 데 도움을 얻을 수 있기를 바란다.

12개의 챕터에서 몇몇 장들은 그 내용이 훨씬 더 길다(1장, 3장, 5장, 8장, 12장). 그 이유는 투자 라이프 사이클의 특정 단계에서는 감정의 영향을 받기가 훨씬 더 쉽기 때문이다. 달리 말해 감정의 영향을 많이 받는 단계일수록 행동 코칭을 통해 그 오류를 줄이면 더 많은 이익을 얻을 수 있다. 2장, 6장, 7장, 9장은 투자 과정에서 감정적 오류가 일어날 여지가 적기 때문에 내용이 더 짧다.

인내심 있는 투자자는 어떻게 투자하는가

나는 2000년대 초 화이자Pfizer, 애벗랩스Abbott Labs, 백스터인터내셔 널Baxter International, 존슨앤드존슨Johnson & Johnson 등 헬스케어 회사에서 주식 리서치 애널리스트로 일하면서 투자 스타일을 발전시켰다. 하 지만 스물 몇 살에 월스트리트의 대형 투자 은행'에서 경력을 시작 하면서 2004년 한 매니저에게 내 투자 스타일은 거의 쓸모없다는 말을 들었고 이때 자아가 벽에 부딪혔다.

이 매니저는 부부장(채용과 해고 담당자이기도 했다)과의 아침 회의 시간에 미국 대형주는 가치가 더 높아지지 않을 것 같다고 말했다. 그 녀의 메시지는 본질적으로 "대형주들은 선별 작업을 끝냈고 이들 주 식 중에 특별한 시각을 갖고 있다면 그건 네가 틀렸다!"는 것이었다.

조금 침울한 시작이었지만 어쨌든 나는 앞으로 나아갔고 상황이 내게 불리해도 투자 스타일을 발전시키려고 노력했다. 그 결과 투자 하고 가치를 더할 수 있는 방법은 많다는 것을 알게 되었다. 2004년 을 돌아보면 애벗, 백스터, 존슨앤드존슨에 투자한 투자자들은 회사 에 대한 정보가 완전히 투명하게 공개됐음에도 수년간 유의미한 주 주 수익을 누려왔다.[2]

이제 투자 라이프 사이클의 12단계로 돌아가서 여기에 투자 스타 일에 대한 나의 경험을 덧씌워보자. 종목 선정 과정에 접근하는 방 법은 다양하다. 내 투자 스타일에 설명 스티커를 붙인다면 "구조적 인 변화- 좋은 실적, 더 좋을 다음 실적"이라고 쓸 수 있을 것이다. 이 짧은 말에는 많은 의미가 포함되어 있지만 본질적으로 나의 투자 스타일은 여러 해에 걸쳐 변화하는 기업, 즉 '구조적인 변화'를 이루고 있는 기업을 찾는 것에서부터 시작된다. 이렇게 유의미한 변화에는 사업부를 분사하거나 대규모 인수를 완료하거나 새로운 경영진을 영입하거나 경영 구조를 조정하거나 새로운 상품을 출시하는 것들이 있다.

많은 투자자들이 다년간의 변화를 완전히 파악하는 데 어려움을 겪기에 이런 기업들은 시장수익률을 초과하는 수익률을 낼 가능성이 높다. 일단 이런 기업들을 파악한 후에는 상당한 변화의 기간 동안 투자자의 기대치를 뛰어넘을 잠재력을 가진 기업들을 또 걸러낸다.

여기에서 '시간 차익거래time arbitrage'라는 개념이 적용된다. 차익거래는 싸게 사서 비싸게 판다는 말을 멋지게 표현한 것으로 나는 기업이 중대한 변화, 바라건대 더 좋은 변화를 겪고 있는 동안 차익거래를 할 수 있는 기회를 찾는다. 장기적인 투자 시계를 가진 고객을 위해 일하는 인내심 있는 투자자로서 나는 월 또는 분기 단위로 시장을 이겨야 하는 데이 트레이더와 헤지펀드가 관심을 갖는 단기적인 이슈도 검토할 수 있다.

시간 차익거래는 자유와 유연성이 있어 주식이 공포와 탐욕 사이를 오갈 때 단기적인 감정에 휩싸여 이중으로 손해를 보는 일을 피하게 해준다. 예를 들어, [그림 2]에서 단기 투자자는 A 지점 근처에서 매수하고 B 지점 근처에서 매도해 이익을 창출해야 한다. 단기 투자자가 이 방정식의 어느 한쪽에서라도 실수를 하면 시장수익률을 하회하는 수익률을 거두게 된다. 반대로 장기 투자자는 감정 변동을 제쳐두고 단기적인 군중의 과잉 반응을 이용할 수 있다. 단기 투자

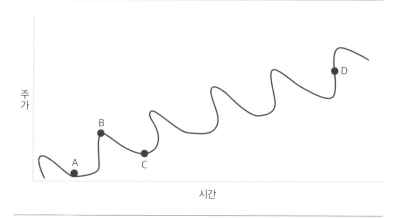

[그림 2] 시간 차익거래와 종목 고르기

자들이 돈을 벌었다고 판단하고 B 지점에서 주식을 매도하면 매도 압력이 주식을 하락시키고 장기 투자자에게 더 좋은 진입 지점(C 지점)이 생긴다. 시간 차익거래로 장기 투자자는 A, B, C 지점에서 매수할 수 있는 유연성을 갖고 수년에 걸쳐 매력적인 수익률을 창출하다가 D 지점에서 매도한다.

단기 투자자들은 복잡한 변화의 초기 단계에 있는 기업의 장기적인 상승 잠재력을 과소평가하곤 한다. 기업이 투자자들의 기대를 뛰어넘으면 예상을 상회하는 실적을 발표하고 가이던스를 상향 조정하는 패턴이 나타난다. 주가는 일반적으로 이익 등 펀더멘털을 쫓아가기 때문에 기업 실적이 호조를 보이고 예상치가 상향조정되면 주식의 밸류에이션도 개선된다.[3] 바로 이것이 내가 잡으려고 하는 기회다.

심리적 우위를 점해 투자 목표를 달성하라

나는 시간 차익거래라는 개념을 사용해 고객에게 시장에서 '심리적 우위'를 제공한다. 이것이 왜 중요할까? 일부 투자자들은 특히 다른 대안과 비교해서 심리적 우위야말로 시장수익률을 상회하는 수익률을 꾀할 수 있는 유일하게 현실적인 방법이라고 생각한다.

저명한 투자자 빌 밀러Bill Miller는 투자에는 정보 우위, 분석 우위, 심리적 우위라는 세 가지 경쟁 우위가 있다고 말했다.[4] 밀러는 기술 발전이 실시간으로 더 많은 정보를 공공의 영역으로 가져오면서 정보 우위를 갖는 것이 날로 어려워지고 있다고 말했는데, 나 역시 이 의견에 동의한다. CFA 협회는 투자자가 무형의 미공개 정보 조각들을 모아 주식의 매수 또는 매도를 판단할 수 있는 '모자이크'를 만들 수 있다고 가르친다. 이러한 모자이크 이론mosaic theory[5]의 반대편에 위치한 것이 내부 정보다. 내부 정보를 이용하면 주식으로 이익을 얻을 수도 있지만 감옥에 갈 수도 있다! 그래서 하워드 막스는 내부 정보를 제외하면 모든 사람이 현재에 관한 동일한 정보에 접근할 수 있고 "미래에 대해 동일한 무지"를 갖는다고 말했다.[6]

이렇게 모든 투자자가 동일한 정보에 접근할 수 있다면 매력적인 종목을 찾는 방법은 이들 데이터를 더 잘 분석하는 것일 테다. 특히 의학이나 공학, 기타 자연 과학 분야에서 고급 학위를 가진 투자자가 여기에 해당된다. 종양학자는 항암제 회사의 성공 또는 실패를 일반 투자자와 다르게 판단할 수 있다. 그러나 전문가가 아닌 보통의 투자자가 이러한 분석 우위를 갖기란 쉬운 일이 아니다.

결국 밀러가 제시한 세 가지 우위가 맞다면 투자자의 행동을 이해하여, 즉 '심리적 우위'를 점하여 좋은 성과를 내고 시장을 능가할 수 있는 기업과 주식을 찾는 것이야말로 가장 좋은 방법일 것이다. 바로 이 책이 편향의 경제적 그물망을 탐색하고 심리적 우위를 높여 시장 수익률을 능가하겠다는 목표를 달성하는 데 도움이 되길 바란다.

본격적인 내용을 시작하기 전에 이 책은 성과를 저해할 수 있는 감정과 편향을 파악하고 극복하는 방법으로 '행동 코칭'에 크게 의존하고 있음을 알린다. 포트폴리오 운용을 스포츠 팀을 관리하는 일과 비교해본다면 감정 기복으로 인한 나쁜 결정을 피하는 방법을 잘 이해할 수 있을 것이다. 리처드 탈러는 전문 투자자와 빅 리그 코치는 둘 다 수년간 경험을 쌓으면 고도로 숙련될 수 있다고 말한다. 다만 주식 투자자와 팀 매니저에게는 나쁜 결정으로 이어질 수 있는 편향을 피하기 위한 '부드러운 개입(넛지)'이 필요하다.

머리말에서도 이야기했듯이 미식축구 코치들은 종종 NFL 드래프트의 흥분에 사로잡혀 비합리적인 결정을 내리곤 한다.[7] 마찬가지로 나는 이 책의 1장이 감정이 고조되고 군중들이 환호할 때(또는 야유할 때!) 더 나은 결정으로 투자자들을 부드럽게 유도하기를 바란다. 이제 나의 격려를 기억하며 성공 투자를 가로막는 몇 가지 감정적 장애물들을 해결해보자.

투자를 시작할 때 우리의 마음속에서 일어나는 일들

새로운 투자 아이디어와 테마 탐색하기

STOP THINK INVEST

당신이 수집가이고 돈이 떨어지지 않는다면 아주 쉽게 행복해질 수 있다.

- 찰리 멍거Charlie Munger[1]

찰리 멍거는 버크셔 해서웨이Berkshire Hathaway의 최고경영자 워런 버 핏Warren Buffett의 독특하면서도 예리한 안목을 가진 오른팔이다. 그는 투자를 물건 수집하는 것에 비유한다. 돈이 떨어지지 않는 한, 투자 와 수집 모두 재미있는 일이라고 말이다! 멍거의 말은 투자는 재미 있는 행위며 더 발전할 수 있는 일이라는 생각을 잘 드러내준다.

하지만 예술품, 동전, 야구 카드를 모을 때처럼 감정은 윈도우 쇼 핑, 즉 리서치 단계에서조차 우리를 나쁜 결정으로 이끌 수 있다. 이 제 당신의 포트폴리오에 담을 다음 주식을 하나씩 수집해보자. 멍 거의 말처럼 재미있게, 그리고 점점 더 발전하는 방식으로 말이다.

선택 설계와 자유주의적 개입주의

투자의 라이프 사이클에서 첫 번째 단계는 산 정상에서 산 아래를 계측하는 일과 비슷하다. 어떤 것이 흥미로워 보이는가? 다음에 가고 싶은 곳은 어디인가? 마찬가지로 투자를 할 때도 새로운 투자 아이디어로 이끄는 더 광범위한 테마와 트렌드, 새로운 종목을 찾아 백지상태에서 여정을 시작하는 투자자들이 많다.

더 나은 투자 결정을 향한 여정을 시작할 때 전문 투자자들이 어떻게 종목 선택을 통해 가치를 더하는지 생각해보면 도움이 될 것이다. 이상적으로 전문 투자자들은 스탠더드앤드푸어스(S&P) 500 지수 등 미리 선정된 벤치마크를 만족하거나 상회하는 수익률을 올려 보수를 받는다. 그러나 시장을 상회하는 수익률을 내려면 일반적으로 더 적은 종목에 더 집중적인 베팅을 해야 한다. 나의 포트폴리오가 시장과 똑같다면 시장을 이길 수 없다.

리처드 탈러의 저서 『넛지』에는 '선택 설계자choice architect'라는 유형의 사람이 등장한다.[2] 이들은 다른 사람들이나 그룹이 더 나은 결정을 내리도록 돕는 숙련된 전문가 집단이다. 전통적인 경제 이론에 따르면 대부분의 소비자에게 선택지는 많을수록 유리하다. 그런데 왜 어떤 결정을 해야 하는지 알려주는 선택 설계자가 필요한 걸까? 탈러는 '적을수록 더 나을 때가 있다'고 말한다. 마찬가지로 시장을 이기려는 투자자에게는 주식을 더 적게 선택하는 것이 보통 더 높은 성과를 얻을 수 있는 방법이다.[3]

탈러는 의사결정자에게 도움이 되도록 선택을 제한하는 가장 좋은 예로 퇴직연금제도를 든다. 기존의 경제 이론대로라면 합리적인 연금 가입자들은 향후 필요하게 될 최적의 연금액을 월급에서 따로 떼어내 모을 것이다. 그러나 대부분의 근로자들은 연금을 충분히 모으지 못한다. 그렇게 때문에 탈러는 선택 설계자들이 기본 옵션으로 월급에서 일정 금액이 연금저축계좌로 자동 이체되는 시스템을 만들어야 한다고 말한다. 근로자는 언제든 자동 이체를 해지할 수 있지만 적극적인 선택을 통해서만(즉, 수동 이체 방식으로) 저축을 계속 하는 상태를 유지할 수 있다.

이런 경우 고용주는 고용주가 생각하기에 최선의 방식으로 기본 옵션을 설정하는 선택 설계자의 역할을 한다. 탈러는 나아가 선택 설계자를 자유주의적 개입주의libertarian paternalism의 한 사례로 설명한다. 의사결정자들은 자유시장을 존중하지만(자유주의적) 그들이 판단하기에 선택자에게 더 좋은 방식으로 선택에 영향을 미친다(개입주의).

그렇다면 이 모든 것이 종목 선택과 대체 무슨 관련이 있을까? 투자자는 탈러의 프레임워크를 활용해 선택 설계자가 되어 시장수익률을 상회할 합리적인 가능성이 있는 더 작은 그룹으로 주식 유니버스를 좁혀야 한다. 몇몇 전문 투자자나 애널리스트는 다수의 종목을 소수로 선별해 고객들에게 제공한다. 이들은 시장의 전 종목을 검토한다는 점에 있어서는 자유주의적이지만 선호 주식을 추천한다는 점에 있어서는 개입주의적이다.

나는 이 같은 선택 설계가 우유부단함이라는 내적 편향에 맞서는 방법이라고 생각한다. 행동 과학자들은 이를 '선택의 역설paradox of choice'이라고 부른다. 선택의 역설이란 선택권이 많을수록 좋다고 해

도 지나치게 많으면 결국 아무 결정도 내리지 못하게 되는 상태를 의미한다.[4]

모든 선택지를 계속 열어둔다면 선택의 역설 덕분에 오히려 마음이 더 편안해질지도 모르겠다. 투자의 세계에서 이것은 시장과 똑같은 포트폴리오를 보유한다는 말과 같다. 그러나 앞서 설명한 것처럼 시장과 똑같은 포트폴리오를 보유한다면 결코 시장을 이길 수 없다. 선택 설계자와 자유주의적 개입주의는 투자 목표를 달성하기 위해 선택지를 제한해도 된다는 사실을 우리에게 일깨워준다.

사이버 보안 회사 팰로앨토 네트웍스에 대한 나의 경험은 선택 설계자가 투자 목표를 달성하는 데 어떻게 도움이 될 수 있는지를 보여주는 좋은 사례다. 2016년 당시 나는 열린 마음을 가지고(자유주의적) 클라우드 컴퓨팅, 자율주행차, 사이버 보안 등 장기적인 투자 주제를 조사하기로 했다. 그런 다음 개입주의적 접근 방식을 적용해 테마를 정했다. 해킹의 빈도와 심각성이 증가하고 있는 것처럼 보였기 때문에 인터넷 보안 분야로 가닥을 잡았다. 다시 한 번 개입주의적 접근 방식을 취해 회사별 조사를 했고 그 결과 팰로앨토 네트웍스를 선택했다. 선택 설계를 통해 테마로는 사이버 보안을 선택하고, 이 테마를 보유하는 방법으로는 팰로앨토 네트웍스를 추천하게 된 것이다.

행동 코칭 팁

그룹으로 일할 때는 좋은 선택 설계자가 되어 투자 아이디어를 몇 가지로 추리고 투자 목표를 달성할 수 있도록 팀을 유도하라. 자유주의를 택해 개방적인 사고를 하되 개입주의자가 되어 데이터와 분석이 뒷받침된 확신할 수 있는 테마와 종목을 추천해야 한다.

멀티태스킹과 시스템 1 사고

사이버 보안과 행동재무학 사이에는 어떤 공통점이 있을까? 팰로 앨토 네트웍스에 투자하고 직장에서 사이버 보안 교육을 받으면서 나는 멀티태스킹의 위험성에 대해 알게 됐다. 멀티태스킹은 네트워크와 포트폴리오를 무너뜨릴 수 있는 지름길이다.

사이버 범죄자들은 두려움, 탐욕, 호기심과 같은 감정을 불러일으켜 우리가 비판적으로 사고하는 것을 방해한다. 해커들의 주문에 빠져 주의가 산만해지면 그때 범죄자들이 개인 정보나 비즈니스 데이터를 훔쳐가는 것이다.[5] 마찬가지로 투자자의 경우도 산만함은 나쁜 의사결정으로 이어져 투자 수익률에 악영향을 미칠 수 있다.

멀티태스킹에 대해 조금 더 자세히 알아보자. 주식 리서치 과정의 초기 단계를 생각해보면 멀티태스킹을 하는 투자자들은 새로 매수할 주식을 살펴보면서 집중력을 잃고 잘못된 길로 빠지곤 한다. 앞서 새로운 투자 아이디어를 찾을 때 모든 선택지를 열어두는 내적 편향에 대해 이야기했다. 마찬가지로 멀티태스킹은 투자의 초기 과정에 나쁜 영향을 미칠 수 있는 인간의 또 다른 편향이다. 연구에 따르면 성공적으로 멀티태스킹을 할 수 있는 사람은 전체 인구의 약 2퍼센트뿐이다.[6] 매사추세츠공과대학의 신경과학자들의 말에 따르면 나머지 사람들은 "멀티태스킹을 할 수 있다고 말하면서 스스로를 속인다."[7]

투자를 하면서 멀티태스킹을 하는 것은 다른 복잡한 활동들과도 비슷한 점이 있다. 대중 연설가는 종종 생각을 하면서 동시에 청중들과 상호작용을 해야 한다. 내가 만난 어떤 성직자는 예배를 할 때마다 배경 소음, 발장난을 하는 사람들, 아기의 울음소리처럼 주의를 방해하는 요소가 너무 많아서 집중하기가 어렵다고 말하기도 했다. 그는 청중 앞에서 연설할 때면 머릿속에서 다람쥐 40마리가 뛰어다니는 느낌이라고 했는데 투자의 초기 과정도 이와 비슷한 느낌일 수 있다.

새로운 투자 아이디어나 테마를 찾는 초기 단계에서 대부분의 투자자들은 다른 뉴스 토픽이나 리서치 보고서를 조사하기 위해 이리저리 뛰어다닌다. 이 과정에는 일종의 긴장감이 존재하는데, 열린 마음과 유연성을 가지고 새로운 아이디어를 살펴봄과 동시에 또 한편으로는 아이디어 목록을 좁히면서 주의 깊게 판단해야 하기 때문이다. 다양한 투자 테마를 멀리 떨어져 장기적인 관점에서 분석하는 것과 게으른 멀티태스킹 사이에는 아슬아슬한 차이가 있다.

대니얼 카너먼은 시스템 1로 사고할 때에만 멀티태스킹을 할 수 있다고 말한다.[8] 바로 이때 주의가 필요하다. 만약 스타벅스에서 줄을 서서 스마트폰을 확인한다면 멀티태스킹을 해도 괜찮다. 하지만 고객의 은퇴 자금을 마련할 새로운 투자 아이디어를 찾고 있다면 시스템 2로 사고하면서 당면한 과제에 집중해야 한다!

카너먼의 연구는 인간이 멀티태스킹을 할 때 사색적인 시스템

2를 사용하는 것이 본질적으로 불가능하다는 사실을 보여준다. 당신이 러시아워의 교통체증 속에서 운전을 하는 중이라고 상상해보자. 이것은 숙련된 운전자에게도 정신적 노력이 필요한 복잡한 과제다. 카너먼은 혼잡한 교차로에서 좌회전을 하면서 17 곱하기 24와 같은 시스템 2 과제를 수행하는 것은 불가능하다고 말한다.[9]

교통사고는 흔히 운전자가 동시에 여러 작업을 수행할 때, 그러니까 게으른 시스템 1을 사용해 운전하면서 친구와 대화도 하고 음악을 바꾸거나 내비게이션을 확인할 때 발생한다. 마찬가지로 새로운 아이디어를 연구하면서 무심코 한 번에 여러 일을 수행하고 투자 과정을 시작하면 포트폴리오에 문제가 생길 수 있다.

2016년 새로운 기술 테마주를 찾아보면서 나는 신중하게 각각의 장기적인 추세를 살펴보았다. 예를 들어, 자율주행차가 중요한 투자 테마가 될 수 있다고 생각했지만 투자 기간이 우려됐다. 자세히 조사하면 할수록 우리 고객들에게는 자율주행 기술이 더 성숙했을 때 투자해야 잘 맞을 것 같다는 생각이 들었다. 클라우드 컴퓨팅을 장기적인 투자 테마로 고려했지만 기존에 보유하고 있던 마이크로소프트Microsoft와 구글Google(현재는 알파벳Alphabet)이 이미 이런 기술 동향을 활용하고 있다는 생각이 들었다.

한편 사이버 보안은 새로운 사이버 방어 기술에 대한 즉각적인 수요를 창출하는 당면한 문제이자 우리가 거의 투자하지 않은 분야라고 생각됐다. 또한 사이버 보안 문제는 앞으로도 계속 위협이 될 것이며 해커의 피해를 막을 수 있는 기업이 성장할 것 같다는 생각이 들었다. 나는 동시에 이것저것을 고려하기보다는 각각의 거시 테마에 집중하고 어떤 장기 트렌드가 새로운 투자 아이디어에 가장 적합한지 신중하게 판단했다.

친숙도 편향: 우리는 왜 익숙한 것에 끌리는가

「월스트리트 저널」 1면에 실린 주식은 사지 마라. 그 뒷면에 나온 주식을 사라.

- 밥 브라운Bob Browne(노던트러스트 전 최고투자책임자)[10]

지금까지 멀티태스킹을 했을 때 생길 수 있는 문제점과 주식투자 아이디어와 테마를 훑어볼 때 주의를 기울여야 한다는 점에 대해 이야기했다. 이제 리서치 과정에서 무의식적으로 익숙한 것을 선호하고 낯선 것을 멀리하게 되는 또 다른 내적 편향에 대해 좀 더 자세히 알아보자. 투자자들은 귀에 익은 이름을 선호하고 외국 회사처럼 낯선 이름을 가진 주식(또는 회사)을 기피한다. 이런 '친숙도 편향familiarity bias'을 인식하지 못하면 의미 있는 기회를 놓칠 수 있다.

나 역시 아이들의 초등학교 주식투자 동아리에 조언을 해주다가 친숙도 편향을 목격한 적이 있다. 아들 앤드류가 친구와 함께 인기 주식을 훑어보다가 주식 티커Ticker(주식에 부여되는 특정 코드)가 'WINS'인 회사를 찾아낸 것이다. 앤드류는 이 주식이 팀을 주식투자 대회에서 우승Win으로 이끌 것이라고 생각했다. 윈스 파이낸스 홀딩스Wins Finance Holdings라는 이름의 이 회사는 사실 변동성이 매우 큰 중국의 초소형 대부업체로, 주가는 며칠 동안 상승하다가 결국 폭락했다. 앤드류는 친숙한 이름만 보고 투자하는 것이 위험하다는 교훈을 얻었고, 이것은 전문 투자자들에게도 해당되는 이야기다.

우리는 왜 익숙한 것을 선택하는가? 카너먼은 이 질문에 대해 위험한 환경에 직면한 유기체는 미지의 것에 두려운 마음을 가지고 조심스럽게 접근함으로써 생존하기 때문이라고 주장했다.[11] 이 말대로라면 새로운 주식을 접할 때 모든 투자자는 목숨을 걱정해야 하는 걸까? 다소 극단적인 예이긴 하지만 은퇴할 때까지 보유할 주식을 딱 하나만 골라야 한다고 생각해보자. 프록터 앤드 갬블Procter & Gamble처럼 익숙한 종목을 고르겠는가, 아니면 줌 비디오Zoom Video(2020년에 대단한 성과를 냈다)나 발리언트 제약Valeant Pharmaceuticals(2015년에 폭락했다)처럼 검증되지 않은 종목을 선택하겠는가? 이런 예에서 대부분의 투자자는 익숙한 선택을 고수할 것이다.

카너먼은 친숙도 편향에 대한 생각을 뒷받침하기 위해 기업공개IPO에 대해 스위스에서 진행한 연구 결과를 예로 들었다. 입소메드Ypsomed, 게베리트Geberit처럼 낯선 이름의 회사는 코멧Comet, 스위스퍼스트Swissfirst, 엠미Emmi처럼 친숙한 의미의 이름을 가진 주식에 비해 IPO 성적이 나빴다.[12] 아마도 투자자들은 과거 경험해본 것 같은 기업에 어느 정도 편향을 가지고 있었을 것이다.

카너먼은 반복된 경험이 편안함이나 인지적 안정감을 가져오며 느긋한 시스템 1이 작동하면 익숙하게 느껴지는 선택을 하게 된다고 말한다. 이것은 투자자에게 '자국 편향home-country bias'이라는 방식으로 나타난다. 캐나다에 살면서 늘 캐나다라는 말을 듣는데 캐나다에 본사를 둔 회사의 주식을 더 많이 보유하겠는가, 일본에 본사를 둔 주식을 더 많이 보유하겠는가? 두 나라 모두 수익성이 높은 대기업이 존재하지만 실제 데이터에 따르면 대부분의 투자자는 자신에게 익숙한 회사를 선택한다.

전 세계 모든 주식을 한 바구니에 담는다면 전체 시장 가치에서 미국 주식이 차지하는 비중은 약 55퍼센트여야 할 것이다.[13] 다시 말해, 완벽한 분산투자를 하려면 미국인을 포함한 전 세계 모든 투자자가 포트폴리오의 55퍼센트를 미국 주식으로 보유해야 한다는 말이다. 그러나 데이터는 미국인의 평균 포트폴리오는 약 75퍼센트가 미국 주식으로 구성되어 있고 해외 주식이 차지하는 비중은 25퍼센트밖에 되지 않는다는 점을 보여준다.[14]

사실 75:25라는 비중은 더 다양한 국가에 투자해야 할 의무가 있는 연기금과 기금 등 대형 투자 기관이 포함된 수치이기 때문에 실제 개인 투자자의 자국 편향성은 이보다 더 높다고 봐야 한다. 내 경험에 의하면, 미국의 대부분 개인 투자자들은 아마도 보유 주식의 90퍼센트 이상을 미국 기업으로 보유하고 있을 것이다. 미국 투자자들은 익숙하지 않은 통화와 정치적, 경제적 위험 때문에 해외 주식 매수를 어려워하고 국내 투자를 선택하는 것 같다.

친숙도 편향은 한 국가 내에서도 나타난다. 특정 지역에 거주하는 투자자는 종종 자신이 아는 종목을 더 많이 매수하기 때문이다. 예를 들어, 기술력 중심의 서부 해안 지역에 거주하는 투자자는 전국 평균보다 기술주를 10퍼센트 더 많이 보유한다. 마찬가지로 월스트리트와 가까운 북동부 지역에 거주하는 투자자는 전국 평균보다 금융주를 9퍼센트 더 많이 보유한다.[15] 이러한 불균형은 은퇴 계획으로 보유한 주식처럼 비유동적인 투자에서도 나타난다. 전반적으로 지역과 국가에 따라 친숙도 편향이 나타나며 이는 투자 결과에 영향을 미친다.

사이버 보안 분야의 주식을 살펴볼 때 내게도 친숙도 편향이 영향을 미쳤을지 모른다. 앞서 설명했듯이 나는 빠른 성장을 이룰 수 있을 만큼 작지만 수익성과 어느 정도의 진입 장벽은 보장되는 중간 규모의 기업을 원했기 때문에 팰로앨토 네트웍스를 선호했다. 당시 대부분의 사이버 보안 회사가 미국에 기반을 두고 있었기 때문에 자국 편향성은 큰 이슈가 아니었다.

미국 안에서 내가 원하는 조건에 맞는 중간 규모의 사이버 보안 회사는 거의 없었지만 친숙도 편향 때문에 파이어아이FireEye나 포티넷Fortinet처럼 낯설게 들리는 이름의 회사들을 피했던 것 같다. 무의식적으로 널리 알려진 첨단 기술의 허브(캘리포니아 팰로앨토 지역. 구글, 아마존, 테슬라 등 실리콘밸리의 많은 기업들이 팰로앨토에 본사를 두고 있다.-옮긴이)에서 이름을 딴 회사를 선택하는 것이 아무 상관없는 두 단어를 조합해 이름을 지은 회사보다 더 편안하게 느껴졌을 수도 있다.

외부 관점: 직감을 따르지 말고 질문하라

이 세상에는 우리가 모른다는 사실조차 모르는 것들이 있다.

– 도널드 럼즈펠드Donald H. Rumsfeld(전 미국 국방장관)

앞서 익숙한 것을 선호하고 낯선 것을 멀리하게 만드는 내적 편향
에 대해 살펴봤다. 내적 편향은 투자 과정의 초기 단계에 계속해서
나쁜 영향을 미칠 수 있다. 이제 내부 관점inside view과 외부 관점outside
view의 차이를 탐구해보자.

만약 대부분의 사람들이 의사결정을 내리기 위해 시스템 2라는
힘든 과정 대신 직감을 따르는 빠르지만 엉성한 시스템 1로 사고한
다면 머릿속에 모든 답을 가지고 있다고 생각할 것이다. 그러나 이
세상에는 외부 관점으로 살펴봐야 하는 미지의 것들이 많이 있다.
솔직히 내부 관점은 메뉴를 고르거나 A에서 B로 이동하는 것처럼
작은 목표를 달성하는 데는 효율적이다. 그러나 이보다 더 중요한 결
정을 내릴 때는 이야기가 달라진다. 게으름이 내부 관점을 유발할
수도 있고, 우리 안의 이기심과 적개심 같은 뻔뻔한 특성 때문에 '이
게 내 방식이라거나 옳은 길이라고' 우기게 될 수 있기 때문이다.[16]

식당 선택이나 기본적인 길 찾기처럼 간단한 결정은 차치하고서라도 내부 관점은 종목 선택과 같은 더 중요한 선택에서 심각한 문제를 일으킬 수 있다.

카너먼은 중요한 결정을 내릴 때, 특히 내부 관점만 있으면 된다고 생각될 때일수록 외부 관점을 취해야 한다고 말한다.[17] 하워드 막스 역시 지적 겸손은 '다른 사람의 지적 능력'을 인정하면서 열린 마음과 겸손함을 가지고 내가 틀릴 수도 있음을 인정하는 방법이라고 이야기한다. 막스에 따르면 지적 겸손을 가진 사람은 자신의 지식이 잠정적이고 불완전하며 새로운 데이터가 나오면 수정될 수 있음을 안다.[18]

그렇다면 리서치 초기 단계에서 지적 겸손과 외부 관점을 어떻게 적용할 수 있을까? 카너먼은 (1) 시장 변화 (2) 경쟁사 (3) 모른다는 사실조차 모르는 것, 이 세 가지 요소를 조사함으로써 경험에 기댄 추측(직감을 따르는 것)을 뛰어넘을 수 있다고 본다.[19] 이 세 가지 요소를 이해하면 내부 관점을 훌쩍 뛰어넘어 안전지대를 벗어날 수 있다.

한 가지 사례로 투자 과정의 초기 단계에 외부 관점을 적용하는 방법을 살펴보자. 사이버 보안 관련 주식을 찾을 때 나는 위험한 스타트업(가령 파이어아이나 포티넷)도 아니고 이미 성숙해서 성장이 더딘 대기업(시스코Cisco나 체크포인트Checkpoint)도 아닌 회사를 원했다. 그래서 팰로앨토 네트웍스에 집중했다. 팰로앨토 네트웍스는 내가 원하는 조건에 딱 맞는 회사처럼 보였기 때문이다. 수익성을 낼 수 있을 만큼 크지만 민첩하게 움직일 수 있을 만큼 작았다.

그러나 딱 맞는 회사처럼 보였던 이유는 나의 내부 관점을 취한 결과였다. 내부 관점은 중간 규모의 사이버 보안 주식에 대한 욕구를 만들어냈고 팰로앨토 네트웍스는 여기에 적합해 보였던 것이다. 하지만 외부인은 여기에 대해서 뭐라고 말했을까? 경쟁사를 살펴본다면 이 섹터를 보유하는 가장 매력적인 방법은 사실 과감한 스타트업에 투자하는 것이었다. 사이버 보안 업계의 고객과 공급자들로 이루어진 시장 변화를 살펴보면 이 시장은 굉장히 위험하고 역동적인 시장이었음으로 확고하게 자리 잡은 대기업에 투자하는 것이 가장 좋은 방법일 수도 있었다.

경험상 외부 관점을 취하기 가장 까다로울 때는 내가 무엇을 모르는지조차 모르는 분야를 살펴봐야 할 때다. 기본적으로 전화를 받거나 미팅을 가면 "어떤 질문을 해야 하나요?"라고 물어봐야 한다. 이렇게 질문하는 것은 때때로 조금 어렵고 어색하겠지만 당신이 테마, 산업, 기술, 회사에 대해 진정한 호기심을 보인다면 대부분의 전문가들과 꽤 쉽게 친해질 수 있다.

나는 리서치 과정에서 사이버 보안 컨퍼런스에 참석하여 시장이 하드웨어에서 클라우드 컴퓨팅 소프트웨어로 이동하고 있다는 사실을 알게 되었다. 최선의 결정은 아마도 클라우드 기반 보안 소프트웨어에서 점유율을 확보하고 있는 회사에 투자하는 것이었을 테다. 이런 식으로 경쟁사, 시장 변화, 모른다는 사실조차 모르는 것들을 이해함으로써 내부 관점이 '최선의 방법'이라거나 '유일한 방법'이라고 생각하는 내적 편향을 피할 수 있다.

가용성 편향: 경험과 사실은 동의어가 아니다

분석가들은 과거를 예측하는 경향이 있다.

– 대니얼 카너먼[20]

어떻게 보면 내부 관점은 다른 사람들의 경험에서 지식과 통찰력을 얻기보다는 자신의 경험을 바탕으로 의사결정을 내리는 것이다. 그렇다면 우리 경험은 어떻게 내부 관점을 만들어내는 것일까? 어떤 경험, 기억, 시각, 소리를 이용해 직감에 따른 결정을 내리는 것일까? 우리는 리서치 과정에서는 안전지대 밖에서 힘들게 새로운 정보를 파헤치기보다 쉽게 이용할 수 있는 정보만 활용하고 있지는 않은지 주의를 기울여야 한다.

위에 나오는 카너먼의 인용문은 투자 분석가들조차 예측 시 이용 가능한 데이터들에 의존한다는 사실을 알려준다. 과거는 손쉽게 이용할 수 있는 자료로, 우리는 미래도 과거와 비슷하리라 생각해 이를 기반으로 쉽게 예측을 하곤 한다.

'가용성 편향availability bias'은 의사결정 과정에서 종종 내부 관점을 취하게 되는 이유를 더 깊이 파고든다. 카너먼은 어떤 범주가 크다고 판단하게 만드는 최근 사건이나 극적인 사건, 생생한 이미지, 개인적인 경험으로 가용성 편향을 설명한다.[21] 본질적으로 인간은 기억이 생생하면 그 기억이 의미하는 바를 과장하여 생각하곤 한다.

이를테면 최근 일어난 자동차 사고는 모든 자동차가 실제보다 더 위험하다고 생각하게 만든다. 아프리카의 기아 상황을 보여주는 눈물겨운 사진들은 모든 신흥시장이 인간의 기본적인 필요를 제공하기 위해 고군분투하고 있다고 생각하게 만든다. 백화점에서 겪은 형편없는 고객 서비스는 모든 백화점의 고객 관리가 엉망이라고 생각하게 만든다. 이렇듯 개인적인 경험을 바탕으로 빠르고 쉽게 투자 결정을 내린다면 외부 관점을 취하기보다는 대개 쉽게 구할 수 있는 기억과 자료들에 의존하게 된다. 그리고 이러한 경험은 우리의 기억 은행에 고통, 위험, 실망의 감정적 흔적을 남겨 향후 같은 범주를 피하게 만든다. 이러한 가용성 편향은 좋은 기억이나 경험이 있는 경우에는 반대 방향으로도 작용하기도 한다.

카너먼은 "한동안 상황이 나빠지면 비관적이 되고, 한동안 상황이 좋아지면 낙관적이 되며, 투자를 정말로 통제하는 것은 바로 이런 감정들이다."[22]라고 말하면서 가용성 편향을 투자와 연결시킨다. 즉, 가용할 수 있는 감정(그것이 낙관주의든 비관주의든)이 다음 행동에 대한 편향을 만들어낼 수 있다는 말이다.

이 장에서 예로 들고 있는 팰로앨토 네트웍스로 돌아가서 가용성 편향이 투자자의 행동에 어떻게 영향을 미치는지 살펴보자. 야후 Yahoo, 메리어트Marriott, 에퀴팩스Equifax 등 기업에서 발생한 대규모 해킹 사고는 해커를 막는 것이 불가능할지도 모르겠다는 생생한 기억을 만들어냈다. 해킹에 대해 쓴 눈길을 끄는 뉴스 헤드라인 역시 사이버 보안 주식에 대한 수요를 급증시켰다. 투자자들이 해킹이라는 범주를 실제보다 더 심각한 수준으로 생각하게 됐기 때문이다.

가용성 편향 때문에 기업의 주가가 일시적으로 급등했다면 장기 투자를 고려하기 전에 이런 기억이 조금 희미해지도록 기다리는 것이 현명하다. 다행히도 나의 경우는 사이버 보안 산업을 조사하면서 대규모 해킹 사건이 일시적으로 소강상태에 들어가 가용성 편향의 영향을 덜 받을 수 있었다.

행동 코칭 팁

리서치 과정의 초기 단계에서는 새로운 정보 출처를 찾고 가용성 편향을 만들어내는 최근의 생생한 사건이나 개인적 경험에 기대고 싶은 충동과 싸워야 한다.

위험 회피: 작지만 확실한 수익

한 걸음 더 나아가려다가 절벽 아래로 떨어진 당신이 아는 모든 이들을 떠올려봐라.

- 찰리 멍거[23]

지금까지 다룬 내적 편향은 대부분 상당히 단순하며 쉬운 선택과 어려운 선택의 차이를 쉽게 구분할 수 있는 것들이었다. 하지만 그렇게 구분이 쉽지 않은 것도 있으니 바로 이제부터 다룰 위험을 생각하는 방식에 영향을 미치는 내적 편향이다. 위험을 다루는 방식은 투자자에게 목표를 달성하느냐 큰 투자 실패를 겪느냐 하는 큰 차이를 가져올 수 있다.

위험은 투자의 라이프 사이클 내 모든 부분에서 중요한 고려 사항이지만 이번 장에서는 위험이 투자의 초기 단계인 리서치 과정에 어떤 영향을 미치는지에만 초점을 맞출 것이다. 이 단계에서 투자자는 "아니, 이건 너무 위험해"라면서 승자가 될 수도 있는 주식을 무심코 무시해버릴 수도 있기 때문이다. 앞으로 제시할 행동 코칭은 투자 선택의 폭을 좁힐 때 잠재적 보상에 비해 감내할 수 있는 위험의 수준을 더 잘 파악할 수 있게 해준다.

그렇다면 위험이란 무엇이며, 대부분의 사람(그리고 투자자)이 위험을 회피하려는 이유는 무엇일까? 간단히 말해서 '위험$_{risk}$'은 나쁜 일이 일어날 확률이다. 현실 세계에서의 위험이 비행기에서 뛰어내리거나 헬멧을 쓰지 않고 오토바이를 타는 것이라면 투자 세계에서의 위험은 주가가 하락하거나(절대적 위험) 벤치마크 수익률을 상회하지 못할 가능성(상대적 위험)이다. 표준편차로 변동성을 측정해 투자 위험을 정의할 수도 있다.

조금 더 자세히 살펴보자. 대부분의 인간은 이익을 얻었을 때 느끼는 기쁨보다 손실에서 느끼는 고통이 더 크다. 10달러를 따는 것과 10달러를 잃는 것 중 어느 쪽이 더 고통이 클까? 대부분 사람들은 손실을 입을 때 비슷한 이익을 얻었을 때에 비해 두 배나 더 나

뿐 감정을 느낀다. 다시 말해, 5달러의 손해와 10달러의 이익을 동일하게 느낀다는 뜻이다. 2:1이라는 비율은 사람들이 위험 회피적이라는 생각을 잘 뒷받침해준다.

또 다른 예를 살펴보자. 50퍼센트 확률로 100달러를 얻고 50퍼센트의 확률로 75달러를 잃는 경우 대부분의 사람들은 그냥 게임을 포기해버린다(2:1의 위험 회피 법칙을 기억하라). 그러나 합리적이고 사려 깊은 시스템 2로 사고를 하는 사람은 이것이 꽤 좋은 게임이며 확률이 자신에게 유리하다는 점을 알 것이다(50퍼센트 × 100달러 수익 + 50퍼센트 × 75달러 손실 = 예상 수익 12.50달러).

카너먼은 여기에서 더 나아가 위험 회피형 인간은 위험한 것보다 기댓값이 낮은 확실한 것을 선택한다고 말한다. 즉, 금전적 가치는 낮지만 심리적 가치가 더 높은 것을 선택한다는 얘기다.[24] 길거리에서 5달러를 줍는 것이 고객 센터에 전화를 걸어 스트레스를 받으면서 10달러를 환불받는 것보다 더 기분 좋을 수 있다.

그렇다면 위험 회피 성향은 투자, 특히 리서치 과정에 어떤 영향을 미칠까? 대부분의 투자자에게 위험한 것보다 확실한 것을 선호하는 위험 회피 성향이 있다면 위험이 더 낮은 주식을 매수하려는 경향이 크게 나타날 것이다. 금융 섹터처럼 위험한 섹터와 필수 소비재처럼 일견 안전한 섹터를 비교해보면 이를 계량화할 수 있다.

주식에 대한 수요를 측정하는 한 가지 방법으로 주가수익비율price-to-earnings ratio, PER이 있다. 투자자들이 이익에 대해 더 높은 가격을 지불하면 PER이 높아지고 낮은 가격을 지불하면 PER이 낮아진다. 지난 30년 동안 변동성이 큰 금융 섹터는 PER 12로 거래되었다. 이와 대조적으로 음료, 식품, 개인 용품과 같은 방어적인 섹터에 대해 투자자들은 다른 메시지를 보냈다. 이들 산업은 금융처럼 기업별로 제공하는 상품이 크게 다르지 않은 섹터보다 더 안정적인 경향이 있는데, 필수 소비재는 충성 고객이 존재하고 반복적인 매출이 일어나며 높은 수익성이 확보되기 때문이다.

이런 차이점으로 인해 필수소비재 주식은 지난 30년간 PER 15로 거래되었다. 기본적으로 투자자들은 위험한 섹터에 비해 안정적인 섹터에 대가를 지불한다는 뜻이다. 달리 말하면, 투자자들은 투자의 불확실성(PER 12)을 회피하기 위해 프리미엄(PER은 15)을 지불하며, 이는 방어주를 매수하려는 수요가 더 크다는 것을 의미한다.

위험 회피를 후회 회피regret avoidance라는 렌즈를 통해 바라볼 수도 있다. 리서치 과정에서 투자자는 위험한 주식을 선택했다가 폭락할 경우 느끼게 될 후회의 가능성에 대해 미리 생각하기도 한다. 어떤 의미에서 투자자는 투자 과정 초기에 위험을 피하고 투자 과정의 말미에 후회할 확률을 줄이기 위해 프리미엄을 지불한다.

그렇다면 위험 회피 편향으로 인한 잘못된 결정을 피할 수 있는 실질적인 방법은 무엇일까? 한 가지 방법은 새로운 주식 아이디어를 저위험군과 고위험군으로 구분하는 것이다. 내가 만약 안전하고 확실한 것sure things을 주로 살펴본다면 위험 회피 편향에 빠져 있는 상태일 가능성이 높다. 특히 투자 목표가 S&P 500 지수 등 광범위한 벤치마크 수익률과 비슷하거나 이를 상회하는 수익률을 내는 것이라면 말이다.

다음으로 밸류에이션을 살펴본다. PER 등의 지표로 상대적인 밸류에이션을 비교해보면 저위험 주식 중 다수가 상대적으로 비싸다는 사실을 알 수 있다. 리서치 과정에서 안전하고 비싼 주식을 주로 고려한다면 밸류에이션과 위험 대비 수익률의 측면에서 더 광범위하게 주식을 살펴보고 투자를 다각화할 필요가 있다.

나는 새로운 투자 아이디어와 테마를 찾으면서 클라우드 컴퓨팅처럼 큰 위험이 없어 보이는 트렌드를 따라가고 싶은 충동과 싸워야 했다. 솔직히 자율주행차처럼 이색적인 테마는 내 투자 목표에 비해 너무 위험하다고 생각했다. 그런 이유로 나는 위험 스펙트럼의 중간 어디쯤에 있는 사이버 보안 섹터에 투자하기로 한 것이다. 더 나아가 소규모 스타트업과 보다 성숙하고 다각화된 사이버 보안 회사들 사이에서 중간 수준의 위험을 가지고 있다고 생각했던 팰로앨토 네트웍스에 대해 추가 조사를 진행하기로 했다.

행동 코칭 팁

모든 사람이 같은 생각을 하고 있다면 확실한 것은 종종 형편없는 투자 대상이 된다. 한발 물러서서 투자 목표를 평가하고 장기적으로 유의미한 상승이 가능하다는 생각이 든다면 합리적인 수준의 위험을 감수하는 데 익숙해져야 한다.

편협한 범주화: 세상은 흑백으로 이루어져 있지 않다

지금까지 새로운 투자 아이디어와 테마를 고려할 때 우리를 잘못된 방향으로 이끄는 내적 편향을 집중적으로 살펴봤다. 또한 위험 회피 편향으로 인해 더 저조한 수익을 낼 수도 있는 더 안전해 보이는 투자 상품을 선택하게 되는 현상에 대해서도 알아봤다.

여기서 한 걸음 더 나아가서 인간이 위험 회피적인 이유 중 하나는 결정을 '범주화'하는 방식 때문이다. 대부분의 사람들은 시스템 1 사고를 이용해 쉽고 간단한 결정을 내리는 방식을 선호한다. 따라서 보통은 예/아니오 질문처럼 선택의 폭이 좁은 것을 좋아한다. 그러나 이렇게 편협한 범주를 사용하면 문제가 발생한다. 인간은 기본적으로 위험이 가장 적은 쪽을 선택하는 경우가 많기 때문이다.

리처드 탈러는 위험한 프로젝트를 평가하는 기업 관리자를 예로 들어 편협한 범주화와 위험 회피의 문제를 설명한다. 관리자가 단일 프로젝트에 대해 단발적인 접근 방식을 취한다면 실패 가능성에 대해 더 위험 회피적이 되기가 쉽다. 한번 생각해보자. 누군가 당신에게 "이 위험한 프로젝트를 하고 싶습니까, 아닙니까?"라고 묻는다면 어떻게 대답하겠는가?

여러 프로젝트를 더 넓게 묶으면(다발적 접근 방식shot gun approach) 관리자는 성공이 실패를 상쇄할 가능성이 높다는 사실을 인식하고 더 많은 위험을 감수할 수 있다. 탈러의 연구에 따르면 전문 투자자의 경우, 위험한 투자를 한 번에 하나씩 검토하면 위험을 회피하게 된다. 그러나 한 번에 여러 투자를 살펴보면 낙관적으로 볼 수 있다.[25]

중국집에서 셰프 스페셜처럼 조금 다른 음식을 먹어보고 싶다고 해보자. 시스템 1로 사고하는 사람은 편협한 범주화(이국적인 셰프 스페셜을 먹느냐 아니면 아무것도 먹지 않느냐)를 사용할 것이다. 이때 위험 회피 성향이 발동되면 쫄쫄 굶게 된다. 마찬가지로 새로운 주식을 매수하려고 위험한 선택(한 번에 한 종목)을 살펴보는 투자자는 의사결정을 하기 위해 편협한 범주화를 사용한다. 모든 주식(솔직히 국채를 제외한 대부분의 주식)은 어느 정도 위험을 수반하기 때문에 특정 주식에 대한 결정을 '예/아니오'로 좁게 범주화하면 위험 회피 쪽으로 편향될 수 있다.

이 장의 사례 연구로 돌아가서 팰로앨토 네트웍스에 대해 찬성 또는 반대를 결정하고 있다고 가정해보자. 2015년에서 2016년 초에 팰로앨토 네트웍스를 살펴보기 시작했을 때 이 회사는 간신히 대형주(시가총액 약 130억 달러)에 속해 있었고 변동성이 매우 컸으며 많은 투자자들이 회사의 모멘텀이 바닥났다고 생각했다. 위험 회피적인 투자자라면 편협한 관점을 취해 팰로앨토 네트웍스와 아무것에도 투자하지 않는 것 중 하나를 선택지로 놓고 베팅했을 것이다.

행동 코칭 팁

위험한 투자 대상을 한 번에 한 개씩 보지 마라. 의사결정의 프레임이 편협하면 위험 회피적이고 형편없는 투자 선택을 할 수 있다.

넓은 범주화: 위험을 선택하는 안전한 방법

내적 편향을 더 잘 이해하기 위한 우리의 여정에서 마지막 목적지는 방금 살펴본 주제와 정반대 지점에 위치한다. 편협한 범주화와 관련된 함정에 대해 논의했으니 대충 짐작할 수 있을 것이다. 그렇다. 편협한 범주화라는 문제의 반대편에는 넓은 범주화라는 해결책이 존재한다. 시나리오 분석이나 비교 분석을 통해 시야를 넓히면 이분법적인 위험 상황을 하나씩 살펴보는 데서 비롯되는 위험 회피 편향을 피할 수 있다.

바로 앞에서 편협한 범주화를 사용하면 위험 회피적인 손님은 중국 음식점에서 낯선 셰프 스페셜을 거부하게 될 거라고 설명했다. 그러나 넓은 범주화를 사용하면 전체 메뉴를 살펴보고 덜 위험해 보이는 보다 익숙한 메뉴를 시도해볼 수 있다. 어떤 면에서 넓은 범주화를 사용해 주식을 선택하는 일은 치즈케이크 팩토리처럼 메뉴가 많은 식당에서 저녁 메뉴를 고르는 것과 비슷하다!

넓은 범주화의 이점과 (앞서 논의한) 멀티태스킹의 위험이 만나면 행동 코칭에 건강한 긴장감이 조성된다. 투자 과정의 초기 단계에서 이 문제를 해결하는 한 가지 방법은 새로운 테마나 주식을 작은 그룹으로 고른 다음, 비교 분석이나 시나리오 분석을 하는 것이다.

편협한 범주화의 문제가 위험을 회피할 가능성이라면 넓은 범주화는 다른 수준의 위험을 감수해 더 나은 성과를 낼 수 있게 한다. 카너먼은 일반적으로 동시에 여러 가지 의사결정을 검토할 때 넓은 범주화를 사용하라고 조언한다.[26] 다시 말해, 위험 회피를 피하기 위해 테이블 위에 여러 가지 결정을 올려놓고 거기에서 범위를 좁히라는 것이다.

넓은 범주화를 유지하면서 새로운 주식투자 아이디어에 초점을 맞추는 한 가지 방법으로 '고위험 테마'에 속한 '저위험 회사'를 선택하는 방법이 있다. 나는 자율주행차를 고위험 테마로 보았지만 그 추세에 발을 담글 수는 있다. 가령 모빌아이Mobileye는 자율주행차에 들어가는 특수한 마이크로칩을 판매하는 회사인데, 이 회사의 기술을 인수한 인텔 주식을 보유하는 식이다. 저위험 테마에 속한 고위험 회사를 보유하는 방식도 생각해볼 수도 있다. 예를 들어 이미 성숙한 미디어 및 엔터테인먼트 산업의 혁신 기업인 넷플릭스에 투자하는 것이다.

기존 포트폴리오의 위험을 측정해 새로운 투자 아이디어에 넓은 범주화를 적용할 수도 있다. 포트폴리오에 고성장주, 모멘텀주, 초저평가주, 초소형주, 신흥시장주 등 벤치마크와 크게 다른 주식이 가득하다면 위험도가 낮은 아이디어에 더 많은 비중을 두는 것이 좋다. 반면 포트폴리오가 매우 방어적인 주식들로 가득 차 있다면 위험이 높은 테마로 변화를 꾀해야 할 것이다. 팰로앨토 네트웍스를 고려했을 때 나의 포트폴리오가 대체로 그랬다. 일부 투자자들은 팰로앨토 네트웍스의 위험도에 불안해했지만 나는 대부분 안정적인 우량주로 구성된 포트폴리오를 살펴본 후 사이버 보안과 같은 섹터에서 한두 종목 정도 고위험 주식을 추가해도 괜찮겠다고 판단했다.

행동 코칭 팁

다수의 시나리오를 고려하는 넓은 범주화가 편협한 범주화보다 일반적으로 낫다. 한 번에 하나의 종목만 보는 대신 리서치 과정에서 여러 종목을 비교하면서 종합적인 접근 방식을 취하라.

심리적 회계: 저축을 하면서 신용카드를 쓰는 이유

사람들을 오도하는 능력은 크게 과소평가된다.

- 찰리 멍거[27]

지금까지 종목과 테마를 선택하는 방법에 영향을 미치는 내부 편향에 대해 알아보았다. 내부 편향에 대한 내용은 이 정도까지만 하고 이제 외부적인 영향에 초점을 맞춰 편향의 경제적 그물망을 다시 소환해보려 한다. 앞으로 나올 내용에서는 편향이 한 개인이나 그룹에 영향을 미치고, 그 편향이 투자자에게까지 영향을 미치는 폭포 효과에 대해 살펴볼 것이다.

첫 번째로 논의할 외부 편향은 자기 통제, 심리적 회계, 배당 선호가 결합된 문제다. 다소 복잡해 보일 수도 있지만 본질적으로 고객을 위해 자금을 관리하는 전문 투자자는 배당주 편향 가능성을 인지하고 있어야 한다. 은퇴했거나 수확기에 들어가 매수보다 매도를 더 많이 하는 고객은 소득(배당금)으로 분류되는 현금 유입을 선호하는 경우가 많기 때문이다.

이러한 형태의 현금 흐름은 은퇴한 고객이 일상적인 생활비로 주식 등 자산을 매도한 돈보다 배당 소득을 쓰는 것을 더 편하게 느끼게 한다.[28] 전문 투자자는 배당주에 대한 고객의 관심을 존중할 수 있지만 주식 선택 과정이 편향에 지배당하지 않게 해야 한다.

이렇게 고객의 감정과 편향이 겹쳐진 상황에 대해서는 풀어낼 이야기가 많으므로 찬찬히 살펴보자. 여기에서 다룰 첫 번째 내부 편향인 심리적 회계mental accounting는 기본적으로 돈(혹은 자산)을 다른 계좌로 관리하는 비합리적인 방식을 말한다. 특정 생수 브랜드를 다른 생수 브랜드보다 선호하는 것과 비슷하다(생수는 마케팅에 의한 편향이 영향을 미친 것이겠지만!).

심리적 회계의 한 예로, 도박꾼이 카지노에 100달러를 가지고 가서 50달러를 따면 딴 50달러를 처음에 가지고 온 100달러와 다르게 취급하는 것을 들 수 있다. 보통 도박꾼들은 새로 딴 50달러를 '하우스 머니'라고 부르면서 더 큰 위험에 뛰어드는데, 사실 도박꾼은 150달러 전액을 똑같이 취급해야 한다. 마찬가지로, 결국 모두 같은 돈이지만 많은 투자자들이 배당금을 주식 매매로 발생한 현금과 다르게 취급한다. 이들 투자자는 도박꾼이 하우스 머니를 대하듯 배당금 사용을 편하게 느낀다.

배당주를 선호하는 투자자의 초기 주식 선택 과정에 영향을 미칠 수 있는 두 번째 편향은 자기 통제self-control다. 완벽히 합리적인 세상이라면 인간은 완벽한 선택을 할 것이므로 자기 통제에 대해 걱정할 필요가 없다. 하지만 현실에서는 감정과 욕구가 합리적인 사고를 방해하기 때문에 반드시 자기 통제 전략이 필요하다. 더 맛있는 저녁 식사를 위해 견과류나 과자 봉지를 안 보이게 치워버리는 것이 간단한 예다. 저녁 식사에 초대된 합리적인 손님은 맛있는 식사를 즐기려면 애피타이저는 애피타이저로 끝내야 한다는 사실을 알고 있다. 그러나 나초와 살사 소스가 놓인 테이블을 보면 우리 안의 자동적인 시스템 1은 메인 요리가 도착할 시점에 우리 배를 과자로 잔뜩 채우고 있을 것이다.

일상생활에서도 자기 통제와 심리적 회계가 결합된 모습을 볼 수 있다. 카너먼에 따르면 사람들은 "저축 계좌에 돈을 모으면서 동시에 신용카드 빚을 유지해 자기 통제에 대한 돈을 지불한다."[29] 우리는 자기 통제를 발휘해 과도한 지출을 피하는 동시에 심리적 회계로 분리된 계좌에 돈을 넣는다. 전문 투자자라면 리서치 과정에서 이와 같은 경향이 나타나지 않는지 경계해야 한다.

마찬가지로 가지고 있는 자산을 바탕으로 생활하는 합리적인 투자자는 자금이 어디에서 나오는지와 크게 관련 없이 지출해야 할 금액을 정확히 계산한다. 이러한 시스템 2의 사고를 하면 주식을 매도하는 것과 배당금 소득을 지출하는 것에는 아무런 차이가 없다. 그러나 현금이 바닥날지도 모른다는 비합리적인 두려움 때문에 일부 투자자들은 고성장주 등 비배당주로 포트폴리오를 다각화하기보다는 배당주와 배당 소득으로 생활하는 편을 극단적으로 선호한다.

이제 내가 심리적 회계, 자기 통제, 배당 선호에서 비롯되는 편향에 빠지는 것을 면했던 사례 연구로 들어가 보자. 기기, 자동화, 센서, 운송 기술에 중점을 둔 산업용 기계 회사 포티브 코퍼레이션 Fortive Corp(티커: FTV)에 대해 살펴보겠다. 포티브는 2016년 모회사 다나허Danaher에서 분사했다.

2015년 포티브를 살펴보기 시작했을 때 나는 이 회사가 배당금을 많이 지급하지 않으리라는 사실을 알고 있었다. 일반적으로 높은 성장률과 높은 배당률 사이에는 상충 관계가 존재하는데 포티브는 성장을 도모하는 계획을 많이 세우고 있다는 느낌이 들었기 때문이다. 간단히 말해, 포티브는 유보금을 주주에게 배당금으로 돌려주지 않고 성장을 위해 사용할 것 같았다. 나는 배당률은 낮지만 높은 주가수익률이 기대되는 포트브가 높은 배당을 지급하는 기성 제조업 주식들로 구성된 포트폴리오의 전체적인 수익률을 높일 것이라고 내다봤다. 이러한 접근 방식을 취하면 주식(자산)과 배당금(소득)을 인위적으로 분리하는 심리적 회계를 피하고, 고배당주만 매수하는 자기 통제 편향도 피할 수 있다.

행동 코칭 팁

배당금에 대한 심리적 회계를 피하려고 노력해라. 고객과 투자자를 끌어당기는 높은 배당 수익률은 실망스러운 주식을 제대로 보지 못하게 할 수 있다. 배당금 유무에 관계없이 주식을 평가할 때는 자기 통제력을 발휘하고 열린 마음을 유지해라. 배당을 주는 형편없는 주식보다 배당이 없는 좋은 주식을 고르는 것이 낫다.

확신 편향: 전문가와 미디어의 최면에서 벗어나라

누군가가 어떤 투자에 대해 강한 예감이 든다고 말할 때 당신이 취할 가장 안전한 행동은 그들을 믿지 않는 것이다.

- 대니얼 카너먼[30]

지금까지 우리는 새로운 주식이나 테마를 찾는 여정에서 선택에 영향을 줄 수 있는 몇 가지 내적 편향을 분석하고 배당주 선호라는 외부 편향을 살펴봤다. 다음으로 편향의 경제적 그물망으로 돌아가서 종목 선택에 미치는 전문가와 미디어의 영향을 살펴보자. 이러한 외부 요인은 확신 편향과 결합하여 새로운 주식이나 테마를 선택하거나 회피하도록 만든다. 기본적으로 투자자는 낯선 주식이나 테마에 대해 전문가가 솔깃한 이야기를 하면 경계를 늦추지 말아야 한다.

여기에서 확신 편향이 작용하는 이유는 우리가 TV나 라디오, 광범위한 미디어 보도에서 보거나 듣는 대부분의 전문가는 지나치게 겸손한 전문가보다 더 확신에 차 있을 가능성이 높기 때문이다. 카너먼에 따르면 자신감이 낮은 전문가는 실제 청중 앞에서 무너질 때가 많다.[31] 이 말대로라면 우리가 미디어에서 보는 대부분의 전문가들은 자신감이 낮은 전문가들보다 메시지를 전달하는 데 더 큰 자신감에 차 있을 것이다.

그렇다면 새로운 투자 아이디어를 찾을 때 재미있고 극적이며 낙관적인 스토리텔러가 하는 말을 듣는 게 무슨 문제가 있을까? 많은 문제가 있다. 카너먼에 따르면 인간은 보상이 있고 진실을 말하는 온건주의자보다는 흥미롭지만 판단을 그르치게 할 수 있는 정보에 굴복하는 경향이 높다. 그런 이유로 카너먼은 사회가 위험을 감수하면서까지 낙관주의를 중시한다고 주장한다.[32] 자신감 넘치는 전문가가 낙관적인 이야기를 하면 전문가들 사이에 경쟁이 일어나 메시지를 극단으로 몰고 가고 "위험과 불확실성에 대한 집단적 맹신collective blindness을 선호하는 강력한 힘"을 만들어낸다.[33] 본질적으로 자신감과 낙관주의는 편향의 경제망을 구성하는 여러 주체들이 위험을 보지 못하고 장밋빛 안경을 쓰고 상승에만 집중하도록 이끈다.

나는 집단적 맹신이 편향의 경제적 그물망 안 외부 영향(이 경우에는 미디어와 전문가)에서 비롯된 추론 또는 강력한 의견이라고 생각한다. 이러한 외부적 힘은 최면 효과가 있다. 확신에 찬 메시지를 소비한 사람들은 그 주장에 반박할 수 있는 능력을 상실해버리기 때문이다. 앞부분에 인용한 카너먼의 말은 금융 전문가들의 의견을 소비할 때는 회의적인 태도를 유지하라는 일종의 경고와도 같다.

많은 전문가와 권위자들의 자신감 넘치는 메시지를 믿을 때 더욱 주의를 기울여야 하는 이유는 그들이 집단적 맹신을 유발할 뿐만 아니라 실제로 주식투자 경험이 거의 없기 때문이다. CNBC나 폭스 비즈니스 등 경제 뉴스 채널을 켜면 CEO, 시장 전략가, 학자, 정치인, 투자은행의 주식 애널리스트(셀사이드 애널리스트라고도 함)라고 하는 여러 게스트들이 나온다.[34] 이들 전문가 중 전문적으로 투자하는 사람은 아무도 없지만 모두 산업, 기업, 주식에 대해 확신에 찬 이야기를 늘어놓곤 한다.

간혹 자신이 이야기하는 주식을 실제로 보유한 전문가(이른바 바이사이드 애널리스트나 투자자)도 있다. 나는 바이사이드 의견을 들을 때는 보다 열린 마음을 갖지만[35] 이 투자자들도 현재 보유 중인 주식에 대해 긍정적으로 이야기할 동기를 가지고 있을 수 있으므로 마찬가지로 경계를 늦추지 않는다. 우리는 흔히 매우 확신에 찬 바이사이드 전문가가 미디어에 나오는 것을 볼 수 있으며 바이사이드 전문가들 역시 확신 편향을 가지고 있을 수 있다.

나의 경험상, 주식이나 테마에 대해 잘 모를수록 확신 편향에 가장 민감해야 한다. 논의 대상이 이제 막 알게 된 새로운 회사일 때 열정적인 상승 주장 또는 하락 주장은 귀를 솔깃하게 만든다. 포티브의 경우, 나는 모회사인 다나허에 대해 잘 알고 있었다. 따라서 분사 날짜가 다가오면서 포티브에 대해 확신에 찬 강세 주장과 약세 주장이 들려와도 어느 정도 생각을 정리할 수 있었다. 여기에서 얻을 수 있는 교훈은 설득력 있고 자신감에 찬 전문가의 의견을 듣기 전에 주식이나 테마에 대해 스스로 공부를 해야 한다는 것이다.

행동 코칭 팁

미디어에 등장하는 확신에 찬 전문가들의 말을 주의하라. 자신감과 낙관주의는 위험을 보지 못하고 상승에만 집중하도록 만든다. 시간을 들여 덜 편향된 정보와 대안적 관점을 찾아라.

책임 없는 불안: 걱정의 99퍼센트는 일어나지 않는다

하늘이 무너지고 있어!

— 영화 〈치킨 리틀〉 중에서

〈치킨 리틀〉과 같은 비관론자들의 특히 확신에 찬 주장은 종종 사람들의 관심을 끈다. 몇 년 전 나는 한 대형 자산운용사가 주최한 투자 컨퍼런스에 참석했다가 그 회사의 최고투자책임자$_{CIO}$로부터 확신 편향과 비관론자에 대한 흥미로운 이야기를 들었다. CIO가 30대 때 손금 보는 사람을 찾아갔는데 놀랍게도 그가 50세쯤에 중병에 걸릴 거라고 예언했다는 것이다.

그가 의사처럼 신뢰할 수 있는 사람으로부터 이런 이야기를 들었다면 예측을 더 심각하게 받아들였을 수도 있다. 하지만 그 CIO는 점쟁이가 '아무 책임 없는 불안anxiety without accountability'을 조장한다고 생각했다. 서로 다시 볼 일이 전혀 없기 때문이다. 이 이야기는 CIO가 50대에도 건강을 유지하면서 해피엔딩으로 끝났다. 이 이야기의 핵심은 비관론자들이 하는 말은 일단 의심해야 한다는 것이다.

다음 이야기로 넘어가기 전에 우리가 왜 비관론자들의 말에 주의를 기울이게 되는지 잠시 생각해보도록 하자. 투자 연구가 로렌스 시겔Laurence Siegel에 따르면 인간은 진화하면서 멸종에 대한 끊임없는 두려움에 시달렸기 때문에 작은 위험도 심각하게 받아들이게 되었다고 한다. 원시인이 어떤 동물을 봤는데 그 동물이 토끼일 수도 있고 호랑이일 수도 있다면 아마 원시인은 그 동물을 호랑이라고 생각했을 것이다. 그러나 이렇게 작은 위험도 크게 생각하는 패턴은 현대 사회에서도 계속돼 우리는 "더 이상 거의 발생하지 않거나 전혀 발생하지 않을 위험에 대해서도 필요 이상으로 걱정한다."[36]

시겔은 종말론적 사고에 대해 "예언은 늘 틀려왔고, 앞으로도 계속 틀릴 것"이라며 이야기를 정리한다. 이렇듯 우리는 종말론자나 극단적 비관론자에게 주의를 기울이도록 타고났지만 시장 예측가들이 극단적인 예측을 할 때는 언제나 의심해야 한다.

새로운 종목을 찾는다는 목표를 비관론자들이 사람들의 관심을 끄는 것과 연결해보자. 지금까지는 새로운 종목을 찾는 것이 유익하다는 전제하에 이야기를 했다. 하지만 주식시장이 비정상적으로 비싸서 현금이나 채권 등 저위험 상품에 투자하는 것이 더 낫다면 어떨까? 일부 확신에 찬 전문가들이 약세장이 곧 닥칠 거라며 공포감을 서서히 퍼뜨리고 사람들을 위험 회피로 이끌지도 모른다.

앞에서 미디어에 나오는 자신감 넘치는 금융 전문가를 믿는 함정에 대해 설명한 것을 기억하는가? 이렇게 자신감 넘치는 전문가 중에는 지나치게 신중하거나 비관적인 메시지를 전하는 경우도 있다. 나쁜 뉴스가 팔리면 비관적인 투자 전망도 시청자의 관심(그리고 시청률)을 끌 가능성이 높다.

노벨 경제학상을 수상한 경제학자 폴 새뮤얼슨Paul Samuelson은 "주식시장은 지난 다섯 번의 경기침체 중 아홉 번을 예측했다."[37]고 말하며 몇몇 사람들이 어떻게 책임 없는 불안을 이용하는지에 대해 농담처럼 이야기했다. 비관론자들은 예측이 종종 틀렸음에도 불구하고 모든 주식시장 하락을 경기침체의 강력한 신호라고 주장한다.

솔직히 말해서 투자를 시작할 때는 시장이 하락할 수 있고 현금이나 채권을 더 많이 보유하는 전략이 좋을 수 있다는 가능성에도 열린 마음을 가져야 한다. 하지만 우리는 '마켓 타이밍market timing'이라고 알려진 위험한 영역으로 나아가야 한다. 여기에는 현재 주식 비중을 낮추는 냉정하고 합리적인 전략과 추후 다시 주식에 투자하는 계획이 필요하다. 그리고 나중에 주식에 다시 투자하는 것은 매우 고통스러운 결정이 될 수 있다.

지금 주식을 매도하고 더 낮은 가격에 다시 매수하는 마켓 타이밍은 높은 가격에 매도하고 낮은 가격에 다시 매수하는 두 가지 결정을 잘 내려야 한다. 매수 후 보유 전략을 따르는 내 경험에 의하면,

올바른 결정을 한 번 내리기는 어렵고 두 번 내리기란 그보다 훨씬 더 어렵다! 대부분의 경우 투자자들이 주식을 매도하면 시장은 계속 상승한다. '앵커링', 다른 말로 과거 가격에 집착하면 주식시장에 다시 들어가기까지 너무 오래 기다려야 하는 심리적 실수를 저지를 수 있다.

결론적으로 시장 진입 또는 청산을 권유하는 확신에 찬 강세론자와 약세론자의 주장을 듣는 것 자체는 괜찮다. 그러나 스스로의 관점에서 먼저 공부를 하고 이러한 외부 편향에 맞서야 한다.

2016년 7월, 하락을 주장하던 씨티그룹Citigroup의 한 애널리스트는 포티브의 사업 포트폴리오가 지나치게 집중적이고 최종 시장이 불확실하며 다나허에서 분사한 이후 발생하는 초기 비용 때문에 포티브가 동종업계 경쟁기업들보다 낮은 수익률을 내리라고 예측했다.[38] 그러나 나는 불안하지 않았다. 내가 포티브에 대해 조사한 결과는 정반대였기 때문이다. 포티브는 동종기업들보다 높은 수익률을 낼 전망이었다.

행동 코칭 팁

비관주의자들, 특히 아무 책임 없이 비관적인 예측을 하는 사람들의 말을 의심해라. 새로운 주식투자 아이디어와 테마를 찾을 때는 신뢰할 수 있는 출처의 말을 들어라.

'역발상 마켓 타이머'가 되는 법

비관적인 금융 전문가들이 주식에 대한 위험 회피를 만들어낸다면 여기서 벗어나기 위한 방법으로는 무엇이 있을까? 해결책은 투자자에게 어떤 종류의 외부 편향이 영향을 미치는지 이해하고 다음 행동에 균형 잡힌 접근 방식을 취하는 것이다. 마찬가지로 전체 시장이 하락하고 주식이 더 떨어질 수도 있다는 걱정이 들면 투자자는 외부 편향을 느낄 수 있다. 이에 대한 해결책 역시 외부 편향이 어디에서 오는지 확인하고 독립적으로 주식 매수에 대한 위험 감수도를 결정하는 것이다.

리처드 탈러는 다수의 주식시장 참가자들이 실적에 집착하는 시기에 대해 이야기한다. 군중들이 시장 움직임에 집착하는데 최근 시장 방향이 하락이라면 많은 투자자가 위험을 회피하게 된다. 탈러 교수는 만약 지금 시장이 이와 같은 경우라고 생각한다면 주식 비중을 확대해 차익거래(싸게 매수해서 비싸게 매도)를 해야 한다고 말한다.[39]

드물기는 하겠지만 외부 편향 때문에 시장 거래자 대다수가 위험 회피적이 됐다는 느낌을 받는다면 조금 더 전략적으로 시장과 반대 입장을 취해 새로운 주식이나 테마에 투자하는 방법도 있다. 이런 경우 단기 투자 전략은 다른 사람들이 매도할 때 매수하는 '역발상 마켓 타이머contrarian market timer'가 되는 것이다.

내가 포티브 매수를 고려하던 2016년 중반은 시장이 상당히 안정적이었기 때문에 포티브는 이런 테마에 적절한 사례는 아니다. 보다 좋은 예는 2007년 중반 글로벌 시장이 대침체를 앞두고 흔들리기 시작할 무렵 타이코Tyco에서 분리된 의료기기 회사 코비디엔Covidien을 들 수 있다. 2007년의 시장 변동성으로 인해 실적에 대한 집착이 더 커졌고 그해 8월 시장이 하락하면서 투자자들의 위험 회피 심리가 작동했다. 나는 시장이 불안정하고 팀원들이 "정말 이 주식을 지금 사고 싶은가?"라고 의문을 표하는데도 회사에 코비디엔을 매수 추천하기로 결정했다. 처음에는 주가 변동성이 컸지만 결국 매력적인 진입 가격을 잡을 수 있었다.

> **행동 코칭 팁**
>
> 투자 과정의 초기 단계에서는 전체 시장을 주시해야 한다. 군중들이 실적에 집착하는 것처럼 보이고 시장이 하락 또는 조정 중이라면(위험 회피가 나타날 것) 투자자는 재빠르게 하락한 시장 가격을 이용해야 한다.

대기업을 선택할 때 주의해야 할 점

투자의 시작 단계를 마무리하면서 내가 마지막으로 말하고 싶은 것은 다각화된 대기업에 관심이 있는 투자자를 위한 조금 특별한 이야기다. 지금까지 이 장에서는 대부분의 주식과 투자 테마에 대해 취해야 할 태도(외부 관점, 넓은 범주화, 싱글태스킹)와 피해야 할 함정(위험 회피, 내부 관점, 가용성 편향, 지나치게 확신에 찬 상승과 하락 주장)에 대해 간략히 설명했다. 또한 배당주, 해외 주식, 이름이 생소한 주식 등 주식의 하위 카테고리에 대한 행동재무학적 주제에 대해서도 논의했다. 이 장의 마지막 부분에서는 주식의 또 다른 하위 범주인 대기업에 조심스럽게 초점을 맞춰보겠다.

앞서 우리는 투자자가 장기 자산(주식)과 소득 창출 자산(배당)을 다르게 취급하는 심리적 회계의 위험성을 살펴봤다. 소득에 대한 선호는 배당주 선호로 이어진다. 이제 심리적 회계라는 동일한 개념을 사용해 같은 회사의 다른 사업부를 잘못 분류하는 기업 경영자에게로 초점을 돌려보자. 이러한 편향으로 주가수익률이 낮아질 수 있다.

탈러 교수는 대기업에 투자할 경우 심리적 회계가 문제가 될 수 있다고 말한다. 사업부가 다각화된 대기업은 "긴급한 필요를 처리하기에 할당된 예산이 충분하지 않을 때" 재정적으로 비효율성이 생겨 문제에 빠질 가능성이 높다.[40] 모회사에서 자회사가 떨어져 나오면서 두 회사가 함께 더 높은 수익률을 내는 현상이 이러한 생각을 뒷받침하는 한 근거가 되기도 한다.[41] 집약적인 기업은 부서(또는 계좌)가 더 적으므로 경영자가 심리적 회계의 함정에 빠질 유혹이 적다.

기업분할은 서문에서도 이야기한 바 있는 구조적 변화를 보이는 주식에 투자하기 위한 나의 광범위한 접근 방식 중 하나다. 이 경우 분할된 자회사를 매수하는 전략은 기업 경영자들에게 나타나는 심리적 회계 편향과 금융시장 내의 시간 차익(또는 최신성 편향)을 이용하는 것이다.

포티브는 대기업인 모기업이 심리적 회계에 빠졌을 때 기업분할이 가져올 수 있는 최고의 성공 사례라 할 수 있다. 2015년, 종합 의료기기 기업 다나허는 포티브를 분사하기로 결정했다. 다나허는 진단, 생명 과학, 치과 등 의료 분야에 더 집중할 예정이었다. 분할 전 모회사 다나허는 성장성이 높은 헬스케어 부문을 강화하기 위해 성숙한 사업부에서 현금 흐름을 짜내고 있었다. 성숙한 사업부와 성장 중인 사업부를 모두 성공적으로 경영하는 대기업도 있지만 다나허는 심리적 회계 위험에 빠질 수 있다는 사실을 깨달았다. 다나허는 그렇게 분사를 통해 각 사업부를 별개의 회사로 만들어 보다 효율적으로 운영하는 방법을 택했다.

대기업은 심리적 회계를 피해야 한다는 행동재무학 이론이 포티브에 실제로 통한 것이다. 다나허의 자회사는 더 제한된 사업에 집중하고 자본을 더 효율적으로 배치하여 주가가 2015년 중반 기업분할 가격 50달러에서 2019년 초 80달러대 중반까지 올랐다. 심리적 회계 위험을 제거하는 것은 규모가 줄어든 모기업에도 도움이 됐다. 다나허의 주가는 기업분할 당시 65달러에서 2019년 초 130달러 이상으로 상승했다.

행동 코칭 팁

리서치를 시작할 때 대기업을 선택하는 것에는 주의를 기울여야 한다. 다각화된 기업은 종종 각 사업부를 개별적으로 다루기 때문에(심리적 회계) 자원을 부적절하게 배분하는 경우가 많다. 그러나 이러한 위험은 분사를 고려하는 대기업에는 기회가 되기도 한다.

내부 편향

새로운 투자 아이디어나 테마에 대한 리서치 단계에서는 다음과 같은 내부 편향을 조심해야 한다.

- 광범위한 주식시장을 꼼꼼하게 살펴보고 확신이 드는 몇 가지 아이디어를 추려내기 위해 선택 설계와 자유주의적 개입주의를 이용하라.
- 새로운 투자 아이디어나 테마를 찾을 때는 멀티태스킹의 유혹을 피해라. 진행 과정에 집중하고, 심사숙고하고, 평가해라.
- 새로운 주식과 테마가 생소한 이름을 가지고 있거나 해외에 기반을 두고 있더라도 열린 마음을 가져라.
- 시장, 경쟁업체, 모른다는 사실조차 모르는 요소들을 조사해 지식 기반을 확장하고 외부 관점을 받아들여라.
- 투자 아이디어나 테마를 고를 때 직감에 의존하는 함정에 빠지지 마라. 기억 은행에서 손쉽게 구할 수 있는 정보(개인적인 경험이나 극적인 이미지)는 주식을 선택할 때 우리가 익숙한 영역(이미 알고 있는 것)을 선호하도록 편향을

만들어낸다.

- 합리적인 범위 내에서 위험한 투자를 고려하는 것은 괜찮다. 많은 투자자들이 수익성이 없거나 검증되지 않은 고성장주를 매수 평가할 때는 위험 회피적이 된다. 그럼에도 불구하고 고위험·고수익 종목을 소량 보유한다면 포트폴리오를 다각화하는 데 도움이 된다.
- 위험한 주식을 한 번에 하나씩 살펴보면 투자자는 훨씬 더 위험 회피적이 되어 잘못된 투자 결정을 할 수 있다. 이렇게 편협한 범주화를 하지 않도록 주의해라.
- 상대적 기준 또는 시나리오로 위험한 주식이나 테마를 평가하라. 편협한 범주화보다 넓은 범주화를 이용하면 더 많은 위험을 감수할 수 있다.

외부 편향

새로운 투자 아이디어나 테마를 연구하는 탐색 초기 단계에서는 다음과 같은 외부 편향을 주의해야 한다.

- 고객을 위해 주식을 선택할 때 고객이 예산 책정과 지출을 관리하기 위한 손쉬운 자기 통제 방법으로 배당금을 사용한다면 배당주에 대한 잠재적 후광 효과를 피하도록 주의해야 한다.
- 미디어에는 자신감에 찬 전문가들이 자주 등장한다. 주로 상승을 주장하는 이들 전문가들의 말을 조심해서 들어라.
- 자신감에 찬 전문가도 지나치게 비관적인 의견을 내면서 투자를 단념시킬 수 있다. 자신의 암울한 예측에 대해 아무런 책임을 지지 않는 비관주의자의 주장에 회의적인 태도를 취해라.

- 군중들이 주식 수익률에 집착하게 되면 시장이 하락할 때 위험 회피 심리가 작동해 주식 비중을 확대할 기회가 열린다.
- 대기업이 각 사업부를 다르게 취급한다면(심리적 회계) 주가수익률이 부진할 수 있으므로 대기업을 선택할 때는 주의를 기울여라. 반대로 기업분할은 더 매력적인 기회가 되기도 한다.

2장

무엇을 믿고
무엇을 믿지 않을 것인가?

리서치 시작하기

STOP
THINK
INVEST

앞서 1장에서 우리는 투자를 시작하며 피해야 할 심리적 함정에 대해 논의하느라 매우 오랜 시간을 보냈다. 다행히도 투자의 라이프 사이클 중 두 번째 단계는 최초 심사 과정인 1단계보다 간단하기 때문에 이번 2장은 비교적 짧고 쉬울 것이다. 이 단계에서 투자자들은 하나의 주식이나 테마로 범위를 좁혀 심도 있게 들어간다.

이 장에서는 리서치 과정을 좁히는 사례로 온라인 증권사 두 곳, TD 아메리트레이드TD Ameritrade와 찰스 슈왑Charles Schwab을 살펴보려 한다. 두 회사 모두 디스카운트 증권사로 시작했지만 보다 폭넓은 은행 및 자산 관리 서비스를 제공하는 회사로 성장했다. 2장의 사례 연구는 이 회사들이 라이벌로 서로 경쟁하던 시기에 초점을 맞추어 설명한다(하지만 흥미로운 반전이 일어나 2020년 찰스 슈왑이 TD 아메리트레이드를 인수했다).

완벽한 투자의 타이밍은 존재하는가

지금까지는 거시적 추세를 광범위하게 검토하고 몇 가지 주식이나 테마에 초점을 맞추어 살펴봤다. 타이밍은 파악한 종목이나 테마에 투자하기 전에 고려해야 할 아주 중요한 사안이다. 시간 차익거래 전략과 구조적 변화에 투자하는 전략을 생각해보면 두 가지 전략 모두 적절한 타이밍을 잡아야 한다.

내가 생각하는 시간 차익거래는 사람들이 주식에 대해 단기적인 성과를 지향할 때 장기적인 관점을 갖는 것이다. 헤지펀드 투자자들은 다음 분기 실적이 나빠 보인다는 이유로 어떤 종목을 배척하곤 하는데, 이때 내가 장기적으로 이 기업의 실적이 반전될 것이라고 생각한다면 시간 차익거래의 기회를 잡을 수 있다. 시간 차익거래와 구조적 변화라는 아이디어를 합쳐서 생각해보면 현재의 평범한 기업이 몇 년 뒤 등장할 뛰어난 기업을 가리고 있을지도 모른다. 다만 이 두 가지 전략 모두 성과를 거두기 위해서는 타이밍이 중요하다.

안타깝게도 종목 선정을 위해 구조적 변화와 시간 차익거래 전략을 사용한다면 내부 시차Inside Lag 또는 인식 지연recognition delay이 방해물로 작용할 수 있다. 본질적으로 내부 시차는 추세와 그 추세를 인식하는 능력 사이의 차이다. 예를 들어, 2010년대 초 수압파쇄법 hydraulic fracturing처럼 에너지 산업에 새롭게 등장한 흥미로운 테마에 대해 알게 되었다면 이미 파티에 늦은 것은 아닌지, 관련된 모든 에너지 주식이 벌써 새로운 탐사 및 생산 기술에서 얻을 수 있는 최상의 결과를 반영하고 있지는 않은지 주의를 기울여야 한다.

경험상 2016년부터 온라인 증권사들을 살펴보면 내부 시차가 중요한 역할을 했다. 나는 금리 상승 및 법인세 인하 가능성을 포함하여 찰스 슈왑, TD 아메리트레이드 등 온라인 증권사에 영향을 미치는 몇 가지 중기적 추세가 있음을 확인했다. 일반적으로 금리가 상승하면 온라인 증권사의 은행 부문은 수탁고가 쌓여 유리하다. 법인세율이 낮아지면 특히 국내 지점이 대부분인 기업에는 유의미한 이익 증대 효과가 나타난다.

나는 온라인 증권 섹터에 투자하기로 결정했지만 솔직히 말하면 금리 변화를 확인하는 것에 대해 내부 시차를 겪었을지도 모르겠다. 금리 상승이 찰스 슈왑과 같은 증권사에 이익이 될 것이라고 판단했을 때 10년 만기 국채 등 장기 채권의 수익률이 꺾이더니 하락하기 시작했기 때문이다. 이런 추세는 보통 은행과 증권사에 불리하게 작용한다. 장기적인 추세를 파악했다는 생각이 들면 실제 시장을 확인하고 그 추세가 시작에 더 가까운지 아니면 끝에 더 가까운지 자문해봐야 한다.

내부 시차 개념은 경제 정책 분야에서도 생각해볼 수 있다. 정부는 종종 경제가 인플레이션, 실업률, 자산 버블과 같은 장기적인 추세 내에서 정확히 어디쯤에 있는지 파악하기 위해 고군분투한다. 정치인이나 중앙은행, 규제 기관이 인터넷 버블이나 주택 버블 등의 추세를 발견할 때까지는 추세를 인식하는 데 내부 지연 또는 시간 지연이 있을 수 있다. 기본적으로 정부가 패턴이나 추세, 불균형을 완전히 이해하기 전에 기차는 역을 떠나버리곤 한다.

내부 시차의 반대쪽에는 투자자와 정책 입안자에게 또 다른 심리적 문제를 일으키는 외부 시차$_{\text{outside lag}}$가 있다. 내부 시차는 추세 식별을 지연시키는 반면 외부 시차는 그 추세에 대해 반응하려고 할 때 효율성을 제한한다. 주식 테마가 야구처럼 9회로 이루어진 경기라고 한다면 우리는 내부 시차 때문에 3회는 되어서야 테마를 이해하고, 외부 시차 때문에 7회에 이르러서야 주식을 매수하게 될 것이다. 타이밍은 스포츠 경기를 할 때도 투자를 할 때도 가장 중요한 요소라 할 수 있다.

행동 코칭 팁

주식이나 테마에 대한 진지한 연구에 돌입하기 전에 파티에 늦은 것은 아닌지 자문해봐라. 투자의 후반부에 매수하면 높은 수익률을 내기가 어렵거나 불가능하다.

보이는 것이 전부는 아니다

달갑지 않은 사실이라면 가장 명백하게 드러나 있어도 외면당한다.

- 조지 오웰George Orwell

이 단계는 투자의 실행 여부를 결정하는 데 있어 매우 중요한 단계다. 바로 앞부분에서 추세를 따라가기에 너무 늦지 않았는지 자문해보라고 말했다. 그런데 파티에 늦었는지 확인하려면 어떤 정보를 소비해야 할까? 먼저 주식이나 테마에 대해 더 자세히 파악하고 좋은 정보를 얻는 데 유용한 1장에 나온 몇 가지 개념을 간략하게 복습해보자.

1장에서 우리는 주식이나 테마를 탐색할 때 편안한 내부 관점을 취하지 않고 불편한 외부 관점을 취하는 것이 어떤 이익을 가져다주는지 검토했다. 또한 최근 경험이 잠재적 투자에 대한 판단을 흐리게 할 수 있다는 가용성 편향의 위험에 대해서도 경고했다. 해외 주식과 특이한 이름을 가진 기업을 기피하는 친숙도 편향에 대해서도 이야기했다.

이 모든 행동 코칭 팁의 공통점은 무엇일까? 일반적으로 투자자들은 존재하는 증거에 초점을 맞추고 부재한 증거를 무시함으로써 문제에 빠진다. 카너먼은 이런 편향을 '보이는 것이 전부what you see is all there is', 줄여서 'WYSIATI'라고 부른다.[1] 카너먼이 말하는 요점은 게으른 시스템 1로 사고할 때 인간은 관련된 모든 데이터를 살펴보기보다는 무엇이든 내 앞에 놓인 정보로 세상을 이해하려고 노력한다는 것이다. 제한된 정보(WYSIATI)를 이용하는 시스템 1은 자동화된 사고를 하게 하고 성급한 결론을 내리게 한다.[2]

어떻게 하면 WYSIATI를 새로운 주식을 연구하는 데 활용할 수 있을까? 여기서 요점은 내부 관점, 가용성 편향, 신뢰 편향과 같은 행동재무학적 주제가 우리 생각에 스며들어 영향을 미치는 것처럼 제한된 지식도 우리를 성급하게 잘못된 결론으로 이끌 수 있다는 점이다.

내부 관점을 취한다면 과한 자신감을 갖고 더 이상 연구할 필요가 없다고 느끼게 될지도 모른다. 논란 많은 테슬라의 최고경영자 일론 머스크Elon Musk에 대해 쓴 뉴스 기사를 읽으면 가용성 편향 때문에 테슬라라는 기업과 주식을 이해하는 데 경영진만이 유일한 고려 요소라고 생각하게 될 수 있다. 또한, 흔한 이름을 가진 국내 기업을 선호한다면 외국 기업이나 특이한 이름을 가진 기업은 조사할 필요가 거의 없다고 느낄 수도 있다.

게다가 한정적인 연구는 원래 가지고 있던 믿음을 확증하는(확증 편향) 반면 추가 연구는 기존 생각에 이의를 제기한다. 샤흐람 헤시마트Shahram Heshmat 박사는 "일단 어떤 견해를 형성하면 그 견해에 부합하는 정보는 받아들이지만 그 견해에 의문을 제기하는 정보는 무시하거나 거부한다."라고 확증 편향을 설명했다.[3] 만약 어떤 투자 아이디어를 갖고 있거나 직감이 드는데 마침 그 견해를 뒷받침하는 증거를 확인한다면 자화자찬하며 더 많은 연구를 해야 할 필요성을 거의 느끼지 못할 것이다.

기술의 발전도 연구를 줄이고 WYSIATI를 고수하도록 조장한다. 만약 SNS에서 정보를 얻는다면 그 정보는 '큐레이팅된' 뉴스일지도 모른다. 그렇다면 큐레이팅은 누가 하는가? 보통은 클릭률을 최대화하려는 알고리즘이다. 투자 전략가 마이클 아론Michael Arone은 "이러한 기사들은 1차원적인 관점을 강조해 사용자를 극단으로 이끌어 계속 클릭하게 만드는 것 외에는 아무 역할도 하지 않는다."라고 말한다.[4] 아론은 SNS가 전달하는 큐레이팅된 정보는 "확증 편향과 좁은 시야에서 기인한 심각한 위험"을 내포하고 있다고 경고한다.[5]

WYSIATI는 온라인 증권사에 대한 나의 초기 리서치 과정에도 영향을 미쳤다. 고객 자산관리인으로서 나는 TD 아메리트레이드와 찰스 슈왑과 함께 일한 적이 있는데 이 경험 때문에 투자 선택지를 좁힐 때 편향된 관점을 가졌을 수도 있다.

사무실에서 PC 대신 애플 컴퓨터를 사용하기로 하고 투자팀에서 마이크로소프트, 인텔, 애플 등 대형 기술주를 검토하는 경우도 이와 비슷하다. 하루 종일 애플 컴퓨터를 사용한다면 아마도 애플이 좋은 회사고 심지어 좋은 주식이라고 느끼게 되며 마이크로소프트나 인텔과 같은 PC 중심 기술에 대해서는 더 연구해야겠다는 생각조차 잘 들지 않을 것이다.

온라인 증권사의 사례로 다시 돌아가서 나는 추가 연구를 해서 WYSIATI를 피하기로 했다. 당시 대기업인 찰스 슈왑은 TD 아메리트레이드보다 더 높은 수준의 서비스를 제공하는 것처럼 보였다. 내가 만약 WYSIATI 편향에 빠졌다면 더 높은 수준의 서비스를 제공한다는 사실이 슈왑이 더 나은 회사, 더 좋은 주식임을 보여준다고 생각했을 수도 있다. 하지만 제3자가 조사한 자료를 읽고 외부 관점을 가진 이에게 조언을 들은 후 TD 아메리트레이드가 찰스 슈왑에 비해 조금 더 높은 성장률과 더 높은 배당 수익률을 제공한다고 생각을 바꾸게 됐다.

행동 코칭 팁

투자 선택지를 좁힐 때는 안전지대를 벗어나 다양한 의견과 출처를 찾아라. 쉽게 구할 수 있는 정보(WYSIATI)가 자신의 느낌을 확인시켜줄 때 주의해라.

전문가의 말을 참고하되, 너무 믿지는 마라

때로는 틀린다. 의심할 여지가 없다.

- 아툴 가완디Atul Gawande(미국의 외과의사이자 저술가)[6]

1장에서 우리는 신뢰 편향을 가진 낙관주의자들과 책임감 없이 불안의 페달을 돌리는 비관주의자들의 매력에 대해 이야기했다. 두 유형 모두 다양한 주식 혹은 테마에 대한 초기 리서치에 영향을 미친다.

조금 전에는 선택 범위를 좁힐 때 외부 정보를 얻을 수 있는 출처를 찾으라고 조언했지만 이제는 그런 출처를 지나치게 신뢰하지는 말라고 조언하고 싶다. 특히 그들이 전문가라고 주장하는 경우라면 더더욱 그렇다. 맞다, 나는 지금 외부 정보를 얻어야 한다고 말하면서 또 그것을 지나치게 믿지 말아야 한다고도 말하고 있는 것이다! 누가 행동 코칭이 쉽다고 말했는가?

외부 정보를 받아들이되, 너무 믿지는 않는 것에 대해 이야기하자면 재미있는 사실이 하나 있다. 많은 전문가들 역시 다른 전문가의 말은 믿지 말라고 조언한다는 것이다. 아툴 가완디는 의학 전문가(외과의사)는 자신감을 갖지만 틀릴 수도 있다고 이야기한다. 아일랜드의 극작가이자 비평가인 조지 버나드 쇼George Bernard Shaw 는 "모든 전문가는 일반인을 등쳐먹는다."[7]라고 말했고, 고대 중국의 철학자 노자는 "지식을 가진 사람은 예언하지 못하고, 예언하는 사람은 지식이 없다."[8]라고 말하기도 했다.

투자자 하워드 막스는 "근거가 확실한 정보를 제공하는 전문가와 정보는 거의 없고 잘못된 방향을 제시하는 협잡꾼"을 어떻게 구분할 수 있는지 묻는다.[9] 대부분의 투자 전문가들은 위험과 불확실성의 안개 속에서 베팅을 해야 하기 때문에 어느 정도 자신감을 가지고 있다. 하지만 막스는 "투자에 자신감은 필수적이지만 지나치면 치명적일 수 있기 때문에" 그 중간 지점을 찾아야 한다고 말한다.[10]

그렇다면 좋은 전문가 예측이란 정확히 무엇일까? 하워드 막스에 따르면 투자 업계에서 전문가들은 예측을 뒷받침하기 위해 종종 사실fact, 추정extrapolation, 의견opinion이라는 프레임워크를 사용한다.[11] 그러나 전문가가 단순히 자신의 전문 영역 밖 직관에 의존하는 경우에는 주의해야 한다. 막스는 더 나아가 전문적인 지식과 예측은 서로 다른 것이라고 이야기한다. 그러면서 사실에 입각한 지식과 뛰어난 통찰력을 혼동해서는 안 된다고 충고한다. 아무리 뛰어난 통찰력을 가진 전문가라도 미래를 완벽히 예측할 수는 없는 법이다.[12]

카너먼은 나아가 8만 개의 전문가 예측을 조사했는데 그 결과는 재앙과도 같았다. 전문가들의 예측은 동전 던지기보다도 형편없었다. 즉, 전문가들에게 "시장이 오를까요, 내릴까요?" 같은 간단한 질문을 던졌을 때 절반 이상이 틀렸다는 얘기다. 카너먼은 전문적인 예측으로 먹고 사는 고도로 훈련된 전문가들의 말을 듣느니 차라리 다트판에 다트를 던지는 편이 낫겠다고 말한다.[13]

그렇다면 전문가들을 모두 물리친 다음 단계는 무엇일까? 일단 투자 아이디어를 추렸으면 외부 관점을 취하고 어떤 종목이 가장 높은 상승 잠재력을 가지고 있는지 예측하는 데 도움이 될 새로운 정보원을 찾아야 한다.

카너먼은 전문가의 의견을 구해야 한다면 잘 알려지지 않은 사람들의 의견을 들으라고 조언한다. 화려한 전문가들은 종종 대담하고 지나치게 확신에 찬 예측을 해서 유하고 겸손한 동료들의 보이지 않는 노력을 가려버리곤 한다.[14] 온라인 증권사들을 조사하면서 나는 가장 극단적인 의견과 가장 노골적으로 말하는 전문가들에 대한 선호를 피하기 위해 이 업계에 대한 다양한 전문가들의 의견을 확인해야 했다.

행동 코칭 팁

전문가의 예측을 듣고 투자 아이디어를 좁힐 때는 주의를 기울여라. 전문가의 예측은 반 이상이 틀릴 수 있기 때문이다. 하나의 주식이나 테마를 고를 때는 잘 알려지지 않은 전문가를 포함한 다양한 전문가들의 의견과 사실에 입각한 자료를 검토하도록 하라.

후광 효과와 감정 휴리스틱

현재까지 우리는 새로운 주식과 테마를 살펴보았고 이제는 최종 선택을 좁히는 과정에 있다. 우리는 투자 아이디어를 실현하기까지 충분한 시간을 갖고(내부 시차를 피하고), 제3의 정보원을 찾는 동시에 특정 전문가의 예측을 전적으로 믿지 않아야 한다.

한 가지 종목을 골라 추가 연구를 하기 전 마지막 단계는 어떤 사람이나 사물의 한 가지 측면에 대한 감정이 전체 인식에 영향을 미치는 후광 효과Halo Effect에 주의하는 것이다.[15] 리서치 연구원의 경우, 어떤 회사의 한 가지 부분에 대해 특정한 인상을 갖고 있으면 같은 회사의 관련이 없는 부분에 대해서도 비슷한 느낌을 가질 수 있다. 후광 효과는 투자자들이 한 회사(또는 주식)를 극단적으로 사랑하거나 증오하게 만들 수 있으므로 무엇이 이런 감정적 롤러코스터를 유발하는지 이해해야만 한다.

후광 효과가 투자자들에게 어떤 영향을 미치는지 알아보기 전에 이 개념에 대해 조금 더 자세히 들여다 보자. 카너먼은 '감정 휴리스틱affect heuristic'이라는 개념으로 이를 설명하는데,[16] 이는 우리의 좋고 싫음이 선택, 결정, 믿음에 영향을 미치는 정신적 지름길을 의미한다. 만약 나의 감정적인 태도 때문에 어떤 대상이 싫어진다면 나는 그 대상이 갖는 위험이 이익보다 더 크다고 생각할 수도 있다.[17]

내 경험에 따르면 감정 휴리스틱은 기업과 주식에 대한 후광 효과로 변할 수 있다. 어떤 회사의 한 부분을 좋아한다면 다른 부분 역시 위험은 낮고 이익은 크다고 생각한다는 얘기다. 예를 들어, 투자자들이 아마존의 클라우드 컴퓨팅 사업에 반해버린다면 전자 상거래 부문에 대한 새로운 정보가 부족함에도 불구하고 아마존의 전자 상거래 부문의 성장에 대해 더 호의적인 시각을 가질 것이다.

전직 헬스케어 부문 애널리스트로서 나는 후광 효과가 투자자 심리에 어떻게 엄청난 변화를 일으키는지 목격했다. 후광 효과의 전형적인 예는 제약 부문에서 확인할 수 있다. 신약 승인에 베팅하는 투자자들은 잠재적 부작용에 대한 신약의 효능을 저울질해야 한다.

만약 투자자들이 암 치료제의 임상 결과에 베팅하고 있다고 생각해 보자. 월스트리트 컨센서스는 이 약이 적어도 50퍼센트의 환자들에게서는 암 진행률을 멈추는 효과를 보이지만 10퍼센트의 환자들에게서는 메스꺼움을 유발할 수 있다고 예상한다. 만약 임상 3상에서 50퍼센트 이상의 효과가 입증되면 투자자들은 흥분하며 이 약에 대해 후광을 느끼고 신약의 부작용을 아쉽지만 받아들일 수 있는 문제로 간주할 것이다. 암 치료제에 대한 열광은 투자자들로 하여금 이 회사의 다른 제품들을 더 호의적으로 보게 할 수도 있다.

대신에 암 치료제가 절반 이하의 환자들에게 효과를 보인다면 투자자들은 10퍼센트의 부작용도 너무 크다고 느낄 가능성이 크고 주주들은 앞다투어 출구전략을 실행할 것이다. 이렇게 부정적인 사례에서 후광 효과는 투자자들이 실망스러운 암 치료제 외에도 같은 회사의 다른 약에 대해서도 더 비관적으로 바라보게 한다.

다시 온라인 증권사 이야기로 돌아가서 나의 투자 과정에서도 후광 효과가 나타났다. 온라인 증권사들 사이에서 투자 결정을 내릴 때 처음에는 찰스 슈왑에 비해 배당 수익률이 높은 TD 아메리트레이드를 선호했다. 그러나 TD 아메리트레이드는 찰스 슈왑보다 온라인 주식 거래의 매출 비중이 더 컸다. 참고로 슈왑은 TD 아메리트레이드보다 은행 예금 부문에서 벌어들이는 매출이 더 컸다.

앞서도 이야기한 것처럼 애초 나는 TD 아메리트레이드를 높은 성장 전망과 배당률 때문에 선호했다. 하지만 2017년 온라인 주식 수수료 인하 경쟁이 터지면서 후광 효과가 나타났다. 나는 갑자기 TD 아메리트레이드의 매출에서 온라인 주식 거래 부문이 차지하는 높은 비중이 걱정되기 시작했고 더 높은 배당 수익률을 준다는 사실에 대해서도 열정이 사그라들었다. 나중에는 높은 배당으로 얻을 수 있는 이점(TD의 장점)이 온라인 주식 거래 수수료 전쟁(TD의 단점)으로 인한 위험보다 덜 매력적이라고 생각하게 됐고 그렇게 TD 아메리트레이드를 매도하고 슈왑을 매수하기로 결정했다.

솔직히 나는 이 경험으로 후광 효과에 대한 교훈을 얻었다. 나의 고백이 투자자들, 특히 투자 라이프 사이클의 초기 단계에 있는 투자자들에게 감정 휴리스틱과 후광 효과라는 편향을 깨닫게 하는 데 도움이 되길 바란다.

행동 코칭 팁

한 가지 종목을 선택해 추가 연구를 진행하기 전에 회사의 한 부분에 대한 좋은 뉴스로 다른 부분에 대해서까지 좋게 추정하여 그 회사와 주식을 잠재적으로 더 매력적으로 만들고 싶은 유혹에 빠질 수 있다(나쁜 소식의 경우는 반대). 회사의 리스크와 성장 동인을 좀 더 자세히 살펴봄으로써 후광 효과의 유혹을 물리쳐라.

투자의 선택지를 좁힐 때는 다음의 사안들을 주의해야 한다.

- 투자 아이디어를 실행하기까지 충분한 시간을 할애해 내부 시차를 방지한다.
- 직감이나 느낌을 확인할 수 있는 자료(확증 편향), 쉽게 사용 가능한 자료(WYSIATI) 대신 제3의 정보원을 찾아라.
- 특정 전문가의 예측을 너무 신뢰하지 마라. 이러한 예측은 대부분 동전 던지기보다 크게 나을 것이 없기 때문이다.
- 대기업을 고려하고 있다면 하나의 사업 부문에서 받은 좋은 느낌이 관련 없는 다른 부문에까지 좋은 느낌을 갖게 만드는 후광 효과에 빠지지 않도록 주의해야 한다.

3장

사색적인 '시스템 2'의 목소리를 들어라

종목 심층 분석하기

STOP
THINK
INVEST

더 광범위한 투자 테마를 살펴보고 이들을 몇 개 종목으로 추렸
으니 이제 본론으로 들어가 보자. 투자 라이프 사이클의 이번 단계
에서는 한 종목에 대해 집중적으로 연구하는 과정을 살펴볼 것이다.
심층 분석에 들어가기 전에 간단히 경고를 하자면, 피해야 할 심리
적 함정이 아주 많으니 마음의 준비를 하길 바란다.

나는 이 장을 종합적인 리서치 시작하기, 경영진 평가하기, 데이
터 분석하기의 세 부분으로 구성했다. 이 세 가지 관점을 통해 깊이
있게 투자 연구를 진행하고, 심리적 편향을 최소화하며, 좋은 투자
결정을 내릴 수 있기를 바란다. 그럼 이제부터 하나씩 살펴보도록
하자.

종합적으로 리서치하기

(주의: 매수인에게 책임 있음caveat emptor)

'종합적으로 리서치하기' 내용을 통해 투자자는 회사를 들여다 볼 때 필요한 올바른 태도를 가질 수 있다. 위 '매수인에게 책임 있음'이라는 문구가 강조하듯이 이번 내용의 핵심은 다른 사람들이 투자 결정에 영향을 미치려 한다는 사실을 인지하고, 이러한 외부 영향을 상쇄할 수 있는 다양한 원천을 적극적으로 찾아야 한다는 것이다. 이 책은 매수 후 보유 전략을 취하는 투자자들에게 초점을 맞추고 있으므로 '매수자 책임'은 유용한 조언이다. 매수자의 약점이나 편향을 이용하려는 매도자는 세상에 아주 많기 때문이다.

먼저 진지한 리서치의 초기 단계에서 편향을 줄이는 몇 가지 유용한 도구에 대해 논의할 것이다. 초기 단계에서 유의미한 실사를 진행함으로써 투자 결정에 영향을 미칠 수 있는 CEO와 경영진의 심리적 결함 및 편향을 더 잘 이해할 수 있다.

인지적 편안함: 기분이 결정이 되는 순간을 주의하라

호구는 1분에 한 명씩 태어난다.

- 피니어스 테일러 바넘Phineas Taylor Barnum(미국의 서커스 단장 겸 흥행업자)

사업이란 어쨌든 무언가를 파는 것이다. 이를 염두에 두지 않으면 기업을 이해하고 해당 주식이 어떻게 성과를 낼지 예측하려고 할 때 길을 잃을 수 있다. 투자자로서 우리는 주식을 사는 쪽에 있으며 세상에는 다양한 동기를 가진 판매자들이 많이 있다는 사실을 명심해야 한다.

주식 중개인들은 거래를 촉진할 동기를 가지고 있다. 일부 매니저와 IR 전문가들은 주식 가치를 밀어 올릴 수 있는 신규 매수자를 원한다. 익히 알려진 사실이지만 일부 투자자는 외부 판매자의 영향을 감지하지 못하게 만드는 편안함의 함정에 종종 빠지곤 한다. 카너먼은 이러한 함정을 인지적 편안함_cognitive ease_이라고 불렀다.[1]

당신이 자동차를 구매할 계획이라고 가정해보자. 하루 종일 기분도 좋고, 날씨도 좋고, 자동차 판매 대리점에는 무료로 제공되는 커피와 간식이 있고, 어쩐 일인지 자동차의 기능과 장점에 대해 내가 듣고 싶은 내용을 정확히 알려주는 친절한 영업사원도 만났다. 이런 경우 계약서에 서명을 할 가능성이 많을까, 적을까? 이제 상황을 뒤집어보자. 당신이 몇 주 동안 자동차를 사려고 했는데 그 과정이 지겹고 피곤하다. 기분도 좋지 않고 비도 오는데 배도 고프고 영업사원도 마음에 들지 않는다. 이때 영업사원이 판매하는 자동차를 구매할 가능성이 높을까, 낮을까? 아마도 당신은 자동차를 사지 않을 것이다.

첫 번째 상황은 인지적으로 편안한 상태에 있을 가능성이 높다. 기분이 좋아서 외부 영향을 받아들이기 더 쉬운 상태다. 앞서 등장한 바넘의 말처럼 적극적인 영업활동의 희생양이 될 가능성이 크다는 얘기다. 카너먼에 따르면 인지적으로 편안한 상태에서는 경계심

과 의심이 흐려지기 쉽다.[2]

이런 것들이 투자 리서치와 대체 무슨 관련이 있을까? 투자자들은 새로운 투자 아이디어에 흥분하고 그 흥분 속에서 경계를 풀고 판매자들의 마술에 걸려들곤 한다. 반대로 카너먼은 중요한 결정을 준비할 때는 인지적 긴장감cognitive strain을 가지는 것이 더 좋은 접근법이라고 조언한다. 우리는 시스템 2로 문제를 식별하고 더 많은 노력을 들일 때 인지적 긴장감을 갖는다.[3]

긴장감을 가지면 외부의 영향을 경계하는 데 도움이 된다. 의심을 하면 어떤 회사나 주식에 대한 리서치 자료를 소비하거나 사람들과 대화를 할 때도 정보 출처에 편향이 존재한다는 사실을 떠올릴 수 있다. 방위 업계의 용어를 빌리자면 상황 인식situational awareness은 리서치 초기 단계에서 유용하다. 늘 깨어 있는 상태로 어떤 회사나 주식에 대한 나의 견해를 바꾸려고 하는 외부 영향을 인지하라.

이번 장에서 사례 연구로 살펴볼 코비디엔도 인지적 편안함이 투자 과정에 어떤 영향을 미칠 수 있는지를 보여주는 아주 좋은 예라 할 수 있다. 코비디엔은 US 서지컬US Surgical로 시작하여 타이코에 인수된 의료기기 업체다. 이후 2007년 독립적인 회사로 분사했고 2015년에는 의료기기 제조 업체인 메드트로닉Medtronic에 매각됐다.

나는 타이코가 의료기기 부문을 매각할 계획임을 알았을 때 코비디엔을 마음에 두게 됐다. 기업 분할은 새로운 아이디어의 유용성을 확인하는 나의 체크리스트에서 여러 항목을 만족시키는 긍정적인 이벤트였기 때문이다. 첫째, 의료기기 업체에서 분사한 기업은 시장 대비 높은 수익률을 내는 경향이 있으므로 나는 일반적으로 분사한 기업을 선호했다. 둘째, 타이코의 일부 사업부였던 코비디엔은 수년간 제대로 투자받지 못했지만 이제 구조적인 변화를 맞이할 준비가 되어 있는 것처럼 보였다. 셋째, 나는 첨단 기술이나 별 특징과 차별점이 없는 기본 제품보다 중간 수준의 부가가치를 가진 코비디엔의 기술 제품군을 선호했다.

코비디엔이 좋은 주식의 조건에 맞는 듯 보였기 때문에 나는 흥분하기 시작했고 인지적 편안함을 가지고 리서치 과정을 시작했다. 회사 관리자들을 만났을 때도 그들은 회사에 대한 나의 호의적인 가정을 확인시켜주는 듯했다. 하지만 나는 인지적 편안함을 밀쳐내고 약간의 의심과 경계심을 더할 필요가 있다고 판단했다. 결국 몇 가지 추가 조사를 더 해보았고 코비디엔이 높은 수익률을 낼 올바른 공식을 가지고 있다고 생각하게 됐다.

행동 코칭 팁

기분이 기업에 대한 정보를 처리하는 방식에 영향을 미칠 수 있다. 기분이 좋으면(인지적 편안함) 의심과 경계심이 줄어든다. 어떤 회사의 이야기가 믿기지 않을 정도로 너무 좋게 들린다면 인지적 긴장감을 가지고 경계를 강화해야 한다.

기업을 파악하는 네 가지 질문을 던져라

이제 경계를 강화했으니 리서치 과정에 뛰어들어 기업을 움직이는 요인을 더 잘 이해해보자. 기업이나 산업에 따라 서로 다른 리서치 방식을 취하고 싶은 유혹이 있을 수 있지만 보다 체계적인 방법이 외적 편향을 제한하는 데 도움이 된다. 그럴듯한 IR 자료나 케이블 TV의 번드르르한 발표 내용은 서둘러 주식을 매수하도록 부추긴다. 그러나 강점, 약점, 기회, 위협(SWOT) 분석과 포터의 다섯 가지 경쟁요인 분석 모델처럼 과대광고를 가려내고 기업의 개선 또는 하락 여부를 파악하는 데 도움을 주는 편향되지 않은 도구들도 많다.[4] 이 두 가지 모델을 사용해 새로운 주식 아이디어를 분석하라.

탈러는 기업의 위험과 장점에 대해 기본적으로 이해했다면 그다음 단계로 다음과 같은 네 가지 질문을 던져야 한다고 말한다. "누가 사용하는가? 누가 선택하는가? 누가 돈을 지불하는가? 누가 이익을 얻는가?"[5] 이 네 가지 질문에 답하면 사업의 핵심을 파악할 수 있으며 주요 이해관계자들 뒤에 숨겨진 역학 관계도 파악할 수 있다. 편향의 경제적 그물망이라는 개념으로 돌아가 살펴보면 이 네 가지 질문은 기업의 규제 기관, 1차 및 2차 고객, 경쟁사, 공급자 사이의 인센티브와 동기를 다룬다.

코비디엔은 미국 의료 시스템에서 사용자, 선택자, 지불자, 수익자를 보여주는 매우 흥미로운 사례다. 현재 메드트로닉에 인수된 코비디엔은 원래 병원에 의료기기를 판매하는 회사였다. 이 비즈니스 모델은 매우 단순해 보이지만 그 이면을 살펴보면 위험, 장점, 성장 전망에 영향을 미칠 수 있는 숨겨진 편향을 발견할 수 있다.

먼저 누가 선택하는가? 코비디엔의 경우, 선택자는 상황에 따라 다르다. 정형외과용 임플란트나 심장 판막과 같은 고급 의료 재료들은 외과의사나 전문 의료인이 선택 과정을 통제하는 경우가 많다. 예를 들어 의사가 펠로우십이나 레지던트 시절 수련받은 제품을 선택한다면 편향이 결정에 영향을 미칠 수 있다. 의사는 가장 좋은 제품을 선택하는 것일까, 아니면 가장 많이 사용해본 제품을 기본으로 선택하는 것일까? 반대로 큰 전문성이 요구되지 않으며 제품 간 차별성이 거의 없는 일회용 제품은 병원 관리자나 구매 담당자가 최종 결정을 내리는 때가 많다. 구매 담당자는 가장 효과적인 제품을 구매할까, 아니면 가장 저렴한 제품을 구매할까? 여기에도 편향이 영향을 미칠 수 있다.

그렇다면 누가 사용하는가? 여기에 대한 답도 상황에 따라 다르다. 일반적으로 의사들은 첨단 이식 장치를 사용하지만 간호사나 환자는 주삿바늘이나 첨단 기능이 탑재된 병실 침대처럼 여타 일반적인 제품을 사용할 것이다. 의료기기 업체는 최종 사용자가 누구인지, 그들의 인센티브는 무엇인지 파악해야 한다. 간호사는 가능한 한 빨리 많은 환자를 돌보길 원할 것이고, 환자는 통증을 피하고 싶을 것이다.

세 번째, 누가 지불하는가? 코비디엔의 다양한 고객 및 최종 사용자 기반은 앞서 설명한 편향의 경제적 그물망과 관련된 복잡한 지불 및 수익 구조와 유사하다. 의료 부문의 자금 흐름을 따라가 보면 일반적으로 환자 본인 부담금과 고용주가 의료보험 회사에 지불하는 고용주 부담금부터 시작한다. 보험회사 또는 정부 기관(노인 의료보험 또는 국민 의료보조 제도)이 병원에 비용을 지불하고 병원은 의료기기 업체에 비용을 지불한다. 민간 보험회사는 병원이 고품질의 의료

제품을 사용하여 환자가 더 나은 치료를 받고 많은 비용이 드는 재치료를 피하기를 원하지만, 돈을 지불하는 정부 측에서는 정치적 편향에 시달릴 수 있다. 이와는 별개로 지역 병원이나 대형 병원 네트워크는 의료기기 업체에 직접 돈을 지불하기도 한다.

다음으로 누가 이익을 얻는가? 이것도 복잡한 문제다. 병원과 보험회사는 영리 기관일 수도 있고 비영리 기관일 수도 있다. 일부 병원은 구매력을 확대하기 위해 구매대행사를 고용하기도 하며 이들 대량 구매자들이 이익의 일부를 원하기도 한다. 마지막으로 의료기기 업체는 이익을 창출해 주주를 만족시켜야 한다. 공급 업체는 연구개발R&D 지출의 적절한 균형점을 찾아 안전하고 효과적인 제품을 개발하는 동시에 어느 정도 수익도 내야 한다.

탈러가 위 네 가지 질문(누가 사용하는가? 누가 선택하는가? 누가 지불하는가? 누가 이익을 얻는가?)을 따져봐야 한다고 말했던 것이 2008년이었다. 내가 2007년 타이코에서 분사한 코비디엔에 투자하고 1년이 지난 뒤였다. 따라서 나는 리서치 과정에서 탈러의 네 가지 질문 모델을 사용할 수 없었다. 하지만 나의 리서치는 외적 편향을 피하는 데 도움이 됐고 다음과 같은 답을 내놓았다. 첫째, 코비디엔은 충성도 높은 사용자를 확보하고 있었고, 둘째, 이 회사의 상대적으로 저렴한 제품은 병원의 선택자와 지불자의 선별 레이더에 걸리지 않았으며, 셋째, 코비디엔의 기술을 사용하면 병원, 보험사, 코비디엔 모두 이익을 얻을 수 있었다.

코비디엔과 헬스케어 업계의 자금 흐름에 대한 이 논의를 보고 혼란과 당황, 좌절감이 느껴질지도 모르겠다. 다행히도 다른 기업과 산업은 헬스케어 업계보다 덜 복잡하고 더 이해하기 쉽다. 하지만 구매, 사용, 이익 추구를 이끄는 인센티브를 더 깊이 조사하면 향후 회사의 실적과 주가를 더 잘 예측할 수 있다.

행동 코칭 팁

외적 편향은 기업의 성공이나 실패를 예측하는 능력에 영향을 미칠 수 있다. 편향에 맞서고 SWOT 분석이나 포터의 다섯 가지 경쟁요인 분석 모델과 같은 체계적인 접근 방식을 통해 회사를 조사하라. 가능하면 '누가 사용하는가?, 누가 선택하는가?, 누가 지불하는가?, 누가 이익을 얻는가?'라는 질문을 던져 회사의 성패를 좌우하는 인센티브와 편향을 뿌리 뽑기 위해 노력하라.

확인하고, 살펴보고, 검증하라

신뢰하되 확인하라.

　　　　　　　　　　　－ 수전 마시Suzanne Massie(로널드 레이건 대통령 보좌관)

인지적 편안함에서 인지적 긴장감으로 사고방식을 전환하고 '누가 사용하는가? 누가 선택하는가? 누가 지불하는가? 누가 이익을 얻는가?'와 같은 어려운 질문에 대한 대답을 찾았다면 내가 '시스템 2 실사System 2 due diligence'라고 부르는 활동을 향해 다가가고 있는 것이다. 실사란 매수자가 매수 대상의 자산과 부채를 종합적으로 평가하기 위해 행하는 합당한 조사를 의미하는 법적 용어다. 앞의 인용문처럼 어떤 회사나 테마에 대한 이전의 연구를 신뢰한다고 해도 이제는 검증을 해야 할 시간이다.

시스템 2 방식의 실사는 앞서 논의했던 여러 가지 사색적인 시스템 2 개념들을 결합한 것과 같다. 외부 관점을 받아들이고 인지적 긴장감을 갖고 확증 편향, 멀티태스킹, 가용성 편향, WYSIATI를 피한다. 어떤 면에서 시스템 2 실사는 탈러의 사용자, 선택자, 지불자, 수익자 질문에 대한 처음 답변을 확인하거나 증명하는 작업이라고도 할 수 있다.

실사는 기말고사를 치르거나 매매하려는 집을 주의 깊게 살펴보는 것만큼이나 힘들다. 실사처럼 정신적으로 어려운 과정을 거치는 동안 우리의 뇌는 너무 지쳐서 시스템 1 사고라는 지름길을 택하고 싶은 유혹에 빠지기도 한다. 이러한 실사 과정에서 시스템 1 사고에 맞서는 한 가지 방법은 외부 관점을 받아들이고 회사의 위험과 장점을 제대로 파악하는 데 도움을 줄 수 있는 다양한 전문가들을 찾는 것이다.

이 책은 일반적으로 바이사이드 투자자에게 초점을 맞추고 있지만 셀사이드 리서치 보고서에서도 시스템 2 실사 사례를 살펴볼 수 있다. 나는 2000년대 초 베어스턴스에서 셀사이드 애널리스트로 일할 때 의료기기 업체를 담당했는데, 그때 실사가 업무의 큰 부분을 차지했다. 베어스턴스와 같은 대형 투자은행에서 경영진은 기본적으로 거래 수익과 『인스티튜셔널 인베스터Institutional Investor』라는 잡지에서 매년 조사하는 애널리스트 순위를 기준으로 애널리스트의 보

너스를 결정했다.[6]

일반적으로 거래 수수료를 창출하거나 높은 순위에 오르는 가장 좋은 방법은 차별화된 의견 제시를 위해 실사를 잘하는 것에서 시작한다. 대다수 투자자가 메드트로닉의 새로운 심장 박동기가 매출 성장을 가져오고 시장점유율을 높일 것이라고 생각한다고 해보자. 그러나 이런 상황에서 베어스턴스 리서치팀이 제대로 실사를 했고 그 결과 메드트로닉의 심장 박동기가 실패할 것이라고 결론을 내린다면 투자자의 관심을 끌어 베어스턴스를 통한 거래가 늘어날 것이며 리서치 순위도 올라갈 것이다. 마찬가지로 바이사이드에서도 실사는 투자자가 역발상을 해서 저가에 매수하거나 고가에 매도하는 데 도움이 된다.

우리는 시스템 2를 이용한 제대로 된 실사가 리서치의 한 가지 방법이라는 것을 알게 됐다. 그렇다면 이것을 시작하는 가장 좋은 방법은 무엇일까? 앞서 이야기했듯이 전문가들과 소통하는 것은 기업의 위험과 장점 또는 자산과 부채를 제대로 이해하는 좋은 방법이 될 수 있다. 나 역시 베어스턴스에서 일할 때 다양한 채널들을 검토했다. 의사나 종양학자 등 전문가들에게 정보를 확인하기도 했고 로봇 수술 시스템과 의료용 임플란트 사용에 대해 회사로부터 안내를 받기도 했다.[7]

시스템 2 실사를 할 때의 첫 번째 목표는 종목에 대한 2~3개 정도의 최우선 이슈나 성장 동인을 파악한 다음 각 이슈에 대해 어떤 논쟁이 이루어지고 있는지 살펴보는 것이다. 논쟁의 양측에 있는 똑똑한 사람들과 대화를 나누다 보면 그 주식의 상승 가능성과 하락

위험을 파악할 수 있다.

시스템 2 실사를 수행하고 전문가와 대화할 때는 나와 다른 의견을 가진 전문가를 찾아야 한다. 그래야 확증 편향을 피할 수 있기 때문이다. 하워드 막스는 "내가 듣는 모든 사실과 의견이 나의 믿음을 확인시켜줄 때 정신적 삶은 매우 편안해지지만 그렇게 부유해지지는 않는다."라고 일깨워주기도 했다.[8] 주식을 움직이는 요인을 정말로 이해하고 싶다면 시스템 2 실사는 몸에 좋은 운동처럼 고생스러워야 한다.

어떤 면에서 시스템 2 실사는 이 책에서 가장 중요한 행동 코칭일지도 모른다. 이 단계에서 당신은 깊이 파고들어 이야기의 뿌리까지 도달하려는 기자처럼 행동해야 하기 때문이다. 이야기를 제대로 파악하면 주식을 조금 늦게 매수하거나 조금 일찍 매도하더라도 수익을 낼 가능성이 높다. 엄밀히 말해 실사 단계를 시작하려면 온갖 심사 과정을 거치고 초기 조사를 해야 한다. 그러나 한층 더 노력해서 시스템 2 접근 방식으로 실사를 진행하면 더 높은 수익률을 거둘 수 있다. 설사 주식이 실망스러운 성과를 내더라도 무엇이 주가 하락을 이끌었는지 깊이 이해할 수 있고, 리서치를 통해 새로운 아이디어를 얻을 수도 있다.

이번 장의 사례 연구인 코비디엔에 대해 이야기하자면, 나는 코비디엔의 위험과 장점을 파악하기 위한 방법으로 셀사이드 애널리스트와 이야기를 나누고 코비디엔의 고객들, 경쟁사, 공급 업체를 대상으로 채널 체크를 했다. 그중 한 채널은 코비디엔의 제품을 구매하는 구매 관리자였다. 이 관리자는 코비디엔의 일부 제품 포장이 경쟁사보다 떨어지며 개선 경쟁에서 뒤처졌다고 말했다. 나는 이 이야기를 듣고 코비디엔이 타이코에서 분사한 후 전체적인 제품 품질을 개선할 수 있겠다는 생각이 들었다.

행동 코칭 팁

이 단계에서 투자자는 투자하고 싶은 회사에 대해 이미 많은 것을 알고 있다. 이제 가정을 확인하거나 검증하는 까다로운 단계를 시작해야 한다. 앞서 학습한 시스템 2 행동 코칭 팁(외부 관점, 인지적 긴장, 싱글태스킹)을 사용해 게으른 실사 과정(내부 관점, WYSIATI, 확증 편향)을 피해야 한다. 실사 과정을 개선하면 투자에 대한 더 큰 확신을 가질 수 있고 투자 논리가 옳은 것으로 판명된다면 더 큰 수익을 얻을 수 있다.

경영진 평가하기

지금까지 종합적인 리서치를 통해 기업을 자세히 들여다보는 방법을 알아보았다. 다음으로 '경영진 평가하기'에서는 회사를 운영하는 사람들에 대한 개인적인 측면으로 초점을 전환해 심층적인 연구를 계속해나갈 것이다. 여기에서도 편향의 경제적 그물망이라는 개념이 적용되는데, CEO도 여느 사람들과 마찬가지로 결점이 있고 감정적인 보통의 사람이기 때문이다. 기업 경영자를 이해함으로써 그들의 심리적 편향을 예측하고 기업의 성장 전망을 더 잘 예측할 수 있다.

여기서 한 가지 주의할 점이 있다. 이 책의 대부분에 걸쳐 나는 사례 연구를 통해 몇 가지 행동 코칭 팁을 설명하고 있다. 이것의 목표는 한 회사 또는 한 종목에 대해 좀 더 깊이 파고들어가 여러 가지 행동재무학적 개념들이 어떤 영향을 미치는지 보여주기 위함이다. 그러나 경영진에 대해 논의하는 이 부분에서만큼은 광범위한 접근 방식shotgun approach을 취하여 여러 CEO, 회사, 주식을 검토하려고 한다. 다양한 사례 연구를 통해 편향과 감정이 여러 산업 분야의 CEO에게 어떤 영향을 미치는지 알 수 있기를 바란다.

CEO가 기업 성과에 미치는 영향

많은 투자자들이 주식을 고를 때 회사 경영을 누가 맡고 있는지 알고 싶어 한다. 지금까지 좋은 성과를 내왔던 경영자가 아마도 투자자의 기대를 뛰어넘을 가능성이 더 높을 것이다. 하지만 정말 과거를 통해 미래를 예측할 수 있을까? 행동재무학적 접근법은 여기에서 주의를 기울여야 한다고 조언한다.

카너먼은 CEO가 기업 성과에 미치는 영향은 평균적으로 상당히 미미하다는 경제학 연구를 제시한다. 일반적으로 생각하기에 성공한 기업과 실망스러운 기업의 리더를 줄 세워놓으면 성공한 CEO가 있는 기업의 주가수익률이 실패한 CEO가 있는 기업의 주가수익률을 100퍼센트 확률로 앞설 것이라는 생각이 든다. 그러나 실제 조사 결과는 60퍼센트에 불과했다. 좋은 CEO의 성공 확률이 무작위 확률(50퍼센트)보다 약간 높은 수준이라는 사실은 우리의 열정에 찬물

을 끼얹는다.[9]

이게 대체 무슨 일일까? 카너먼은 몇 가지 심리적 편향이 야심찬 CEO에 대한 우리의 인상에 영향을 미친다고 이야기한다. 우리는 성공한 CEO가 새로운 회사에 합류하면 그가 기업 성과에 영향을 미칠 가능성을 과대평가하는 경향이 있다.

투자자 등 외부인은 종종 CEO의 잠재적 영향력을 과장하곤 한다. 이들은 카너먼의 말처럼 사업의 실패나 성공 이유를 설사 그것이 착각일지라도 명확하고 단순하게 설명하고 싶어하기 때문이다.[10] 이러한 잘못된 생각은 일부 원인과 결과의 관계를 거꾸로 생각하는 데서 기인하기도 한다. 사업에 실패하면 CEO는 도리어 경직되고 혼란한 상태에 빠질 수 있다.

몇 가지 예를 들어보겠다. 나는 2011년 다나허가 의료 진단기기 회사인 벡크만 쿨터Beckman Coulter를 인수하겠다고 밝혔을 때 경영진의 자질에 초점을 맞춰 다나허 주식을 매수하라고 추천했다. 당시 벡크만 경영진이 다나허의 CEO에 비해 평범한 수준이라고 판단했기 때문에 다나허의 경영진이 벡크만의 혼란을 수습해 합병된 회사가 투자자의 기대치를 뛰어넘을 수 있으리라는 것이 나의 투자 논리였다.

다나허에 대한 투자 논리는 짧은 기간 동안 순조롭게 맞아 들어갔지만 성공한 CEO가 무참히 실패한 사례들도 있다. 나는 2010년부터 경영진의 뛰어난 실적을 이유로 가끔씩 아치 캐피털Arch Capital(손해보험 및 재보험 회사)을 추천했다. 그러다 2019년에 아치 캐피털을 매도했다. 훌륭한 경영진들이 모기지 보험mortgage insurance이라는 위험한 신사업에 뛰어들었기 때문이다. 결국 아치 캐피털은 2020년, 경기침체로 모기지 시장이 압박받을 것이라는 두려움이 급격한 주가 하락으로 이어지면서 CEO의 능력이 기업 성과에 미치는 영향은 미미하다는 앞서 언급한 연구 결과를 뒷받침하는 결과를 맞았다.

과신은 모든 심리적 편향의 어머니

자주 틀리는데도 늘 자신감에 찬 사람을 만나본 적이 있는가? 지나친 자신감은 우리를 어려운 상황으로 몰고 가는 가장 주요한 감정 중 하나다. 하워드 막스는 지나친 자신감은 "많은 경우 대부분의 사람들"을 괴롭히기 때문에 "모든 심리적 편향의 어머니"라고 지적했다.[11] 그렇다면 지나친 자신감은 어디에서 비롯되는가? "종종 지식보다 무지가 더 자신감을 갖게 한다."는 찰스 다윈의 말에서 알 수 있듯이 무지와 게으름이 한 역할을 담당한다.[12]

이렇게 눈에 띄는 심리적 편향은 인쇄물, 라디오, 비디오를 막론하고 CEO의 커뮤니케이션 스타일에서 잘 드러난다. 이런 경영자들은 종종 매우 자신감에 차 있는 듯 보이기 때문이다. 말쑥하게 차려입고 TV에 나오는 경영자들은 설득의 기술로 무장하고 업계 전문용어를 사용하며 그들이 똑똑하고 회사를 성장시킬 계획이 있는 것처럼 생각하게 만든다.

무엇이 이들 CEO를 그렇게 자신감 있어 보이게 만드는 걸까? 우리는 회사를 더 자세히 조사하면서 그들이 하는 말을 믿어야 할까? 카너먼에 따르면 높은 자신감 혹은 지나친 자신감은 진짜 이야기보다는 '정합성 있는 이야기coherent story'로 귀결되곤 한다.[13] 다음에 어떤 CEO가 TV에 출연하는 것을 본다면 그가 직접적인 질문에는 답하지 않고 일반적으로 그럴듯한 이야기만 하지는 않는지 귀 기울여 들어봐라.[14]

진행자가 펩시 CEO에게 왜 펩시가 코카콜라에 시장점유율을 빼앗기고 있는지 물으면 펩시 CEO는 펩시가 왜 약세를 보이고 있는지, 시장점유율을 다시 높이기 위해 어떤 조치들을 취하고 있는지 그럴듯한 이야기들을 늘어놓을 것이다. 만약 같은 진행자가 코카콜라 CEO에게 콜라시장의 전쟁에 대해 물으면 코카콜라 CEO 역시 펩시에 비해 높은 시장점유율을 차지할 수 있었던 요인과 이러한 요인이 코카콜라가 시장점유율을 유지하거나 확대하는 데 도움이 되는 이유에 대해 정합성 있는 이야기를 들려줄 것이다.

CEO가 하는 이야기를 조금 더 깊게 파고 들어보면 경영자의 일관된 이야기가 종종 내부 관점을 취하며 이는 CEO가 하는 말의 신빙성을 약화시킨다는 사실을 깨닫게 된다. 다시 콜라 전쟁으로 되돌아가보면, 펩시 CEO는 새로운 맛이나 포장방법을 개발하고 있으며 이런 전략 덕분에 코카콜라로부터 시장점유율을 가져오기 위한 '활로'에 올라설 것이라고 말할 것이다.

이런 이야기는 정합성은 있지만 외부 관점이 빠져 있다. 좀 더 신빙성 있는 이야기가 되려면 펩시 CEO가 새로운 맛과 포장에 대한 선호도를 보여주는 고객 데이터를 제공하면서 시험 판매 결과 이미 시장점유율이 상승하고 있다고 발표해야 한다. 또한 펩시 CEO가 코카콜라가 펩시의 새로운 맛과 포장에 반응할 가능성이 낮다는 것을 증명할 수 있다면 외부 관점을 사용한 훨씬 더 일관된 이야기가 될 것이다.

대체 CEO들은 왜 이렇게 자신만만할까? 여러 가지 이유가 있겠지만 투자 리서치의 맥락에서 보려면 낙관주의와 과신 사이의 긴장 상태에 초점을 맞춰야 한다. 많은 CEO가 자신의 회사가 성공할 것이라고 생각한다. 카너먼의 말을 인용하자면 "낙관주의는 자본주의의 엔진이다."[15] 카너먼은 더 나아가 "과신은 저주다. 저주이자 축복이다. 돌아보면 위대한 것들을 만드는 사람들은 자신감이 넘치고 낙관적이다. 즉, 자신감에 찬 낙천주의자들이다. 그들은 위험이 얼마나 큰지 과소평가하기 때문에 큰 위험을 감수한다."[16]

그렇다면 우리는 어떤 CEO를 믿어야 할까? 하워드 막스는 "진정한 전문가의 자신감은 이성에 기반하며 증거의 무게에 비례한다."고 말한다.[17] CEO가 자신의 회사와 속한 산업에 대해 진정한 전문가라면 우리는 그들이 제시하는 논거와 증거를 살펴보고 과신의 가능성을 판단할 수 있다.

과신하는 CEO를 발견하는 또 다른 방법은 정합성 있는 이야기보다 '행동'을 보는 것이다. 코카콜라가 10년 동안 펩시를 이겼지만 우리는 코카콜라가 잘한 것만 돌아보고 다른 결점이나 실수는 무시한다. 잘한 것만 본다면 놓치는 부분이 생길 수 있다. 카너먼은 실패의 사례는 어디에서나 찾을 수 있음을 상기시켜준다. 코카콜라의 성공과 펩시의 실패를 이해하면 코카콜라와 펩시 CEO가 말하는 정합성 있는 이야기를 평가하는 데 도움이 될 것이다. 10년 동안 점유율에서 2등을 하고 있던 펩시가 갑자기 코카콜라를 이길 계획에 대해 자신감을 내비친다면 우리는 일단 의심하고 경계해야 한다(인지적 긴장이라는 개념으로 돌아가자).

앞서 시작 부분에 언급한 질문("자주 틀리지만 늘 자신감에 찬 사람을 만나본 적 있는가?")은 예측으로 먹고사는 여러 유명 전문가들에게 적용된다. CEO의 경우에 '자주 틀린다'는 점을 정량화하는 한 가지 방법은 장기간에 걸쳐 투자자의 기대치를 관리하는 경영자의 능력을 살펴보는 것이다. 분기 실적은 CEO의 성과를 측정하는 한 가지 방법이다. 가령, 회사 분기 실적이 예상치를 25퍼센트 이상 벗어났다면 이 회사의 CEO는 자주 틀리지만 늘 자신감이 넘치는 유형에 속한다고 볼 수 있다.

행동 코칭 팁

CEO는 대개 낙관적이며 정합성 있는 이야기로 자신감을 내보이곤 한다. CEO가 (1) 지금까지 실망스러운 성과를 거뒀고, (2) 정합성 있는 이야기를 할 때 내부 관점을 취하며, (3) 전략적 위험을 과소평가한다면 그 회사의 주식을 고려할 때 주의를 기울여라.

자신감 과잉 리더가 세운 제국을 조심하라

악의는 전혀 없었어요. 정말로 없었어요. 다만 더 커져야만 했어요. 그
래서 더 커진 거예요.

- 닥터 수스, 「나무요정 로렉스The Lorax」 중에서[18]

앞서 이야기한 CEO의 과신 외에 더 조심해야 할 특별한 경우들
에 대해 알아보자. 자신감에 찬 리더는 다른 회사를 인수하고 자신
의 경영 기법을 큰 기업에 적용함으로써 작은 규모에서 이뤄냈던 성
공을 배로 만들 수 있으리라고 생각한다.

이렇게 자신감에 찬 CEO가 인수합병을 추진하고 있다면 투자자
인 당신은 인지적 긴장감을 가진 상태로 전환하고 의심을 갖고 경계
해야 한다. 여기서 퍼즐의 중요한 부분은 어떤 종류의 인수를 검토
중인지 살펴보는 것이다.

컨설팅 회사인 맥킨지McKinsey에서 시행한 연구는 거래 종류에 따
른 역사적 성공 확률을 보여준다. 역사적으로 어려움을 겪고 있는
경쟁사를 인수하거나 소규모 '턱인tuck-in'거래(작은 기업을 인수해 기존
사업 부문으로 통합하는 것-옮긴이)를 하는 경우는 종종 성공하는 반
면 혁신적인 대규모 인수합병은 실패하는 경우가 많다.[19]

기저율base rates과 고정관념stereotypes 또한 자신감에 차서 인수를 진
행하는 CEO를 살펴보는 데 도움이 된다. 기본적으로 좋은 성과를
거둬온 자신감 넘치는 CEO들은 투자자들이 다음 거래도 성공하리
라고 믿게 되는 고정관념을 만들어낸다. 그러나 나는 전체 CEO의

역사적 데이터(기저율)에 집중하라고 말하고 싶다. 이것이 잠재적 결과에 대해 훨씬 더 암울한 그림을 그리기 때문이다. 특히 대규모 인수의 경우는 더더욱 그렇다.

자신감 넘치는 CEO가 대규모 인수합병으로 크게 실패한 대표적인 사례는 2000년 AOL의 타임워너Time Warner 인수를 꼽을 수 있다. 처음에 투자자들은 AOL의 스티브 케이스Steve Case가 인터넷에서 거둔 성공을 전통적인 미디어로 확장할 수 있으리라고 생각했지만 이 합병은 금세 심각한 난관에 부딪혔다. 흥미롭게도 나는 AOL 합병이 실패한 지 몇 년 후인 2018년, AT&T의 자신만만했던 CEO 랜달 스티븐슨Randall Stephenson이 타임워너를 인수하면서 똑같은 실수를 저지르는 모습을 보게 되었다.

행동 코칭 팁

자신감에 찬 CEO가 대규모 인수 계획을 발표하면 주의를 기울여라. 경영진의 자신감 때문에 투자자들은 거래의 성공 가능성이 역사적인 성공률보다 더 높다고 생각할 수 있다.

CEO의 지분과 대형 인수 거래

CEO가 모회사 지분을 얼마나 가지고 있는지에 초점을 맞춰 인수 거래를 추진하는 CEO에 대해 조금 더 자세히 알아보도록 하자. 미리 이야기하자면, 이 부분에서 일부 상충될 수 있는 연구 결과를 제시하게 될 것이다. 조금 정신이 없겠지만 경영자가 인수합병을 추진하는 개인적인 인센티브에 대해 살펴보자.

논쟁의 한쪽 편에는 대니얼 카너먼이 있다. 카너먼은 회사 지분을 많이 보유한 CEO들이 종종 대규모 인수 거래에서 더 나쁜 성과를 낸다고 주장한다. 지나치게 낙관적인 CEO가 회사 지분을 더 많이 매수하고 주식 대신 부채를 발행하는 등 과도한 위험을 감수한다는 것이다. 이렇게 낙관적인 CEO들은 종종 막대한 인수대금을 지불해서 주주 가치를 무너뜨리기도 한다.[20]

다른 한쪽 편에는 스펙트럼의 반대쪽 끝을 걱정하는 학자들이 있다. CEO가 회사 지분을 많이 보유하고 있지 않은 경우를 우려하는 입장이다. 리처드 탈러와 긴밀한 협력 관계였던 행동경제학자 콜린 캐머러Colin Camerer는 회사에 적은 지분을 가진 '임시caretaker CEO'가 회사 내부의 혁신보다 제국을 건설하려는 인센티브를 가질 경우, 이를 경고 신호라고 생각한다.

임시 CEO 중에는 기간이 한정된 CEO도 있고 은퇴를 앞둔 CEO도 있다.[21] 투자 전략가이자 컬럼비아 대학의 재무학 교수인 마이클 모부신Michael Mauboussin의 연구도 이러한 생각을 뒷받침한다. 그는 보유 지분이 미미한 CEO는 "주가 상승으로 인한 직접적인 이익이 없기 때문에 주식 가치를 높일 인센티브가 제한적이다."라고 말한다.[22]

CEO의 주식 보유와 인수에 대한 두 가지 견해는 정말 상반된 것일까? 투자자에게 가장 유용한 가르침은 '양극단을 조심하라'는 것이다. 회사 주식을 대량 보유한 지나치게 낙관적인 CEO는 큰 거래에 너무 많은 위험을 짊어질 수 있다. 반대로 지분을 거의 보유하지 않았지만 회사를 키워야 할 인센티브가 있는 임시 CEO 역시 나쁜 거래를 할 수 있다.

보유 주식이 적은 임시 CEO가 대규모 거래를 성사시킨 예로는 앞서 소개한 AT&T의 랜달 스티븐슨이 있다. 스티븐슨은 2018년 타임워너 인수 이후 2020년 퇴임을 발표할 당시 약 0.04퍼센트의 지분을 보유하고 있었다. 나는 이 시기 AT&T 주식에 하방 위험이 있다고 판단했는데, CEO의 행동과 보유 지분이 투자 논리를 이루는 근거 중 하나였다.

행동 코칭 팁

유난히 회사 지분을 많이 보유하고 있거나 적게 보유하고 있는 CEO가 인수합병을 추진한다면 주의하라. 지분을 많이 보유하는 낙관적인 CEO는 지나치게 큰 위험을 부담할 것이고, 지분을 거의 보유하지 않은 CEO는 자리에서 물러나기 전 인수합병으로 빠른 보너스를 얻고 싶어 할 것이다.

매몰 비용에 발이 묶이지 않는 사람을 선택하라

주식을 연구할 때 경영진을 평가하는 또 다른 방법은 CEO가 바뀌는지 살펴보는 것이다. 새로운 CEO가 기존 회사에 어떤 변화를 가져올 수 있을까? 새로운 피, 새로운 시각? 이 책은 행동재무학을 다루고 있으므로 나는 새로운 CEO는 심리적 부담감이 적고 특히 나쁜 프로젝트와 관련해 주주 친화적인 결정을 내린다고 주장하고 싶다.

카너먼에 따르면 기존 CEO는 이전에 했던 결정과 매몰 비용sunk cost에 구속되는 경향이 크다. 프로젝트가 실패할 경우 기존 CEO는 프로젝트를 중단하여 자신의 커리어에 영구적인 오점을 남기느니 회사의 자원을 걸고 모험을 단행하거나 문제를 뒤로 미룬다.[23] 이렇게 매몰 비용에 발이 묶인 CEO는 실망스러운 프로젝트를 중단하여 확실한 손실을 감수하는 대신 약간의 성공 가능성에 매달려 부실 프로젝트에 더 많은 돈을 투자한다.

부실 프로젝트에 이미 5,000만 달러를 지출했다면 해당 프로젝트를 중단하고 5,000만 달러를 상각할 수도 있고, 부실 프로젝트를 구제하기 위해 수백만 달러를 더 지출할 수도 있다. 행동재무학 이론은 5,000만 달러짜리 프로젝트를 중단하고 기대 수익이 더 큰 완전히 다른 프로젝트에 새로운 자금을 투자하는 편이 낫다고 말한다.[24] 카너먼에 따르면 새로운 CEO는 매몰 비용을 무시하고 미래의 기회에 대해 덜 편향된 접근 방식을 취함으로써 좋은 프로젝트와 나쁜 프로젝트에 대한 심리적 회계를 피할 수 있다.

투자 일을 하면서 나는 새로운 CEO가 부실 프로젝트나 적합성이 떨어지는 사업을 중단하는 사례를 여러 번 봤다. 2017년에 허니웰Honeywell의 CEO가 된 다리우스 아담칙Darius Adamczyk은 그해 말 재미를 보지 못하고 있던 공조 부문 및 운송 부문을 분사하기로 결정했다. 2014년에 다나허의 CEO로 임명된 톰 조이스Tom Joyce는 2019년 문제가 많았던 치과 장비 사업을 분사했다. 웰스파고Wells Fargo는 2019년 CEO로 찰리 샤프Charlie Scharf를 임명했고 그는 이전 경영진을 압박했

던 잘못된 영업 관행을 정리했다.[25]

데이터 분석하기

지금까지 우리는 실사를 끝냈고 대상 회사를 운영하는 경영진을 평가했다. 다음 단계에서는 연필을 깎고(또는 엑셀 파일을 열고) 수집한 모든 질적 자료에 몇 가지 기준을 적용해볼 것이다.

투자 모델을 구축하는 데 유용한 도구는 많지만, 이 책은 행동 코칭에 초점을 맞추고 있으므로 여기에서는 카너먼이 제시한 편향을 줄이는 4단계 과정을 살펴보도록 하자. 카너먼의 조언은 비교 분석, 예측, 확률의 세 가지 범주로 나눌 수 있다.

일대일 분석은 매우 훌륭한 첫 단계다. 여기서도 앞에서 CEO와 경영진을 분석할 때 사용했던 접근 방식과 유사하게 다양한 회사와 주식을 사례로 살펴볼 것이다.

옷을 고르듯 주식도 비교하며 사야 한다

집의 가치를 알게 해주고 집을 더 잘 즐길 수 있게 해주는 것은 여행
뿐이다.

- 헨리 데이비드 소로_{Henry David Thoreau}

비교 분석은 이를테면 어떤 대학에 진학할지, 어떤 주식을 선택할
지, 어디로 휴가를 갈지 등 선택지를 고민하는 데 유용하다. 여름 휴
가 계획을 세울 때 어떤 사람은 매년 같은 장소를 가는 것을 좋아하
는 반면, 매번 새로운 장소를 탐험하는 것을 좋아하는 사람도 있다.
그렇다면 투자의 선택지를 고르는 것과 관련해 우리는 휴가지를 고
르는 방법에서 무엇을 배울 수 있을까?

한 곳만 가는 사람과 여기저기를 돌아다니는 사람, 두 여행자 그룹
모두 일종의 비교 구매를 한다면 휴가를 더욱 즐겁게 보낼 수 있을 것
이다. 한 곳만 가는 사람들은 즐길 수 있는 먼 곳의 새로운 여행지를
발견할 수도 있다. 아니면 시간도 오래 걸리고 돈도 많이 드는 비행, 외
국어, 환전, 해외 여행에 따르는 불확실성 때문에 지쳐서 원래 다니던
가장 좋아하던 장소로 돌아와 더 만족할 수도 있다. 반대로 방랑벽을
가진 사람들이 가끔씩 '스테이케이션_{staycation}(가까운 거리에 있는 곳을 여
행하고, 잠은 집에서 자는 형태의 휴가-옮긴이)'을 떠나기로 결정한다면 집
이 주는 안락함에서 더 큰 진가를 발견할 수도 있을 것이다.

어떤 주식에 대해 많은 조사를 한 후에는 휴가지를 한 곳만 찾는
사람들처럼 마음에 두고 있는 주식을 다른 국내 주식 또는 해외 주

식과 비교하는 일에 흥미를 잃게 될지도 모른다. 위에서 언급한 여행 사례처럼 여러 선택지들을 비교해보면 강점과 약점을 더 잘 이해할 수 있다.

카너먼은 일대일 분석이 단독 분석 방식보다 더 정확한 밸류에이션을 산출한다고 주장한다. 식기류와 야구 카드 등을 대상으로 한 소비자 연구에 따르면 어떤 상품을 단독으로 평가하면 정확도가 낮아진다. 시스템 1로 사고하면 비교 분석을 할 수 없기 때문에 단일한 상품에 대해 피상적인 판단을 내리게 된다. 하지만 두 가지 다른 식기류나 야구 카드를 비교해보면 소비자들은 시스템 2를 이용해 상품의 가치를 실제 가치에 더 가깝게 분석할 수 있다. 이렇듯 가사 용품뿐만 아니라 주식을 고를 때도 비교 구매를 하면 더 나은 구매 가격을 알아볼 수 있다.[26]

이 주제에 적합한 사례 연구로 똑같은 주택자재 판매업체인 로우스Lowes와 홈디포Home Depot를 비교 분석해보자. 나는 홈디포보다 로우스를 더 좋아하는데, 로우스는 홈디포의 성장률과 수익성을 따라잡을 수 있는 잠재력이 있고, 밸류에이션이 좋기 때문이다. 로우스와 홈디포는 둘 다 투자자의 기대를 뛰어넘는 성과를 내왔지만 나는 로우스를 선호하는 투자 논리를 확인하기 위해 일대일 비교 분석을 사용해왔다. 어느 시점에서 로우스가 홈디포를 완전히 따라잡고 투자자들이 로우스의 발전에 대해 더 높은 밸류에이션을 부여한다면 로우스를 보유하기 위해 또 다른 이유가 필요해질지 모른다. 하지만 그때까지 가까운 경쟁사에 대한 일대일 비교 분석은 나의 투자 과정에 계속 도움을 줄 것이다.

편향을 제거하는 예측의 4단계

예측은 어렵다. 특히 미래는 알 수 없다.

- 요기 베라Yogi Berra(전 뉴욕양키스 야구선수)

약간의 수학을 할 준비가 되었는가? 지금까지 나는 논리와 높은
수준의 행동경제학적 개념에 초점을 맞추려고 노력해왔지만 약간의
수학은 투자와 관련된 예측에 영향을 미치는 편향을 줄이는 데 도
움을 준다. 이를테면 주가가 흔히 추종하는 기업의 향후 이익을 예
측할 때 이러한 수학을 쓸 수 있다. 정량적 분석 틀은 CEO, 상품, 산
업에 감정적으로 애착을 갖지 않게 하고 어떤 회사나 주식의 성장
전망을 지나치게 낙관적으로 예측할 가능성을 줄여준다.

버크셔 해서웨이의 부회장 찰리 멍거는 감정적 편향 때문에 버크
셔 해서웨이가 신문 산업의 펀더멘털 악화가 꽤 진행됐을 때까지 신
문 산업에서 포지션을 유지했던 것 같다고 말했다. 멍거는 "신문업
의 하향세가 우리가 생각했던 것보다 더 빨랐기 때문에 제대로 된
예측은 아니었다. 우리 둘 다 신문을 사랑했기 때문에 이렇게 잘못
계산했을 수 있다."며 감정이 냉정한 분석에 방해가 됐을 수 있다고

고백했다.[27] 기본적으로 우리는 향후 수익과 주가를 예측할 때 편향을 줄이기 위해 가능한 모든 방법을 동원해야 한다.

예측을 극단으로 몰고 갈 수 있는 감정과 편향을 제거하려고 할 때 이러한 실수로부터 무엇을 배울 수 있을까? 카너먼은 낙관적인 관점을 현실적으로 조정하거나 지나치게 비관적인 관점에 약간의 현실감을 부여할 수 있는 다음의 4단계 과정을 제안한다.[28]

먼저, 역사적인 패턴 또는 기저율을 파악한다. 위험한 소프트웨어 주식에 투자해 큰돈을 벌어서 다음 투자를 지나치게 낙관하고 있다고 가정해보자. 그러나 개인적인 경험은 접어두고 모든 소프트웨어 주식의 성장 가능성 또는 성공 확률을 전반적으로 살펴봐야 한다. 극단적인 예로 마이크로소프트와 세일즈포스Salesforce와 같은 승자 주식은 웹반Webvan이나 펫츠닷컴Pets.com과 같은 패자 주식을 상쇄시킨다. 이것이 기저율이다. 논의를 위해 평균적인 소프트웨어 기업의 연매출 성장률이 10퍼센트라고 해보자.

다음 단계에서는 직관에 의존해 투자할 소프트웨어 주식이 어떻게 될지 '느낌'에 베팅한다. 맞다. 행동경제학자들도 간혹 시스템 1 사고를 사용하라고 할 때가 있다. 두 번째 단계에서는 이용 가능한 증거에 대한 느낌을 바탕으로 합리적인 추측을 한다.

직장, 학교, 개인용 웹 기반 화상 회의를 제공하는 줌 비디오 커뮤니케이션Zoom Video Communications(티커: ZM)을 살펴본다고 해보자. 2020년 코로나 바이러스 팬데믹이 악화되면서 사회적 거리두기, 재택근무, 원격 학습이 시작되었고 이는 줌에 대한 수요를 급증시켰다. 이러한 증거를 바탕으로 한 일반적인 느낌은 줌의 매출이 당분간 동종업계의 경쟁사보다 더 빠르게 증가할 것이라는 예상으로 이어진다. 이 경우 줌의 매출이 연간 50퍼센트 성장할 수 있다고 생각한다고 가정해보자.

3단계에서는 다시 상관관계에 대해 시스템 2 사고를 함으로써 감정적 흥분을 억제한다. 이 단계는 하나의 변수가 다른 변수에 어떤 영향을 미칠 수 있는지 이해해야 하므로 4단계 중 가장 어려운 단계라고 할 수 있다. 카너먼은 학생의 읽기 능력과 평균 학점 사이의 관계를 예로 든다. 독해력이 뛰어난 학생이 좋은 성적을 받는다고 (그 반대의 경우도 마찬가지) 생각한다면 상관관계가 높다고 예상하는 것이다.[29]

줌 비디오의 사례에서 2020년 팬데믹과 재택근무 트렌드가 향후 몇 년간 계속될 것이며, 재택근무와 줌의 매출성장률 사이에 75퍼센트의 높은 상관관계를 예상한다고 해보자. 간단히 계산해보면 재택근무자가 10퍼센트 늘어날 때마다 줌 매출은 7.5퍼센트 증가한다. 시장에 막강한 경쟁자가 들어와서 줌의 시장점유율이 낮아질까 봐 걱정된다면 상관관계를 50퍼센트 아래로 잡아 보다 비관적으로 추정할 것이다.

마지막 단계에서는 모든 조각들을 합쳐 편향을 줄이는 예측을 한다. 기저율부터 시작한다. 이 사례에서 소프트웨어 주식의 매출성장률은 10퍼센트다. 그런 다음 스펙트럼의 반대쪽 끝의 두 번째 단계에서 얻은 합리적인 추측, 이 경우는 줌 비디오의 매출성장률 50퍼센트를 적는다. 마지막으로 생각하는 상관관계를 근거로 합리적 추측을 위아래로 조정한다.

지금까지의 내용을 다시 정리해보자.

1. 전체 소프트웨어 회사의 매출성장률은 기본적으로 10퍼센트다.
2. 일반적인 느낌으로 줌은 50퍼센트의 매출성장률을 올릴 수 있다.
3. 줌이 높은 시장점유율을 유지할 수 있다고 생각하는 경우 상관관계
   는 75퍼센트로 추정된다.

네 번째 단계에서는 이 세 가지 정보를 합산하여 줌의 매출을 추
정한다. 기저율 10퍼센트와 낙관적인 추정치인 50퍼센트 사이의 거
리(또는 차이)는 40이다. 40에 상관관계 75퍼센트를 곱하면 30퍼센트
가 나온다. 이제 이 30퍼센트를 기본 성장률(10퍼센트)에 더해 편향
이 덜한 줌 비디오의 성장률 예측치, 40퍼센트를 구한다.

여기에는 약간의 수학이 필요하지만 기본적으로 우리는 낙관적
인 성장률 전망치(50퍼센트)로 시작하여 4단계 과정을 거쳐 편향을 제
거하고 냉정하고 확실한 사실을 더해 원래 예상치를 보다 현실적인
40퍼센트로 낮췄다. 여기에서 핵심은 카너먼의 4단계 과정이 지나치
게 낙관적이거나 비관적인 예측을 조정할 수 있다는 사실이다.

행동 코칭 팁

주식의 향후 성과를 예측할 때는 편향을 제거하기 위해 카너먼의 4단
계 과정을 사용하라. 기저율을 확인하고 개인적으로 추측한 다음 상관
관계를 살펴보고 상관관계를 적용해 기저율에 가깝게 추측을 조정하는
것이다.

과거의 데이터에서 미래를 예측하는 법

손 안에 든 한 마리 새가 수풀 속에 있는 두 마리 새보다 낫다.

- 오래된 속담

위 속담은 손 안에 든 새를 버리고 수풀 속에 있는 새 두 마리를 잡으려고 위험을 무릅쓰느니 손 안의 새 한 마리를 지키는 편이 더 낫다고 말한다. 이 속담은 아마도 수풀에서 야생 새 두 마리를 잡을 확률이 낮다는 역사적 패턴 또는 '참고부류reference class'를 보고 생겨났을 것이다. 잠재적인 매수 종목을 연구할 때도 이 속담을 떠올릴 수 있다.

참고부류 예측에 대해 자세히 알아보기 전에 이 개념이 해결할 수 있는 문제를 먼저 살펴보자. 의사결정권자는 미래를 계획할 때 매우 낙관적인 경우가 많다. 투자자들도 투자 논거를 세울 때 계획 오류planning fallacy라는 비슷한 편향에 빠진다. 계획 오류에 빠지지 않기 위한 한 가지 방법은 참고부류 예측reference class forecasting이라는 3단계 과정을 따르는 것이다. 카너먼의 4단계 예측 모델과 비슷하지만 편향을 줄이고 더 현실적으로 예측하기 위한 또 다른 접근법이다.

어떤 면에서 예측을 개선하는 카너먼의 4단계 과정은 코로나 팬데믹 이후 줌 비디오의 매출을 예측하는 것처럼 불확실성이 높은 경우에 유용하다. 반대로 참고부류 예측은 성숙한 산업의 성장 예측처럼 불확실성이 낮을 때 더 나은 방법이다.

참고부류 예측과 카너먼의 4단계 예측은 둘 다 개인적인 인상이나 직감 등의 내부적 관점보다 외부 관점을 취하고 실제 데이터를 살펴본다. 이러한 사실을 염두에 두고 참고부류 예측을 알아보자.

첫 번째 단계는 기저율과 비슷한 개념인 참고부류를 확인하는 것이다.[38] 반도체 회사인 인텔을 예로 들어보자. 2019년 인텔은 새로운 반도체 사이클을 생산하기 위해 추가적인 연구개발비 투자로 이익이 감소할 것이라고 발표하며 투자자들을 실망시켰다. 투자자들은 인텔이 얼마나 빨리 새로운 마이크로칩을 출시해서 급증한 연구개발비를 줄이고 이익과 주가를 끌어올릴 수 있을지 의문을 가졌다.

여기에서도 첫 번째 단계는 참고부류를 확인하는 것이다. 새로운 제품을 출시하기 위해 연구개발비를 늘린 다른 반도체 회사들을 살펴본다. 두 번째 단계에서는 관련된 과거 데이터를 수집한다. 간단하게 대부분의 반도체 회사들이 새로운 제품 사이클을 개발하려고 할 때 서두른다면 2년이 걸린다고 가정해보자. 또한 역사적으로 연구개발 비용이 증가하면 회사의 전체 이익률이 3퍼센트 감소한다고 해보자.

자, 지금까지 참고부류를 확인하고 과거 사례에서 데이터를 수집했다. 마지막 단계는 새로운 상황, 즉 인텔을 참고부류와 비교하는 것이다. 인텔의 상황은 이전 사례들과 어떻게 다른가? 이 사례에서 인텔의 전략은 기존보다 50퍼센트 더 작고 빠른 칩을 개발해 완전히 새로운 제품을 출시하려는 것으로, 과거 사례들보다 더 어렵다고 가정한다.

제품 개발에 2년이 걸리고 이익률을 3퍼센트 감소시킨다는 참고부류의 데이터를 복잡성이 50퍼센트 더 높은 인텔의 고유한 전략에 맞게 조정한다. 분석 결과, 인텔이 새로운 칩을 개발하는 데 3년(기존보다 50퍼센트 더 긴)이 소요되며 이익률은 4.5퍼센트(역시 평균보다 50퍼센트 더 많은) 감소하리라 전망할 수 있다. 즉, 인텔의 공격적인 신제품 개발 계획이 평균보다 더 나쁜 결과를 가져올 것이라고 예측해 우리는 인텔에 패널티를 부과할 것이다.

행동 코칭 팁

참고부류 예측은 특히 성숙한 산업에 속한 기업의 미래를 예측할 때 편향 오류를 줄일 수 있는 3단계 과정이다. 먼저, 참고부류를 찾고 조사 대상 기업이 참고부류와 어떻게 다른지 확인한다. 마지막으로 참고부류와 조사 대상 기업의 차이를 고려해 예측을 조정한다.

의사결정 시 변수에 가중치를 둬라

대부분의 사람들은 게으르다. 사람들은 어떤 일이 일어날 거라고 또는 일어나지 않을 거라고, 아니면 그럴 수도 있겠다고 생각한다.

- 아모스 트버스키[31]

이 장에서 우리가 도달하고자 하는 목표는 잠재적인 주식 아이디어를 심층 분석해 편향을 없애는 것이다. 그 과정의 마지막 단계로서 이번에는 어려운 질문을 계량화하는 데 초점을 맞추려고 한다.

위에 인용한 트버스키의 말을 주식에 투자하는 게으른 시스템 1

버전으로 바꿔보자. 시스템 1 사고에서 투자자는 '주가가 오를 것이라고, 또는 오르지 않을 것이라고, 그럴 수도 있고 아닐 수도 있다'고 생각한다. 하지만 시스템 2 사고, 구체적으로 행동재무학의 기술을 이용하면 우리는 투자라는 복잡한 퍼즐을 전망하고 훨씬 잘 예측할 수 있다. 카너먼이 말했듯이 주식투자는 "복잡한 대상에 대한 종합적인 평가"다.[32] 어떻게 하면 주식의 모든 복잡성을 평가하고 시스템 1 사고의 함정에 빠지지 않을 수 있을까?

이 마지막 개념을 살펴보려면 '이 주식을 매수해야 하는가?'처럼 복잡한 질문을 작은 부분들로 해체해서 각 부분의 확률이 어떠한지에 집중해야 한다. 몇 가지 주식을 예로 살펴보기 전에 판단과 편향과 게으름이 의사결정에 어떤 영향을 미치는지 설명하기 위한 몇 가지 투자 외적인 질문을 해보겠다.

베일리 가족이 새 차를 사러 간다면 무엇이 구매를 결정할까? 연비, 디자인, 성능, 가격? 시스템 2 사고는 이 네 개 변수 각각에 초점을 맞추지만, 게으른 시스템 1 사고는 이런 식으로 생각할 것이다. "우리 가족은 SUV의 외형과 느낌을 좋아하니까 가격이 좀 비싸고 연비가 나빠도 SUV를 살 거야." 더 나은 접근 방식은 각 변수에 가중치를 부여하는 것이다. 가격과 연비가 디자인과 느낌보다 더 중요하다고 해보자. 이 두 가지 요소가 내 기대보다 50퍼센트 정도 떨어진다면 다른 SUV를 찾아봐야 할 것이다.

투자 외적인 질문의 또 다른 예로는 딸이 다니는 학교가 마음에 드는지 묻는 것을 들 수 있다. 게으른 대답은 '예, 아니오' 둘 중 하나겠지만 시스템 2 사고는 더 자세히 파고들어가 교사들, 통학 시간,

과외 활동, 다른 학교의 장점과 단점까지 살펴볼 것이다. 이러한 변수들에 가중치를 두면 감정적인 시스템 1 사고와는 다른 결정을 내리는 데 도움이 된다.

지금까지의 접근 방식을 투자 아이디어에 적용해보자. 첫 번째 단계는 주식을 몇 가지 '변수'로 쪼개는 것이다. 스킨케어, 메이크업, 헤어케어, 향수 등 뷰티 제품을 판매하는 세계적인 기업 에스티로더 Estée Lauder의 점유율을 이끄는 요소에 대해 자세히 알아보자. 여기서는 매출, 비용, 투자 심리라는 세 가지 변수에 가중치를 부여한다.

카너먼은 더 가능성이 높은 결과를 가진 변수에 가중치를 부여해야 한다고 말한다.[33] 간단하게 에스티로더의 매출은 지속적으로 투자자의 기대치를 상회했지만 비용은 다소 엇갈린 결과를 기록했다고 해보자. 또한 에스티로더에 대한 투자자 심리는 지난 5년 기간에 비교해 평균 이상이라고 가정해보자.

이 경우 나는 매출에 70퍼센트, 비용에 30퍼센트, 투자자 심리에 10퍼센트의 확률을 부여할 것이다. 그렇다면 에스티로더는 주가가 상승하거나 시장수익률을 상회하는 수익률을 낼 것인가? 글쎄, 나는 에스티로더가 매출은 월스트리트 예상치를 상회하리라고 강하게 확신하고, 비용은 통제하에 있을 것이라고 약하게 확신하며, 투자자 심리가 평균 이상으로 유지되리라고는 거의 확신하지 않는다.

자, 이제 이 변수들을 종합해보자. 지금까지 투자자들은 에스티로더의 매출이 기대치보다 높게 나왔을 때 호의적인 반응을 보였다고 해보자. 내가 부여한 비중과 확률을 바탕으로 나는 높은 매출이 보통의 비용이나 투자 심리가 변할 위험을 능가하리라고 생각하기 때문에 잠재적인 매수 대상으로 에스티로더를 추천할 것이다.

때론 창의력을 발휘해야 할 때도 있다

스프레드시트는 기적이 일어날 여지를 남기지 않는다.

- 로리 서덜랜드Rory Sutherland(오길비앤매더Ogilvy&Mather 부회장)[34]

미래가 과거와 같다면 예측하기가 훨씬 쉽겠지만 우리 안의 게으른 시스템 1 사고와 같은 편향은 계속해서 예측 오류를 일으킬 것이다. 이때 과거 데이터, 수치 연구, 논리를 사용하면 이러한 오류를 줄일 수 있다. 하지만 일부 투자자들은 기업 이익이나 주가를 예측할 때 논리와 마법 사이에 건강한 긴장감을 느끼기도 한다.

왜 마법이라고 하는 것일까? 스테이트 스트리트 글로벌 어드바이저State Street Global Advisors의 투자 전략가인 마이클 아론은 컨센서스는 논리와 분석에서 비롯된다고 말했다. 하지만 동시에 그는 "모두가 논리적으로 투자한다면 투자자는 수익을 얻지 못할 것"이므로 시장

을 이기고 싶다면 컨센서스와는 다른 접근 방식을 취해야 한다고 말한다.[35]

세상에는 간혹 비논리적인(혹은 마법 같은) 일들이 일어나고 이것이 거대한 시장 변화로 이어지기도 한다. 논리와 분석으로는 1990년대 인터넷의 부상, 2000년대 초반의 부동산 호황과 침체, 2010년대 에너지 섹터의 하락을 예상하지 못했을 가능성이 높다. 아론은 때로는 '비논리적 프리미엄illogic premium'이라는 개념으로 투자 과정에 약간의 마법을 부리거나 비논리를 적용해야 한다고 주장한다.

아마존을 예로 들어보자. 2015년 아마존은 전자 상거래 부문의 성장성이 투자자들에게 주목받으며 500달러 수준에서 거래됐다. 하지만 투자자들은 비논리성을 발휘해서 또는 아마존의 CEO 제프 베조스Jeff Bezos가 마법을 부리기를 바라면서 새로운 성장 동력이 주식에 프리미엄을 창출하리라 기대했을 것이다. 실제로 베조스는 마법을 부렸다. 아마존 웹 서비스Amazon Web Services(클라우드 컴퓨팅)는 2015년부터 2020년까지 주가를 2,400달러까지 끌어올리며 거의 다섯 배 상승에 기여했다. 아론의 비논리적 프리미엄과 아마존의 예를 생각해보면 우리는 과거 추세를 기본으로 삼으면서 패턴이 깨지거나 비논리적인 일이 발생할 가능성도 열어두는 미묘한 예측 방식을 취해야 할 것이다.

행동 코칭 팁

대부분의 경우 기저율, 확률, 시나리오 분석과 같은 행동재무학의 개념은 주식투자에 도움이 된다. 그러나 기업이 중대한 변화를 앞두고 있는 것처럼 보인다면 가능성에 대해 좀 더 자유롭게 창의력을 발휘해라. 장기적인 투자 모델을 구축하고 현금 흐름이나 이익을 할인해서 현재 밸류에이션이 타당한지 확인해라.[36]

축하한다! 이제 막 당신은 투자의 라이프 사이클에서 가장 어려운 단계 중 하나를 통과했다. 심층적 연구 단계는 질적 연구를 이해하기 위해 회사의 운영 방식을 파악하고, 회사를 운영하는 사람을 평가한 다음, 투자 모델링을 하는 매우 강도 높은 과정이다. 다음의 핵심 요약을 통해 이 장의 내용을 정리해보도록 하자.

종합적으로 리서치하기

- 회사나 주식을 이해하는 데 도움이 되는 정보와 출처를 찾을 때는 인지적 편안함을 피하고 의심과 경계를 늦추지 마라.
- SWOT 분석, 포터의 다섯 가지 경쟁요인 분석 모델 등 프레임워크를 사용하고 '누가 사용하는가? 누가 선택하는가? 누가 비용을 지불하는가? 누가 이익을 얻는가?'라는 네 가지 질문에 답을 구함으로써 회사의 운영 방식을 보다 객관적으로 파악할 수 있다.
- 기업의 성장 전망에 대한 나의 견해를 지지하거나 반박할 수 있는 전문가를 찾아 실사하는 시스템 2 방식을 취해라.

경영진 평가하기

- 경영진이 회사의 성공과 주가 상승을 이끌 수 있다고 생각될 때는 주의해야 한다. 좋은 CEO가 나쁜 CEO보다 좋은 성과를 낼 확률은 무작위적인 확률보다 약간 높은 약 60퍼센트에 불과하다.

- 정합성 있는 이야기를 늘어놓거나 내부 관점을 취하거나 외부 관점을 생략하거나 과거 실적이 나쁘거나 위험을 과소평가하는 과신에 빠진 CEO를 믿지 않도록 조심하라.

- 과신에 빠진 CEO가 대규모 인수를 추진하면 투자자는 CEO의 정합성 있는 이야기보다는 과거 거래 성공률과 실패율에 더 집중해야 한다.

- 지분을 유난히 많이 보유하거나 적게 보유한 CEO들은 대규모 인수에 대한 실적이 좋지 않으니 주의해야 한다.

- 신임 CEO는 심적 부담감을 지고 있는 기존 CEO에 비해 더 쉽게 부실 프로젝트를 중단할 수 있다. 이런 유형의 대규모 기업 혁신 전략은 기업과 주식을 반전시킬 수 있다.

데이터 분석하기

- 어떤 기업이나 주식을 살펴볼 때 일대일 비교는 일률적인 분석에 비해 편향을 줄여준다.

- 특히 고성장주와 같은 종목의 성과를 예측할 때 편향을 줄이려면 4단계 과정을 거쳐라. (1) 기저율을 확인하고 (2) 직접 추측한 다음 (3) 추측과 기저율 사이의 상관관계를 추정하여 (4) 나의 추측을 기저율에 가깝게 조정해라.

- 보다 성숙한 산업을 살펴볼 때는 편향 오류를 줄여주는 3단계 참고부류 예측 과정을 고려해라. 참고부류를 확인하고, 조사 대상 회사가 참고부류와

어떻게 다른지 확인한 다음, 참고부류와 조사 대상 기업의 차이에 따라 예측을 상향 또는 하향 조정해 차이를 해소한다.

- 주식을 움직이는 변수에 가중치를 부여해 전체 연구 과정에서 편향을 제거해라. 성공 확률이 높은 변수에 더 높은 가중치를 부여해라.

- 최선책은 객관적이고 확실한 사실, 수치, 분석 결과를 이용하는 것이지만, 기업이 빠르게 변화하는 경우라면 3~5년 후 그 기업이 어떻게 변할지에 대해 보다 창의적인 접근 방식을 고려해볼 수 있다. 그런 다음 투자 모델을 구축하고 밸류에이션이 합리적인지 확인한다.

4장

착각과 과신의 늪에서 벗어나라

투자 논거 세우기

STOP
THINK
INVEST

곤경에 빠지는 이유는 뭔가를 모르기 때문이 아니다. 뭔가를 확실히 알고 있다고 착각하기 때문이다.

- 마크 트웨인Mark Twain

이제 우리는 리서치 과정에서 감정과 편향에 맞서 싸우는 힘든 여정을 마치고 편안하게 주식을 고를 수 있게 됐다. 다음 단계로 이 주식을 왜 보유해야 하는지에 대한 이야기를 만들어야 한다. 아마도 우리는 선택한 주식이 시장수익률을 상회하거나 동종 주식보다 더 높은 수익률을 낼 거라고, 또는 포트폴리오를 다각화하거나 포트폴리오의 위험을 상쇄하는 데 도움이 되리라고 기대할 것이다. 어떻게 보면 3장에서 설명한 과신의 함정에 빠지지 않고 선택한 주식이 어떻게 목표를 달성할 것인지 정합성 있는 이야기를 해야 한다.

첫머리에 소개한 마크 트웨인의 명언처럼 일은 잘못될 수 있고 실제로 잘못되기도 하기 때문에 투자 논거를 세울 때는 신중해야 한다. 하지만 몇 가지 행동 코칭 도구를 사용한다면 문제가 발생했을 때 더 잘 대비된 상태로 주식 매수에 뛰어들 수 있다.

하워드 막스는 하방 위험을 고려하는 동시에 선택한 주식이 시장 수익률을 능가할 수 있는 시나리오를 생각해내는 방법으로 '공포에 질린 투자investing scared'라는 용어를 사용한다. 막스는 "철저히 실사하고, 보수적인 가정을 택하고, 일이 잘못될 경우에 대비해 충분한 안전 마진을 확보하고, 적어도 잠재적 수익이 위험과 상응할 때만 투자할 것"을 조언한다.[1] 막스의 이 조언은 투자 논거를 세울 때 감정과 편향 등 약점을 강점으로 바꿀 수 있는 방법을 꽤 잘 요약해서 설명해준다고 하겠다.

카너먼과 탈러의 행동재무학적 도구를 살펴보기 전에 먼저 한 가지 사례를 통해 어떻게 투자 논거를 세우는지 확인해보자. 투자 논거를 세우는 방법에는 여러 가지가 있지만 나는 일반적으로 목표를 설정한 다음 내가 정한 목표를 달성할 가능성을 높이거나 낮출 수 있는 대상 기업의 위험과 장점을 나열한다. 나는 종종 선택한 기업의 매출, 이익, 현금 흐름 등 지표가 시간이 지남에 따라 투자자의 기대치를 충족하거나 초과하는 것을 목표로 삼는다. 기업이 어떻게 투자자 전망을 뛰어넘을 것인지 기술한 후, 이러한 예상을 달성하지 못하게 방해하는 위험과 장기적인 목표를 쉽게 달성하게 해주는 장점을 나열한다.

앞으로 주가의 상승 및 하락에 대한 우리의 분석을 더 날카롭게 연마할 수 있는 몇 가지 도구를 자세히 알아볼 것이다. 가장 먼저 다룰 내용은 '소음noise'에 대한 것이다. 소음은 우리의 판단을 흐리게 만들며 불완전한 조건에서 투자 논거를 세우게 하는 주범이다. 그런 다음 사람들이 극단적인 예측을 하게 만드는 다섯 가지 오류에 대해 살펴본다. 이후 투자 논거를 더 현실적으로 만들기 위한 방법으로서 '사전 부검pre-mortem'에 대해 논의하면서 우리를 극단적인 예측으로 이끄는 편향에 맞설 것이다. 마지막으로 극단적으로 예측해도 많은 투자자들이 겁을 집어먹고 과감한 선택을 하지 못하는 패턴에 초점을 맞춰 논의의 중심을 투자 논거에서 트레이딩으로 옮긴다. 좋은 투자 논거를 작성하는 일련의 과정을 통해 당신은 매수 시기 혹은 매수 종목을 바꾸거나, 돌아가서 더 연구를 진행하는 등 처음과 다른 결정을 하게 될 수도 있다.

지금까지의 설명에서 예상할 수 있겠지만, 투자 논거를 세우는 일은 결코 만만치 않다. 만약 이번 내용이 미래에 대해 이야기할 때 느껴지는 흥분과 창의성을 앗아간다면 미리 사과의 말을 전한다. 하지만 이 책에서 다루는 몇 가지 주제들이 내가 경험하기도 했고 목격하기도 한 실수들을 피하게 하는 동시에 논리적이고 통찰력 있는 투자 논거를 세우는 데 도움이 되길 바란다.

판단과 소음

좋은 투자 논거를 세우는 첫 번째 단계는 투자자로서 우리가 이벤트와 데이터, 의견의 혼란한 바다에서 명확한 결론을 도출하려고 애쓴다는 사실을 인정하는 것이다. 즉, 우리는 모든 소음을 꿰뚫어보고 그 안에서 신호를 찾기 위해 노력해야 한다. 이 책의 대부분 내용은 심리적 편향에 대한 것이지만 이번 장만큼은 골치 아픈 데이터 자료처럼 비행동적 요인이 투자 결정에 어떤 영향을 미치는지에 주목하려 한다.

앞서 1장에서는 내적 편향과 외적 편향의 차이에 초점을 맞췄다. 소음은 내적 편향을 유발하는 외적 요소다. 카너먼은 인간이 판단을 내릴 때마다 소음 때문에 최선의 판단이나 결정을 내릴 수 있는 능력이 흐려진다고 말한다.[2] 그는 기초 데이터가 엉망이거나(오류가 예상되는 경우), 이분법적(더 정확한 결정을 내려야 하는 경우)인 상황에서 소음이 판단을 왜곡하는 예를 보여준다.

이를테면 보험사는 아무리 데이터가 엉망이고 복잡해도 보험료나 보험 비용에 대해 판단을 내려야 한다. 한 연구에 따르면 동일한 데이터를 사용하는 보험사들이 다른 결론에 도달하는 이격률은 56퍼센트에 달한다. 아마도 데이터 안의 일부 소음 때문에 보험사들이 데이터에서 서로 다른 내용을 보게 됐을 것이다. 박물관에 간 관람객들이 같은 작품에서 다른 것을 보는 것처럼 말이다. 이런 이유로 카너먼은 "보험사들이 시간을 낭비하고 있다"고 지적한다.[3] 나아가 "어떻게 인간은 판단에 이렇게 소음이 많이 섞여 있는데도 인지하지 못하는가?"라고 반문한다. 소음 때문에 기업이 정확한 가격을 책정하지 못한다면 이것은 크나큰 문제다.

보험업보다 훨씬 단순해 보이는 경우에서조차 소음은 판단을 왜곡한다. 카너먼은 기초 데이터가 이분법적이어야 하는 생체 측정을 예로 든다. 그러나 동일한 엑스레이 사진이나 DNA 데이터, 지문을 보고 전문가들조차 다른 판단을 내릴 수 있다. 이런 판단에 그들이 훨씬 더 높은 확실성을 가질 것 같은데도 말이다.

이처럼 투자자에게 소음이라는 개념은 투자의 라이프 사이클을 거치면서 인지해야 할 또 다른 함정이다. 사실 판단에 소음이 섞여버리면 다양한 데이터를 취합하여 어떤 기업에 대한 투자 논거를 세우려 할 때 특히 문제가 된다.

투자자가 소음, 즉 지저분하고 복잡한 데이터를 처리하는 방법으로는 두 가지가 있다. 한 가지는 투자 논거를 세우면서 소음이 많이 발견되면 두 팔을 걷어붙이고 3장에서 설명했던 분석 도구로 다시 돌아가는 것이다. 또는 소음 때문에 합리적인 분석을 할 수 없다면 해당 종목을 버리고 투자 관점에 더 높은 확신을 가질 수 있는 다른 종목을 찾는 방법도 있다.

아마존은 소음이 가득한 재무 데이터와 시장 데이터를 가지고 투자 논거를 세울 때 나타날 수 있는 위험을 보여주는 좋은 예다. 아마존은 전 세계에서 가장 큰 기업 중 하나로, 투자자들은 이 주식이 시장수익률을 상회할 수 있는 이유를 정리하려고 하면서 어려움을 겪는다.

내가 투자 논거를 업데이트하던 2019년 초, 아마존의 핵심 성장 동력은 전자 상거래, 클라우드 컴퓨팅, 온라인 광고의 급성장 등이었다. 구조적인 변화와 투자자의 기대치를 뛰어넘는 실적 달성을 추구하는 나의 투자 방식상 나는 확장 초기 단계에 있었던 아마존의 성장 동력은 무엇일까에 집중했다. 그리고 온라인 광고가 여기에 딱 맞는 것처럼 보였다.

소음은 두 가지 측면에서 나의 투자 논거에 영향을 미쳤다. 첫째, 아마존의 두루뭉술한 보고 방식은 분기별 온라인 광고 매출을 추정하려고 할 때 약간의 소음을 만들어냈다. 아마존은 광고와 관련 없는 매출까지 포함해 기타 매출이라는 이름으로 광고 매출을 보고했다. 이렇게 세분화되지 않은 매출 보고는 투자자들에게 소음을 발생시킨다. 둘째, 아마존의 온라인 광고 매출은 이제 막 사업을 시작했기 때문에 변동성이 상당히 컸고 분기 보고서를 통해 호황과 침체를 파악하는 데 어려움을 겪었다. 소음의 또 다른 예였다.

나는 아마존의 광고 사업에 포함된 소음에도 불구하고 장기적으로 광고 매출이 투자자의 기대치를 뛰어넘어 회사 전체의 이익을 높일 것이라고 판단했다. 내 투자 논거가 아마존의 보고서에서 소음을 차단하는 난제를 극복할 수 있을지는 시간이 지나봐야 알겠지만 초기 신호는 긍정적이다.

행동 코칭 팁

투자 논거를 세울 때는 소음이 판단을 왜곡하지 않도록 주의해야 한다. 소음이 과도한 것 같으면 논거에서 소음이 영향을 미치는 부분에 대한 신뢰도를 낮춰야 한다.

극단적 투자 논거의 위험 1: 과감한 예측과 내부 관점

희망은 투자 논거가 될 수 없다.

- 조 힐리|Joe Healy[4]

투자 논거를 세우는 일은 겸손을 필요로 한다. 우리는 방금 전 소음이 판단에 영향을 미칠 수 있다는 사실을 확인하고 문 앞에 자존심을 내려놓고 왔다. 이제는 투자 논거를 이탈시킬 수 있는 일련의 위험들을 간단히 살펴볼 것이다. 이런 위험을 발생시키는 공통적인 편향은 투자 논거를 세우면서 대담하거나 극단적인 예측을 하는 것이다.

투자자들은 왜 주식투자를 하면서 낙관적이거나 극단적인 예측을 할까? 탈러는 운동선수들의 향후 잠재력을 판단하는 NFL 스카우터를 예로 들며 "사람들은 너무 극단적으로 예측한다"고 강조한다.[5] 스카우터들은 "특정 선수가 슈퍼스타가 될 가능성이 높다고 흔히들 말한다. 슈퍼스타는 단어 뜻 그대로 절대 자주 나오는 것이 아닌데도 말이다."[6]

극단적인 예측을 하는 편향은 어떻게 지나치게 낙관적인 투자 관점으로 이어질까? 바로 앞에 나오는 인용문은 내가 레그 메이슨에서 일할 때 리서치 팀장이었던 조 힐리가 한 말이다. 조가 하는 말의 요점은 감정은 예측을 흐리고 나쁜 결정을 하게 만든다는 것이다. 만약 어떤 주식을 추천하거나 보유하고 있다면 이 주식이 상승하기를 바라고, 이 감정은 나의 투자 논거가 맞았으면 좋겠다는 바람으로 이어진다. 이 같은 실수를 막기 위해 조는 팀원들에게 감정을 없애고 사실, 분석, 확률에 집중하라고 가르쳤다.

희망은 대개 내부 관점에서 비롯되며 지나치게 낙관적인 투자 논거로 이어진다. 탈러와 카너먼은 새 교과서를 완성하는 데 필요한 시간을 계산하는 저자들을 예로 든다. 저자들은 "집단적 노력에 동반한 낙관주의에 사로잡혀" 매우 공격적인 마감 일정을 세웠다.[7] 이처럼 희망과 내부 관점이 투자 논거에 스며들면 기업의 펀더멘털에 대해 지나치게 공격적인 가정을 세우고 목표 주가를 높여 잡게 된다.

아마존은 내부 관점이 어떻게 과감한 예측과 투자 논거로 이어지는지를 보여주는 좋은 사례다. 앞서 이야기했던 것처럼 나는 아마존의 광고 사업이 투자자의 기대치를 뛰어넘을 것이라고 예상했다. 하지만 투자 논거를 세우면서 내부 관점을 많이 취했을지도 모르겠다. 미래 실적을 예측하기 위해 아마존의 과거 광고 매출과 성장률을 많이 참고했기 때문이다.

내가 세운 투자 논거와 달리 2019년 초 아마존의 광고 매출은 실망스러웠다. 이때의 실수를 되돌아보면 아마존의 온라인 광고 매출이 급증할 것으로 예상하기 전에 좀 더 외부 관점을 취하고 더 철저히 실사를 했어야 했다.

행동 코칭 팁

투자 논거를 세울 때는 내부 관점이 과감한 예측과 비현실적인 투자 논거로 이어질 수 있음을 유의해야 한다. 외부 관점은 지나치게 낙관적인 논거를 자제하는 데 도움이 된다.

극단적 투자 논거의 위험 2: 계획 오류

누구나 계획을 가지고 있다. 한 방 얻어맞기 전까지는.

－ 마이크 타이슨Mike Tyson[8]

권투에서 이기기 위해서든 시장점유율을 높이기 위해서든 벤치마크를 뛰어넘는 투자 성과를 내려면 일반적으로 작전 계획이 꼭 필요하다. 마이크 타이슨의 말처럼 많은 권투 선수들은 일단 펀치가 날아오면 계획을 폐기해야 한다. 마찬가지로 비즈니스와 투자에서도 실제로 경쟁에 뛰어들어 시장 역학을 경험하고 나면 제2의 마케팅 계획이나 투자 논거가 필요해질 수 있다. 보다 현실적인 투자 논리를 세우면 기대치를 조절하고 투자 목표에 더 가까이 다가갈 수 있다.

대부분의 사람들이 극단적인 예측을 한다는 것은 투자 논거를 작성할 때도 같은 함정에 빠질 수 있다는 얘기다. 이제 그럴 법한 가능성보다 최상의 결과를 예상하는 계획 오류planning fallacy로 한 단계 더 나아가 보자.[9]

투자 외의 분야에서 계획 오류를 보여주는 대표적인 사례는 건설업에서 찾아볼 수 있다. 건설업자와 개발업자는 일정과 예산을 짤 때마다 결국 지연되고 초과될 것이 뻔해 보이는 계획을 세운다. 최상의 제안을 하면 계약을 따내는 데는 도움이 되겠지만 안타깝게도 현실에서 비용은 초과되고 일정은 지연되는 경우가 많다. 투자자들이 투자 논거를 세울 때도 이러한 계획 오류가 자주 발생한다. 기업이 투자자의 기대를 만족시키거나 능가할 것이라는 생각에 주식을 사려고 한다면 이것은 최상의 결과를 예상한 것인가, 현실적인 가능성을 예상한 것인가?

기업의 경영진은 종종 투자자들에게 향후 매출, 이익, 기타 지표에 대한 목표를 안내한다. 그러나 조금만 시스템 2로 사고한다면 경영진의 그 계획에 계획 오류가 숨어 있지는 않은지 의심해봐야 한다. 특히 나의 투자 논거가 회사가 제공한 가이던스를 근거로 하는 경우에는 더더욱 말이다. 회사가 가이던스를 달성하거나 초과 달성한 이력을 살펴보면 투자자는 향후 가이던스가 얼마나 현실적인지 알 수 있다.

나는 아마존에 대한 투자 논거를 세우면서 계획 오류는 여전히 큰 영향을 미친다는 사실을 다시금 깨달았다. 앞에서 언급했듯이 나는 아마존의 온라인 광고 매출이 아마존이 월스트리트의 이익 추정치를 상회하는 데 기여할 것이라고 예상했다. 안타깝게도 2019년 1분기 아마존의 광고 매출은 실망스러웠다. 아마도 앞서 설명한 시스템의 소음 때문이었을 수도 있다.

그나마 다행이었던 것은 나는 아마존의 전자 상거래 부문과 클라우드 컴퓨팅 부문도 계속해서 좋은 성과를 내리라 예상했고, 이 두 사업부가 실제로 저조한 광고 매출을 상쇄하는 데 도움이 되었다는 사실이다. 아마존에 대한 나의 경험은 투자 논거를 다각화해야 한다는 좋은 교훈을 준다. 모든 계란을 한 바구니에 담으면 계획 오류로 인해 심각한 어려움에 처할 수 있다. 그러나 투자 논거를 세 발 의자처럼 만든다면 더 높은 확률로 계획 오류의 함정을 피할 수 있을 것이다.

극단적 투자 논거의 위험 3: 가능성 효과와 확실성 효과

지금까지 우리는 투자 논거의 초안을 작성하는 데 냉정한 접근법
을 취해야 하고, 시스템의 소음 때문에 우리의 판단이 흐려질 수 있
으며, 종종 현실적인 결과가 아닌 최상의 결과를 기대한다는 사실을
알았다. 이 책은 투자와 금융에 관한 것이므로 우리의 관점이 현실
적인지 아니면 지나치게 낙관적인지를 계량화하는 몇 가지 유용한
도구를 살펴보겠다.

계획 오류에서 한 걸음 더 나아가 이제 우리가 현실적인지 또는
지나치게 낙관적인지 파악하기 위해 투자 논거에 '확률'을 부여해볼
것이다. 또한 편향이 어떻게 최상의 시나리오처럼 희귀한 사건에 높
은 가중치를 부여하고 더 가능성 높은 결과 또는 현실적인 결과에
낮은 가중치를 부여하는지에 대해서도 논의할 것이다.

카너먼은 극단적인 의료 상황을 예로 들어 다리를 절단할 가능성
이 5퍼센트일 때와 10퍼센트일 때의 차이를 우리가 어떻게 느끼는지
에 대해 설명한다. 둘 다 끔찍한 결과지만 이론적으로는 5퍼센트를

더 기분 좋게 받아들여야 한다. 그러나 실제로는 많은 사람들이 작은 위험에 겁을 집어먹고 위험을 완전히 제거하기 위해 엄청난 프리미엄(기댓값보다 많은 금액)을 지불한다. 모든 위험을 제거하기 위해 초과 지불하려는 이러한 욕구를 '가능성 효과possibility effect'라고 한다.[10]

기업에 큰 문제가 발생할 적은 확률의 위험이 있는 경우, 가능성 효과는 투자자들에게 어떤 작용을 할까? 아마도 대부분의 투자자는 대단한 문제가 발생할지도 모른다는 그 조금의 가능성도 받아들일 수 없어 위험을 회피하려고 비명을 지르며 도망칠 것이다. 그리고 이것은 가치 투자자들에게 커다란 기회가 된다. 주류 투자자들이 내다 버린 저렴한 주식을 매수하는 완벽한 타이밍이기 때문이다.[11]

가능성 효과가 가능성이 희박한 사건에 대한 감정을 설명한다면 '확실성 효과certainty effect'는 결과가 거의 100퍼센트의 가능성으로 발생할 때 사람들이 어떻게 반응하는지를 설명해준다. 사람들은 나쁜 일이 거의 확실시되더라도 나는 운이 좋을 것이라는 실낱 같은 희망의 그림자에 매달린다.[12] 확실성 효과에 빠진 투자자는 어떤 주식이 하락할 확률이 95퍼센트인데도 위험을 추구하며 손실을 피하기를 바란다. 이들은 "진짜 미쳤다. 잘 될지도 몰라!"라고 고전 영화 대사를 따라 말하며 주식을 보유할 것이다. 그러나 할리우드식 결말을 기대하는 지나치게 낙관적인 투자자는 종종 손실을 입는다.[13]

다시 아마존의 사례로 돌아가서 온라인 광고 부문의 성장에 대한 나의 투자 논거를 살펴보면 논거가 가능성 효과에 빠졌는지 확실성 효과에 빠졌는지 확인할 수 있다. 단기적으로는 가능성 효과에 영향을 받았을 가능성이 높다. 2018년 온라인 광고 부문의 가파른 성장세를 보고 2019년에도 추세를 이어갈 것이라고 단순하게 추론했기 때문이다. 나는 아마존의 온라인 광고 매출이 깜짝 상승할 수 있다는 작은 가능성을 보았다. 그러나 (소음과 함께) 희망이나 탐욕에 판단이 흐려져 2019년 광고 매출을 잘못 전망했다. 안타깝게도 아마존의 2019년 1분기 온라인 광고 매출 실적은 투자자들을 실망시켰다. 나는 가능성 효과에 대해 더 잘 알고 있어야 했다.

> **행동 코칭 팁**
> 투자 논거를 작성할 때는 가능성이 낮은 이벤트에 높은 가중치를 부여하고 있지는 않은지, 아니면 가능성이 높은 이벤트에 낮은 가중치를 부여하고 있지는 않은지 살펴봐라. 이렇게 극단적인 이벤트는 투자자가 수익 또는 손실을 예상해 위험을 추구하거나 위험을 회피하게 만들 수 있기 때문에 주의해야 한다.

극단적 투자 논거의 위험 4: 생생한 경험의 효과

앞에서 인간은 희박한 사건을 기대하거나 가능성이 높은 결과를 무시하는 경향이 있다고 경고했다. 아마존이 약 3년 동안 매년 25퍼센트씩 이익을 성장시켜왔다고 가정해보자. 그런데 갑자기 아마존의 이익이 매년 50퍼센트씩 성장할 것이라고 예상한다면 과연 이 예상이 현실적인 시나리오인지 자문해봐야 한다.

아마존의 이익 성장이 가속화된다고 가정하는 이 사례에는 흥미로운 세부 내용이 부족하다. 하지만 아마존이 넷플릭스나 페이스북(현재는 메타Meta로 사명 변경), 코스트코Costco와 같은 경쟁 기업을 인수한다는 헤드라인이 올라와 편향의 경제망(즉, 뉴스, 정부, 다른 기술 기업 CEO, 월스트리트 애널리스트 등)에 엄청난 반응을 불러일으킨다면 어떨까? 새로운 아마존에 대해 떠드는 전문가들의 생생한 이미지 덕분에 투자자들은 아마존의 실적이 향상될 가능성에 무게를 두게 될 것이다. 제시한 사례처럼 성장률이 두 배로 높아져 50퍼센트가 된다고 생각하는 것처럼 말이다. 카너먼은 유창성, 생생함, 상상의 용이성이 확률과 결과를 생각하는 방식에 영향을 미칠 수 있다고 말한다.[14] 그렇게 인상적인 기억은 인상적인 예측으로 이어진다.

보잉Boeing은 생생한 이미지가 투자 논거에 영향을 미친다는 점을 보여주는 또 다른 예다. 2018년 말과 2019년 초, 최신 기종인 보잉 737 맥스-8 비행기 두 대가 추락하여 승무원 포함 승객 약 350명이 사망했다. 이 비극적인 사고로 희생자와 그 가족을 동정하는 자연스러운 감정이 생겨났다. 이런 사고가 발생하면 많은 기업이 무엇이 잘못되었는지 파악하고 실수를 바로잡기 위해 고군분투한다.

2019년 보잉에 투자한 투자자들은 턴어라운드 확률을 검토해보면서 생생한 이미지 때문에 편향을 가졌을 수 있다. 그러나 아무리 감정적이 될 수 있는 경우라도 투자자는 사실에 근거하여 예상값을 결정해야 한다. 감정과 생생한 이미지가 투자 논리에 스며들었다는 생각이 든다면 다른 종목을 살펴보는 것이 더 나은 선택이 될 수 있다.

극단적 투자 논거의 위험 5: 단기적인 패턴 변화 예상하기

역사는 그대로 되풀이되지 않지만 그 흐름은 반복된다.

- 마크 트웨인

성장이 더디던 기업이 갑자기 가속 페달을 밟아 시장점유율을 잠식하리라고 예상하는 것은 현실적일까? 이렇게 단기적으로 패턴의 변화를 예상하는 투자 논리는 결국 실망으로 끝나기 쉽다. 성장 시장growth market과 관련해 성장이 급격히 가속화되리라고 예상하는 것은 극단적인 투자 논리의 또 다른 유형인데, 이런 식으로 패턴이 깨질 가능성이 왜 낮은지 좀 더 자세히 살펴보자.

투자자와 영업직원들은 성장 시장이라는 아이디어를 무척 좋아한다. 제품에 대한 수요가 급증해야 돈도 벌고 승진도 할 수 있기 때문이다. 하지만 경영대학원에서 들은 마케팅 수업에서 나의 기억에 가장 또렷하게 남은 내용 중 하나는 '성장 시장은 애초에 존재하지 않으며 단지 새로운 고객을 끊임없이 찾을 뿐이다'라는 것이었다.

많은 투자자들이 기업은 성장 시장에 쉽게 신제품을 출시하고 마법처럼 주주 가치를 창출할 수 있다고 생각한다. 그러나 이와 반대로 보다 현실적인 접근 방식은 이런 생각을 뒤집어 새로운 고객과 매출처를 찾기 위한 '노력'에 초점을 맞추는 것이다. 나는 투자 논거를 작성할 때 제품을 하나 더 판매하거나 고객을 한 명 더 찾는 일은 당연한 것이 아니라 힘든 도전이라는 전제하에 후자의 접근 방식을 취할 것을 추천한다.

본질적으로 기업이나 경영진의 급격한 변화를 기대하면 투자자는 손실을 입을 수 있다. 나는 지금까지 투자를 해오면서 투자자들이 최신 제품이나 서비스, 인구통계학적 변화, 인수합병, 규제 변화, 신임 CEO에 큰 베팅을 했을 때 많은 주식이 폭락하는 모습을 목격했다. 평범한 실적을 기록해온 기업이 마술처럼 월스트리트의 총아가 될 수 있다는 희망에 베팅했을 때 투자자의 높은 기대는 고통스럽게 무너질 수 있다.[15]

나는 매수, 매도 등 개인과 기업의 행동 패턴이 거시적인 추세를 이끈다고 생각한다. 투자자는 대세를 거슬러서 과거 행동 패턴과 다른 극적인 변화를 예상할 수 있지만 이는 위험한 시도다. 하워드 막스 또한 "큰 수익을 만들어내는 예측은 선견지명을 가지고 과거와는 크게 다른 미래를 내다보는 것이다. 하지만 이런 예측은 첫째, 하기가 매우 어렵고, 둘째, 거의 맞지 않는다."고 말했다.[16]

이러한 행동 패턴은 특히 헬스케어 부문에 깊숙이 자리 잡고 있다. 의료 분야처럼 규제가 심한 산업에서 간호사, 의사, 병원 관리자, 보험사 임원 등 의사결정권자는 종종 위험 회피적인 성향을 보인다. 검증된 방법이 아닌 새로운 방법을 쓰면 치료 효과나 효율성이 향상

될 수도 있겠지만 환자에게 해를 입히거나 법적 책임을 져야 할 수도 있기 때문이다. 의사들이 기존 제품을 고수하는 경향이 강하다 보니 새로운 의약품과 의료 기술은 시장점유율을 확보하는 데 어려움을 겪곤 한다. 그래서 새로운 치료법은 많은 자원을 보유한 대학병원에서 먼저 채택되는 경우가 많다. 그러나 지역사회에 기반을 둔 의사들은 최신 항암제, 고관절 임플란트, 진단 검사를 도입하기 전에 관망하는 태도를 유지하기 쉽다.

처방약 판매 및 건강 보험업, 소매 제품 판매까지 다방면으로 사업을 운영하는 CVS 헬스CVS Health와 같은 기업은 패턴에 큰 변화가 생길 수 있다고 예상하는 투자자도 있을 것이다. 2019년 초에 CVS 헬스 주식을 보유했던 투자자들은 투자 논거의 일부로 상당한 행동 변화를 예상했을 가능성이 높다.

2018년 CVS는 경쟁사인 유나이티드헬스UnitedHealth와 시그나Cigna를 따라잡기 위한 방법으로 690억 달러에 건강 보험사 애트나Aetna를 인수했다. 그리고 2019년 헬스허브HealthHUB라는 새로운 방식의 매장을 실험하기로 했다. 헬스허브는 일반 매장보다 규모가 큰 매장으로, 다양한 1차 진료 서비스를 제공하며 애트나의 보험 상품을 판매하는 키오스크를 갖추고 있다. 여기서 바람직한 시나리오는 소비자가 애트나 보험에 가입하고 1차 진료를 받기 위해 저렴한 CVS 헬스허브를 이용하는 것일 테다. 애트나 보험은 헬스허브가 의사나 병원 등 다른 의료 서비스 제공자보다 저렴하기 때문에 이익을 얻을 수 있고, CVS는 환자가 약국에서 처방약을 구매하거나 매장에서 다른 소비재를 구입하면 이익을 얻을 수 있다.

CVS에 대한 투자 논거의 핵심 문제는 환자와 소비자가 '행동 패턴'을 의미 있게 변화시켜야 한다는 것이었다. 그런데 만약 환자가 CVS 매장에 있는 잘 모르는 의사보다 자신의 주치의를 더 선호한다면? CVS 헬스허브의 위치가 환자들에게 불편하다면? 환자가 고용주를 통해 애트나 보험에 가입할 수 없다면? 환자가 CVS 헬스허브를 이용하지 못하게 애트나의 경쟁사가 훼방을 놓는다면? 이와 같이 투자 논거의 성공이 '의미 있는 행동 변화'에 달려 있는 경우, 투자자는 투자 기간에 대해 오랫동안 신중하게 생각해야 한다.

행동 변화를 바라보는 또 다른 방법은 고객 충성도에 대해 생각해보는 것이다. 의료 분야에서 스트라이커Stryker나 짐머Zimmer 사의 임플란트로 수년간 수련한 정형외과 의사는 이후에도 계속해서 같은 회사의 제품을 선호하기가 쉽다. 소비자들도 성인기의 대부분 기간 동안 사용해온 브랜드에 익숙하기 때문에 특정 브랜드의 치약, 데오도란트, 면도기를 선호할 가능성이 크다. 정형외과용 임플란트나 퍼스널 케어 브랜드에 대한 소비자 선호가 순식간에 바뀔 것이라는 생각에 근거한 투자 논거는 실망스러운 결과를 안겨줄 수 있다.

어떤 면에서 이러한 행동 코칭 개념은 투자자가 장기간에 걸친 주요 변화를 아직 완전히 인식하지 못하는 상황을 찾는 나의 투자 과정과 상반된다. 사실 대부분의 변화는 장기간에 걸쳐 점진적으로 이루어진다. 직원, 경영자, 경쟁업체가 기존의 업무 패턴을 고수하는 경우가 많기 때문이다. 진정한 비즈니스 혁신은 흔하지 않지만 투자자가 현실적인 기대치를 설정하면 유의미한 기회를 발견할 수 있다.

아마존의 온라인 광고 사업에 대한 나의 투자 논거는 소비자와 기업의 느린 행동 변화에서 비롯됐다. 현재 구글과 페이스북이 온라인 광고 시장을 장악하고 있지만 아마존은 전자 상거래 부문에 대한 소비자 충성도를 이용할 것으로 보인다. 소비자가 아마존에서 쇼핑을 할 때 아마존은 소비자의 검색 및 구매 패턴과 관련된 광고를 단계적으로 삽입한다. 아마존은 소비자를 구글이나 페이스북에서 빼앗아 오기보다는 기존 쇼핑 고객에게 타깃팅된 광고를 보여주려고 한다.

나는 이러한 유형의 성장 모델을 선호하는데, 아마존의 온라인 광고 사업이 이커머스 고객에게 최소한의 행동 변화를 요구하기 때문이다. 나의 투자 논거는 아마존이 새로운 사업을 준비하고 진출했던 과거 경험도 참고로 한 것이었다. 반면에 다른 오프라인 소매업체들이 새로운 시장에 빠르고 성공적으로 진입할 수 있을지에 대해서는 확신하지 못했다.

더 넓은 관점에서 단기적인 패턴 돌파에 대한 논의는 브리스톨 마이어스 스퀴브Bristol-Myers Squibb가 인수한 생명공학 회사 셀진Celgene이 주최했던 투자자 모임에서 들었던 말을 떠오르게 한다. 이 모임에서 셀진의 한 고위 임원은 "미래는 다가오는 것이 아니라 만드는 것"이라고 말했다. 이 말의 의미는 의사와 환자가 셀진의 의약품을 사용하도록 필요한 모든 전략을 펼쳐 신약 승인 이후 후속 조치를 취해야 했다는 말이다. 생명공학 분야뿐만이 아니라 시장 전반에 걸쳐 좋은 투자 논거는 새로운 제품, 서비스, 시장의 패턴 변화를 현실적인 접근 방식으로 예측한다.

투자 논거를 '사전 부검'하라

프로젝트를 시작하기 전에 미래로부터 프로젝트가 완전히 실패했다는 메시지를 받았다고 상상해봐라.

- 팀 하포드Tim Harford(「파이낸셜 타임스」 수석 칼럼니스트)[17]

나는 종종 아이들에게 뭔가 불만이 있으면 그냥 토로하지 말고 해결책을 제시해보라고 말하곤 한다. 지금까지 극단적이거나 대담한 투자 논거를 세워 투자자들이 문제에 빠지는 여러 경우를 나열하며 '불만'을 늘어놓았다. 그렇다면 이제는 해결책을 제시할 차례다. 이러한 문제를 해결하고 심리적 함정을 피할 수 있는 좋은 방법으로는 어떤 것이 있을까?

카너먼은 '자신감 과잉의 낙관주의overconfident optimism'를 줄이기 위한 방법으로 중요한 결정을 내리기 전에 사전 부검을 하라고 조언한다.[18] 카너먼이 말하는 사전 부검이란 최종 결정을 내리기 전에 결정이 왜 실패할지 적극적으로 이야기를 만들어보는 것을 뜻한다. 반대로 사후 부검은 결정으로 알게 된 것을 확인하는 데는 유용하지만 돌아가서 마음을 바꾸기에는 너무 늦은 때에 이루어진다.

투자자는 사전 검토 활동을 통해 투자 논거의 결함을 파악할 수 있다. 팀으로 일한다면 한 명 이상이 사전 부검을 수행한 다음 집단 사고를 피하기 위해 다른 견해와 비교해보면 좋다. 또한 투자 논거에 이익 전망이나 가격 목표 등 구체적인 목표가 포함됐다면 사전 부검을 통해 이 회사가 1년 후 해당 목표를 달성하지 못할 이유가 존재하는지도 파악할 수 있다.

나의 아마존 투자를 온라인 광고 사업에 초점을 맞춰 사전 부검해보도록 하겠다. 아마존의 온라인 광고 부문은 다음과 같은 이유로 실패할 것이다.

1. 2018년 매출이 급증했으므로 2019년에는 비교가 어려웠다.
2. 구글과 페이스북이 아마존과 경쟁하기 위해 가격을 낮췄다.
3. 온라인 쇼핑객이 검색은 다른 사이트에서 하고 구매는 아마존에서 하는 것을 선호했다.
4. 경기침체로 전반적인 광고 활동이 감소하여 아마존의 광고 매출이 감소했다.
5. 아마존이 광고 사업을 보류하고 다른 부문에 집중하기로 결정했다.
6. 아마존의 광고 부문은 의미 있는 매출을 창출했지만 초기 비용으로 인해 이익 기여도가 낮았다.

사전 부검을 한 후에는 팀의 다른 전문가와 각각의 논점에 대해 토론하라. 투자 논거의 장점보다 사전 부검에서 우려되는 부분이 더 가능성이 높아 보인다면 투자 논거를 재평가할 때가 됐다는 의미다. 내 경험에 비추어볼 때 사전 부검은 일반적으로 투자 논거에서 감정적 흥분을 어느 정도 제거한다(이것은 좋은 일이다). 그러나 사전 부검 때문에 투자 아이디어가 완전히 중단되는 경우는 드물다.

행동 코칭 팁

일단 투자 논거를 세우면 사전 부검을 진행해 스트레스 테스트를 해봐라. 나의 투자 논거가 실패할 이유를 찾아보면 지나치게 낙관적인 예측을 줄이고 회사의 위험을 더 잘 파악할 수 있다.

대담한 예측과 소심한 선택

내가 해줄 수 있는 최고의 조언은 기대를 줄이면 더 행복해질 수 있다는 것이다.

－찰리 멍거[19]

지금까지 이익 전망과 목표 주가 등을 높게 잡아 대담한 예측을 하는 투자자들의 편향에 대해 상당한 시간을 할애해 이야기했다. 만약 투자자가 주가가 폭등할 것이라고 생각한다면 그 주식을 대량 매수해 입이 말하는 곳(또는 마음이 있는 곳)에 투자할 것이다. 이러한 편향은 대담하게 예측하고 그에 따라 행동했는데 예측이 틀린 것으로 판명될 경우 손실로 이어진다.

예를 들어, 내년에 아마존이 월스트리트 예상치를 20퍼센트 상회하는 이익을 내리라 전망한다고 해보자. 주가가 실적을 추종하고 투자자 심리(주가수익비율로 판단)가 안정적이라면 이론적으로 아마존의 주가도 향후 1년간 20퍼센트 상승할 수 있을 것이다. 1년에 20퍼센트 수익률을 달성하리라는 대담한 예측이 매력적으로 느껴진다면 포트폴리오에 아마존을 5퍼센트 이상 큰 비중으로 담을 것이다.[20] 이 사례에서 우리는 대담한 예측을 따른다는 과감한 선택을 했다.

주가가 곧 상승하리라고 생각하는 사람에게 아마존을 매수하는 것은 논리적인 선택처럼 보인다. 하지만 아이러니하게도 탈러는 대부분의 사람들이 실제로는 '대담한 예측'을 따르는 '소심한 선택'을 한다고 말한다. 실제로 대부분 회사에서 시행하는 경제적 보상과 처벌 시스템 때문에 많은 전문가들이 위험을 회피하거나 소심한 선택을 한다. 일반적으로 대담한 결정이 성공하면 그에 따른 보상은 작은 반면, 크게 실패하면 해고될 수 있기 때문이다.[21] 따라서 아마존의 상승을 점치는 사람도 큰 포지션보다는 작은 포지션을 매수할 가능성이 높다.

흥미롭게도 투자 논거를 세우고 거래로 전환하는 과정에서 투자자는 실제로 서로 상쇄되는 두 가지 실수를 저지를 수 있다. 어떤 주식에 대해 지나치게 낙관적인 예측을 하면 소심한 선택을 하는 두 번째 편향이 작동해 제동을 건다. 그렇게 주식을 매수하는 데 있어 소심한 선택을 함으로써 이익을 얻게 된다. 이 편향은 이 책에서 말하는 행동 편향 중 더 심각한 문제에 빠지지 않도록 우리를 보호하는 유일한 경우일 것이다. 리서치 단계에서 거래 단계로 넘어가면서 소심한 선택이 갖는 함의를 자세히 알아보도록 하겠다.

행동 코칭 팁

많은 투자자들이 예측은 과감하게 하고 선택은 소심하게 하므로 현실적인 투자 논거를 세우기 위해 노력해야 한다. 현실적인 투자 논거를 세우면 예측에 따라 행동하는 다음 단계로 나아갈 때 더 나은 시작점을 확보할 수 있다.

- 투자 논거를 세울 때는 시장의 소음 때문에 논거가 약해질 수 있다는 사실을 인지하라.

- 내가 세운 투자 논거가 대담하거나 극단적인 예측을 이끄는 내부 관점을 바탕으로 하지는 않았는지 자문해봐라. 외부 관점은 논거를 현실적으로 만들 수 있다.

- 계획 오류를 인지하고 투자 논거의 가능성과 결과를 잘 생각하라. 최상의 결과를 원하는가 아니면 현실적인 결과를 원하는가? 나의 투자 논거는 모 아니면 도의 접근 방식을 취하는가, 아니면 상승 촉매가 여러 개 있어 계획 오류가 투자 논거의 일부분에 영향을 미칠 때 대비할 수 있는가?

- 투자 논거를 세울 때는 발생 가능성이 낮은 사건에 높은 가중치를 부여하고 있지는 않은지 또는 발생 가능성이 높은 사건에 낮은 가중치를 부여하고 있지는 않은지 따져봐야 한다.

- 생생한 이미지는 투자 논거를 세울 때 발생 확률이 낮은 사건을 발생 가능성이 높다고 잘못 생각하게 만든다.

- 당신이 세운 투자 논거의 근거가 경제적 의사결정자의 유의미한 행동 변화

라면 한 번 더 생각해볼 필요가 있다.

- 과소평가된 위험이나 지나치게 낙관적인 예측을 구체화하기 위한 방법으로 사전 부검을 시행해라.

- 대담하게 예측하고 소심하게 선택하는 함정에 빠지지 않도록 현실적인 투자 논거를 세워라.

5장

모든 훌륭한 투자는 불편함에서 시작된다

거래 타이밍과 규모 결정하기

STOP THINK INVEST

디즈니 노래에서 투자자는 무엇을 배울 수 있을까? 2010년대에 어린아이들을 키운 아버지로서 나는 영화에 나오는 노래를 거의 다 외울 정도로 〈겨울왕국〉을 많이 봤다. 노래의 대부분은 밝은 내용 이지만 그렇지 않은 노래도 몇 개 있는데 특히나 이 책을 쓸 때 내 마음에 확 와닿았던 노래가 있다. 바로 '부족한 점Fixer Upper'이라는 노래로, 화나거나 무섭거나 스트레스를 받을 때 잘못된 결정을 내리게 된다는 내용이다. 이 노래는 아이들과 어른들에게 언제, 어떻게 좋은 선택을 할 수 있는지를 알려준다.

팀과 함께 일하며 빠듯한 마감일에 쫓기고 중요한 결정들을 처리 하는 어른이라면 화나고, 두려워하고, 스트레스를 받는 동료들을 익히 떠올릴 수 있을 것이다. 협력해서 투자 및 거래 결정을 내리는 전문 투자자들에게도 이 노래가 전하는 조언은 도움이 된다!

지금까지 우리는 포트폴리오 운용 과정의 초기 단계인 리서치 및 투자 논거를 세우는 법에 대해 집중적으로 살펴보았다. 하지만 이제 말에서 행동으로, 개별적인 리서치에서 그룹 토론으로 옮겨가 최초의 거래로 나아갈 차례다. 행동에 대해 말하자면, 일반적으로 이 단계에서는 애널리스트와 포트폴리오 매니저 또는 투자 위원회 위원들 간의 건전한 토론이 이루어진다.[1] 토론은 대개 어떤 주식에 대한 투자 여부뿐만 아니라 매수 타이밍과 규모에도 초점을 맞춘다. 또한 격렬하고 감정적으로 진행되어 후회할 만한 결정을 내리기도 한다.

이 장의 목표는 잠재적 투자 대상에 대한 건전한 토론을 방해할 수 있는 감정적 유발 요인을 파악하는 것이다. 여기서 소개하는 행동 코칭 도구가 포트폴리오의 '부족한 점'을 채워주고 주식을 언제 얼마나 매수할 것인지에 대해 좋은 토론을 하는 데 도움이 되기를 바란다.

토론이 가져다주는 올바른 선택

4장의 마지막 부분에서 우리는 크게 생각하되 소심하게 행동하는 이중 편향에 대해 이야기했다. 투자 논거를 세운 다음 트레이딩을 준비할 때는 이 이중 편향을 염두에 둬야 한다. 거창하게 생각하지 않고 현실적으로 생각하는 데 4장의 내용이 도움이 됐기를 바란다.

토론은 종종 내부 관점에 의한 대담한 예측과 소심한 선택에 맞서는 데 도움이 된다. 투자 전문가들로 이루어진 팀은 외부 관점을 적용하여 주식의 매수 또는 매도 타이밍과 규모에 대한 결함을 찾아낼 수 있다.

한 애널리스트가 세일즈포스닷컴의 주식을 추천한다고 가정해 보자. 세일즈포스(티커: CRM)는 디지털 판매, 서비스, 마케팅을 위한 도구를 개발하는 소프트웨어 회사다. 그녀는 내년 세일즈포스 실적이 월스트리트 예상치를 20퍼센트 초과할 것이라고 과감한 전망을 하고 있다. 또한 포트폴리오의 1퍼센트를 세일즈포스로 매수하자고 제안하고 있다. 이는 세일즈포스가 애플이나 인텔, 시스코처럼 성숙한 기술 기업보다 위험/수익 프로파일risk/return profile이 더 높을 수 있다는 우려를 반영한 상대적으로 소심한 선택이다.[2]

이 경우 투자 위원회는 애널리스트의 이익 전망에 대해 어려운 질문을 던져 외부 관점이 애널리스트의 가설을 뒷받침하는지 또는 반박하는지 확인할 수 있다. 위원회의 토론에서 세일즈포스가 월스트리트 예상치를 가령 10퍼센트 상회할 수 있겠다는 결론이 난다면 포트폴리오에서 1퍼센트의 비중으로 보유하는 게 더 적절할 것이다. 그러나 애널리스트가 자신의 주장을 방어하고 세일즈포스가 월스트리트의 예상치를 뛰어넘는 지속적인 수익 흐름을 낼 확률이 높다는 의견에 위원회가 동의한다면 위원회는 포트폴리오의 2퍼센트 또는 더 큰 비중으로 포지션을 잡으라고 더 과감한 선택을 권할 수도 있다.

행동 코칭 팁

투자 아이디어에 대한 강한 확신이 있다면 포트폴리오에서 2퍼센트 이상의 상당한 비중으로 가져가라. 이 단계에서는 위원회가 관여해 외부 관점을 반영하고 더 높은 비중을 가져가라고 제안하는 것이 도움이 된다.

시장을 따라가기만 해서는 수익을 낼 수 없다

모난 돌이 정 맞는다.

- 오래된 속담

내가 고등학생이었던 1980년대 말과 1990년대 초에 일본은 세계를 장악하는 것 같았다. 일본 투자자들은 뉴욕의 록펠러 센터를 사들였고 닛케이지수는 거의 4만 포인트까지 올랐다. 경영과 금융에 관심이 많고 야심찬 젊은이였던 나는 일본의 장기적인 성장에 편승하기 위해 대학에서 일본어를 배우고 도쿄로 유학을 떠나 '열풍hot dot'을 좇기로 했다.

나는 왜 일본의 질주가 계속될 것이라고 믿었을까? 사람들이 그렇게 말했기 때문이다. 나는 닛케이지수가 하락하기 시작하고 신흥국 증시가 상승하기 시작했을 때에도 경제학자들과 경제 기자들의 편안한 조언을 따랐다. 돌이켜보면 어학 공부와 미래 진로 계획에 있어서는 반대의 관점을 가지고 덜 편안한 선택을 했어야 했다.

그렇다면 이 모든 이야기가 투자 위원회에 종목을 추천하는 것과 대체 무슨 관련이 있을까? 우선, 열풍을 좇는 것은 편안한 길처럼 느껴지겠지만 종종 잘못된 길일 수 있다. 일본이 계속 매력적인 시장이리라는 의견에 나의 몇 년을 날리며 뼈저린 교훈을 얻은 것처럼 말이다. 일본에 살면서 내가 알게 된 일본의 특징 중 하나는 군중과 지나치게 동떨어지면 종종 눈총을 받는 동질적인 문화가 있다는 것이었다.

이 단락의 시작에 나오는 속담은 인간 사회에서 남들과 다르면 즉각적이고 고통스러운 결과가 따를 수 있다는 점을 잘 보여준다. 마찬가지로 투자자들도 종종 군중을 따라야 한다는 비슷한 압박에 직면하곤 한다. 이 장에서는 이러한 감정적 함정을 피하는 데 도움이 되는 행동 코칭 팁을 계속 살펴보겠다.

앞에서 투자자가 대담한 예측을 하고 선택은 소심한 선택을 하는 경향에 대해 이야기했다. 이런 편향을 보이는 투자자는 외부 관점을 취해 과감한 예측과 함께 과감한 선택을 할 수 있다. 그런데 만약 세일즈포스가 아닌 다른 종목, 그러니까 우량주가 아닌 종목을 추천하면 어떻게 될까? 위원회의 토론은 상당히 격렬해질 수 있다. 경험상 투자 위원회는 새로운 종목이 잘 알려지지 않았거나 기존 포트폴리오를 구성하는 평균적인 주식보다 더 위험해 보이는 경우, 포트폴리오에 새로운 종목을 잘 추가하지 않으려고 한다.

하지만 시장을 이기고 싶다면 상대적으로 작은 종목에 대해 큰 포지션을 잡거나, 초저평가 영역에 있는 주식을 매수하거나, 초기 단계의 성장주를 추가 매수하거나, 시장 벤치마크에서 제외된 종목을 보유하는 등 뭔가 다른 방법을 써야 한다.[3] 예를 들어 세일즈포스는 2020년 말 S&P 500에서 약 1퍼센트의 비중을 차지했다. 내 포트폴리오의 5퍼센트를 세일즈포스로 보유하고 있는데 2020년 전체 시장이 10퍼센트 상승할 때 세일즈포스의 주가가 20퍼센트 상승했다면, 나의 포트폴리오는 10퍼센트 이상 수익률을 냈거나 시장수익률을 상회하는 수익률을 냈을 가능성이 높다.

또는 에너지 파이프라인 마스터합자회사master limited partnership(티커:

MLP)와 같은 비우량주식을 보유할 수도 있다. 일반적으로 MLP는 S&P 500에 포함되지 않는다. 에너지 파이프라인 주식이 2020년에 10퍼센트 이상 상승한다면 포트폴리오가 시장보다 높은 수익률을 낼 것이다.

여기서 문제는 뭔가 다른 방법을 쓴다는 것은 종종 불편한 일을 해야 한다는 뜻이라는 점이다. 하워드 막스는 "모든 훌륭한 투자는 불편함에서 시작한다. 모두가 좋아하고 편하게 느끼는 것들이 할인 매장에 있을 가능성은 낮기 때문이다."라고 말했다.[4] 시장을 이기려면 위험을 감수해야 하고, 위험은 투자 위원회의 길고 불편한 토론을 동반한다.

그럼에도 나는 애널리스트나 투자 연구원이라면 포트폴리오가 시장 벤치마크와 비슷하거나 상회하는 수익률을 내는 데 도움이 되는 컨센서스와 다른 종목을 발굴해야 할 의무가 있다고 생각한다. 애널리스트가 우량주만 추천하고 시장 지수를 그저 따라가기만 한다면 지수를 추종하는 패시브 펀드 운용 수수료보다 높은 액티브 운용 수수료를 받을 이유가 없다.

그럼에도 투자팀은 왜 쉬운 길을 택하고 편안한 추천을 선호해야 한다고 압박감을 느끼는 것일까? 수십 년 전 존 메이너드 케인스는 "세속의 지혜는 관습에서 벗어난 성공보다 관습을 따른 실패가 평판을 유지하는 데 더 낫다고 가르친다."는 말을 했다.[5] 고객들은 IBM처럼 잘 알려진 기업에 비해 일반적이지 않은 기술 기업에 투자했다가 실패를 하게 되면 더 가혹하게 비난한다. 예일 대학에서 기금을 관리했던 데이비드 스웬슨David Swenson은 관습에서 벗어난 투자를 하려면 "기존 통념의 눈으로 볼 때 종종 무모해 보이는 불편하고 특이한 포트폴리오를 받아들여야 한다."라고 말했다.[6]

나는 전문 투자자의 일은 불편한 투자를 추천하고 통념에 반박하는 것이라고 말하며 이 주제를 마무리하고 싶다. 전문 투자자의 일이 벤치마크를 충족하거나 뛰어넘는 수익률을 내는 것이라면 통념과는 다른 시도를 해야 한다. 엄밀히 말해 전문 투자자는 공인되지 않은 영역에 들어가는 것이므로 불편한 투자 추천의 상방 및 하방 위험을 구체화해야 한다.

행동 코칭 팁

고객은 비싼 리서치 및 포트폴리오 운용 수수료를 지불한다. 이는 종종 대중의 의견과 다른 불편한 투자를 해야 한다는 뜻이다. 통념에서 벗어난 오늘의 추천 종목이 내일의 블루칩이 될 수도 있다.

어려운 질문과 게으른 대답

투자 라이프 사이클의 다섯 번째 단계로 오는 동안 우리는 종목에 대한 숙제를 마쳤고, 매수 종목의 장점과 위험에 대해 토론할 준비를 끝냈다. 5장의 목표는 거래 타이밍과 규모를 정하는 토론에서 나타날 수 있는 편향과 감정에 투자자가 '민감해지도록 만드는 것'이다. 이 단락에서는 카너먼의 시스템 1(자동적 사고 또는 게으른 사고)과 시스템 2(깊이 있는 통찰적 사고) 모델을 활용할 것이다.

나는 투자 위원회 토론 중 어려운 시스템 2 질문이 종종 게으른 시스템 1 대답으로 이어진다는 점을 발견했다. 리서치 담당자(보통 애널리스트)는 시스템 2 질문을 받으면 긴장하거나 감정적이 되어 게으르거나 자동화된 시스템 1 답변으로 반응하는 경우가 많다. 쉽게 예상할 수 있듯이 이러면 좋은 질문을 해도 답을 얻지 못하는 역기능적인 토론을 하게 된다. 투자 위원회가 좋은 매수 기회를 놓치거나 숨겨진 위험을 발견하지 못할 수도 있다.

어려운 질문과 게으른 답변이 나오는 사례를 살펴보고 사람들이 왜 이렇게 행동하는지 알아보자. 2016년에 세일즈포스 매수를 검토하고 있던 우리 팀은 이 회사의 인수 전략이 걱정되기 시작했다. 언론들은 세일즈포스가 트위터를 인수할지 모른다고 추측했다. 우리 위원회는 이를 신중하게 바라보았다. 소셜 미디어 서비스인 트위터를 인수하면 세일즈포스가 핵심 사업인 판매, 마케팅, 서비스 소프트웨어 개발에 집중할 수 없을 것이라고 생각했기 때문이다.

어려운 질문은 "지금 세일즈포스를 사야 하나?"였다. 하지만 리서치 팀장으로서 나는 세일즈포스에 대한 투자 아이디어를 방어하고 있었고 긴장을 한 탓인지 시스템 1 사고로 대답해버렸다. "지금 세일즈포스를 사야 하나?"라는 질문을 받았을 때 올바른 대답은 가치 분석뿐만 아니라 이 회사에 투자했을 때의 모든 위험과 장점에 대해 포괄적으로 접근하는 것이었다. 하지만 나는 안타깝게도 세일즈포스가 트위터에 지나치게 많은 비용을 지불할지도 모른다는 우려에만 편협하게 초점을 맞춰 시스템 1로 대답하고 말았다.

우리는 트위터 인수가 세일즈포스 주가에 하방 압력을 가할 것이라고 판단했고 그렇게 2016년 세일즈포스 매수를 포기했다. 우리에게는 안타까운 일이지만 세일즈포스는 트위터를 인수하지 않았고, 우리는 기회를 놓쳐버렸다. 세일즈포스의 주가는 2016년부터 우리가 세일즈포스를 처음으로 매수하기 시작한 2019년까지 두 배나 올랐다. 물론 반대의 상황이 일어날 수도 있었다. 그랬더라면 우리가 했던 투자 논의에 대해 훨씬 더 나은 기분이 들었을 것이다. 이 사례가 이야기하는 결론은 투자 위원회의 모든 구성원이 어려운 질문과 게으른 대답의 패턴을 경계해야 한다는 점이다.

행동 코칭 팁

투자 아이디어를 논의할 때 어려운 질문에 게으른 답변을 하고 싶은 유혹에서 벗어나라. 어려운 질문에 대해서는 철저한 답변을 내놓아야 하며 이런 토론을 통해 투자 위원회는 더 나은 투자 결정을 내릴 수 있다.

배고플 때는 중요한 결정을 내리지 마라

배고픔과 분노의 경계선은 종이 한 장 차이다.

- 존 스타인벡John Steinbeck, 『분노의 포도The Grapes of Wrath』 중에서

지역의 한 성직자가 내게 이런 말을 한 적이 있다. 나쁜 일들은 배고프고, 화나고, 외롭고, 피곤할 때 일어난다고 말이다. 이 이야기를 스타인벡의 인용문과 연결해 생각해보면 배고픔과 나쁜 결정 사이

에는 아주 얇은 경계선이 있음을 알 수 있다.

공복에 장을 본 적이 있는가? 결국 충동구매를 했는가? 대부분 사람들의 대답은 아마 '그렇다'일 것이다. 식료품을 사는 것과 주식을 사는 것은 완전히 다른 종류의 구매지만 배고픔은 두 경우 모두에 나쁜 결과를 초래할 수 있다.

사람들은 왜 공복에 잘못된 결정을 내릴까? 카너먼은 가석방 심사위원들을 대상으로 한 연구에 대해 이야기한다. 가석방 심사위원들의 가석방 승인 비율은 식사 후에는 65퍼센트 수준이나 식사 후두 시간 이후부터 점점 줄어들다가 다음 식사나 간식 시간 직전에는 거의 0퍼센트에 가까워졌다. 카너먼에 따르면 배고픈(그리고 아마도 피곤한) 심사위원들은 가석방 승인 거부라는 가장 쉬운 선택지혹은 가장 기본적인 선택지로 돌아갔을 가능성이 높다.[7] 아마도 심사위원들에게는 집중력을 요하는 시스템 2 사고에 필요한 여분의 정신적 에너지가 부족했을 것이다. 이와 마찬가지로 투자자에게도 같은 패턴이 나타날 수 있다.

배고픈 의사결정권자가 쉬운 길을 선호한다면 투자자들도 똑같은 실수를 할 수 있다. 투자 위원회가 점심 식사 직전에 컨센서스에 부합하는 선택과 논란의 여지가 있는 선택 중 하나를 결정해야 한다고 가정해보자. 배고픈 투자자들은 손실 종목을 매도하거나 많은 사람들이 선호하는 마이크로소프트 같은 우량주를 매수 추천하는 것처럼 더 쉬운 선택을 해버릴 수 있다.

그러므로 배가 꼬르륵거리는 상황이라면 일단 뭔가를 먹은 다음 각각의 투자 선택에 따르는 위험과 장점에 대해 더 많은 시간을 논의해야 할 것이다. 배고픔에서 비롯된 감정을 제거하면 세일즈포스처럼 덜 알려진 종목을 선택하거나 회복 가능성은 있으나 수익률이 시원치 않은 종목에 대해 고민할 시간을 더 확보할 수 있다.

그런 이유로 나는 논쟁이 벌어질 수도 있는 투자 미팅 일정은 점심 식사 후에 잡을 것을 추천한다. 이 시간대에 미팅을 하면 공복 때문에 잘못된 의사결정을 하는 문제를 피할 수 있기 때문이다. 하지만 격렬한 논쟁이 예상되는 경우라면 투자 위원회 위원들이 정신은 맑지만 아직 배는 고프지 않은 오전 10시쯤에 회의 일정을 잡는 것이 가장 좋다.

행동 코칭 팁

공복 상태에서 투자 결정을 내릴 때는 주의해라. 보통 가장 쉬운 선택지를 기본으로 고르게 된다.

후광 효과와 집단 사고

다수의 편에 속해 있다면 그때가 잠시 멈추고 돌아봐야 할 때이다.

- 마크 트웨인

마크 트웨인은 사람들이 생각하고 행동하는 방식에 대해 많은 것을 알고 있었다. 과장된 표현일 수도 있지만 트웨인의 말은 중요한 결정을 내리는 투자 위원회에도 좋은 가르침을 준다. 카너먼은 공개

토론의 가장 큰 문제점으로 영향력이 크고 자신감에 찬 사람들에게 다수가 동조하게 되는 경우를 꼽는다.[8] 집단 사고에 빠진 팀은 종종 '대중의 지혜wisdom of crowds'라는 이익을 얻지 못한다. 대중의 지혜는 독립적인 사고가 많이 요구되는 활동이기 때문이다.

투자자들이 집단으로 결정을 내릴 때는 종종 감정과 정치가 개입되곤 한다. 직급이 낮은 위원들은 상사의 아이디어를 지지하고 싶어 하기도 하는데, 상사의 아이디어는 다른 아이디어를 잠재적으로 차단하는 후광 효과가 있다. 대부분의 직원은 자신에게 급여를 주는 사람에게 존경과 경의를 표하기 때문에 후광 효과는 팀원들이 리더의 아이디어를 다른 아이디어보다 선호할 때 나타난다.

후광 효과와 집단 사고를 피하는 좋은 방법은 투자 위원회의 개별 구성원이 논의를 시작하기 전에 고려 대상이 되는 거래에 대해 본인의 의견을 먼저 적어두는 것이다. 이 단계를 추가함으로써 더 다양한 통찰력을 얻을 수 있고 직급이 낮은 위원들은 논의 중에 체면을 살릴 수 있다.

예를 들어 주니어 애널리스트나 포트폴리오 매니저가 세일즈포스처럼 논란의 여지가 있는 종목을 매수해야 한다고 생각해 그룹 회의 전에 자신의 의견을 적어놨다고 해보자. 이 단계를 통해 주니어 투자자는 처음의 매수 의견을 그대로 고수할 수도 있고, 원래는 매수 의견이었지만 논의를 거친 후 매도 쪽으로 의견을 바꿀 수 있다. 나는 이런 식의 역동적인 논의가 모든 사람이 리더의 의견을 따르는 일방적인 회의에 비해 더 나은 결과를 가져온다고 생각한다.

좋은 회사가 늘 좋은 주식인 것은 아니다

내가 가진 것을 알아라.

- 피터 린치|Peter Lynch[9]

투자자들은 피델리티 인베스트먼트Fidelity Investments의 존경받는 포
트폴리오 매니저 피터 린치를 생각할 때 흔히 '이해할 수 있는 기업
을 보유해야 한다'는 그의 말을 떠올린다. 예를 들어 마트에서 쇼핑
을 하다가 대박이 날 것 같은 신제품을 발견하면 그 제품을 만드는
회사의 주식을 사야 한다는 것이다. 이런 생각은 '좋은 회사=좋은
주식'이라는 피상적인 투자 논거를 만들어낸다.

하지만 주식투자가 정말 그렇게 쉬울까? 카너먼은 '좋은 회사=좋
은 주식'이라는 생각은 의사결정에 대한 깊이 있고 엄밀한 시스템 2
사고가 아니라 '기본적인 평가basic assessment'라고 볼 것이다. 태평한 (그
리고 때로는 게으른) 시스템 1 사고를 하면 우리는 특별한 목표나 목적
없이 세상이 흘러가는 것을 그저 지켜보는 수동적인 보안 카메라와
다를 바가 없다.[10]

기본적인 평가는 내적, 외적으로 일어나는 일을 끊임없이 평가하

는 수동 레이더 시스템과 같다. 중요한 결정을 내릴 때 당신은 사후 반응적인 접근 방식을 취하겠는가, 사전 예방적이고 계획된 태도를 취하겠는가? 기본적인 평가를 이용해 주식투자를 하는 투자자는 문제에 빠질 수 있다.

투자 회사는 종종 다양한 자원과 통찰력을 얻기 위해 위원회를 활용한다. 위원회에는 종목이나 산업에 대해 포괄적인 지식을 가진 애널리스트는 물론 시장 사이클, 테마, 정서 변화에 대해 뛰어난 감각을 가진 포트폴리오 매니저나 전략가도 속해 있다. 나의 경험상, 효율적인 투자 위원회는 각 구성원에게 동등한 발언 시간을 부여하여 잠재적 거래 대상의 위험과 장점에 대해 다양한 의견을 제시할 수 있게 한다. 하지만 좋은 위원회의 구성원 각각은 자신의 전문 분야가 정해져 있음을, 즉 어디에서부터 어디까지인지를 인정한다. 이를테면 애널리스트는 기업에 대해서는 하나부터 열까지 알고 있지만 시장 동향에 대해서는 막연한 감만 가진다. 반대로 포트폴리오 매니저는 큰 그림(시장과 자산군)에 대해서는 강력한 의견을 가지고 있지만 특정 기업의 재무제표, 고객, 경쟁사, 공급 업체에 대해서는 잘 알지 못하는 경우가 많다.

이때 투자 위원회 구성원들이 시스템 2 사고를 이용해 자신의 한계를 파악하고 동료와 협력하면 부족한 부분을 채울 수 있다. 애널리스트는 시장에 대한 의견을 내지 않을 수 있고 포트폴리오 매니저는 종합적인 시스템 2 분석 대신 종목에 대한 기본적인 평가를 해야 하는 때를 파악할 수 있다.

세일즈포스를 예로 들면, 어떤 투자자는 향후 일어날지도 모를 세일즈포스의 트위터 인수 거래가 복잡해지고 합병된 회사의 성장을 저해할 수 있다는 점에 주목하여 기본적인 시스템 1 평가를 내릴 수 있다. 그러나 시스템 2 방식은 나쁜 인수 거래의 가능성뿐만 아니라 현재의 밸류에이션까지 고려한다. 그런 면에서 보면 세일즈포스의 낮은 주가는 인수가 성사될 경우 하락은 소폭이겠지만 트위터를 인수하지 않기로 결정 날 경우 상승은 큰 폭으로 이루어질 수 있다는 사실을 시사한다. 다시 말해 위험 대비 보상이 매력적인 기회를 창출해낼 수 있었다.

행동 코칭 팁

투자 의견을 정할 때는 어떤 기업이나 주식에 대한 기본적인 평가로 결정을 내리지 말아야 한다. 매수/보유/매도를 논의할 때 보다 포괄적인 시스템 2 접근 방식을 취하라.

위험을 부풀리지 말고 전체를 생각하라

우리는 나쁜 결과가 나오면 확률에 대해 명확하게 생각하지 않고 나쁜 일은 언제든 일어날 수 있다고 생각해버리는 함정에 빠질 때가 많다. 비행기 일정이 지연됐다면 앞으로의 모든 여행 계획에 대해 더 비관적인 시각을 갖게 되는 식이다. 이와 같은 생생한 이미지나 경험은 나쁜 결과가 생기는 빈도를 판단할 때 영향을 미친다.

행동경제학자인 캐스 선스타인Cass Sunstein은 자신의 저서 『넛지』에서 다음과 같은 한 실험을 소개했다. 이 실험에서 참가자들은 1퍼센트 혹은 99퍼센트의 확률로 '짧고 아프지만 위험하지는 않은 자극'을 받는다.[11] 다만 참가자들은 자극을 피하기 위해 돈을 지불할 수 있다. 놀랍게도 자극을 받을 확률이 1퍼센트인 그룹이 이를 피하기 위해 지불한 금액의 중간값은 7달러였던 반면, 확률이 99퍼센트인 그룹은 고작 10달러를 지불했다. 즉, 1퍼센트 그룹은 자극이 가해질 확률에 대해 제대로 생각하지 않았을 가능성이 높다. 이들은 비교적 드문 위험으로부터 자신을 보호하기 위해 상대적으로 높은 대가를 기꺼이 지불하겠다는 결정을 내렸다.

비슷한 예로 비행기를 놓칠 확률이 1퍼센트라고 해보자. 당신은 제대로 비행기를 타고 정시에 목적지 도착을 보장받기 위해 얼마를 지불하겠는가? 10달러? 1,000달러? 비행기를 놓칠 확률이 50퍼센트라면 얼마를 지불하겠는가?

연구자들은 "결과가 부정적 감정을 강하게 유발할 때 사람들은 확률에 대해 크게 생각하지 않는 경향이 있다."고 말한다.[12] 카너먼은 이러한 패턴을 '확률 무시probability neglect'라고 부르는데, 우리의 관심도가 위험이 일어날 확률과 동떨어지는 현상을 뜻한다.[13] 반대로 복권 당첨처럼 유리한 결과를 홍보하는 화려한 마케팅에 현혹되어 거의 불가능한 당첨 확률을 고려하지 않는 확률 무시 편향도 있다.

투자 위원회의 경우 확률 무시 편향은 잘못된 결정으로 이어진다. 나쁜 결과가 발생할 가능성에 지나치게 무게를 두어 위험 대비 보상이 매력적인 거래를 놓치게 되는 것이다. 나쁜 결과가 발생할 확률이 희박하다면 투자해볼 가치가 있을 텐데도 말이다.

앞서 든 세일즈포스 사례에서 우리 위원회는 트위터 인수가 어리석은 거래가 될 것이라고 걱정했다. AOL과 타임워너의 합병처럼 대규모 인수 거래가 실패했던 역사는 '분자(또는 실패한 인수 거래의 수)' 쪽에 우리의 생각을 집중시켰다. 그러나 더 나은 접근 방식은 성공한 거래, 실패한 거래, 취소된 거래를 모두 포함한 '분모'를 더 광범위하게 살펴보는 것이다. 실패한 거래가 실제 성사된 거래와 취소된 거래를 모두 합한 전체 거래 건수와 비교했을 때 적은 비율이고, 다른 투자자들이 세일즈포스와 트위터의 합병에 대해 나쁜 결과를 예상하고 있다면 세일즈포스를 매수하는 것이 더 좋은 생각일 수 있다.

행동 코칭 팁

잠재적 투자 대상의 위험을 살펴볼 때는 확률 무시 편향의 위험을 피하고 분자(나쁜 결과)와 분모(모든 결과)를 모두 살펴보는 관점에서 논의의 틀을 잡아야 한다.

1퍼센트의 가능성은 1퍼센트일 뿐

그럼 가능성이 있다는 말인가요?

- 영화 〈덤앤더머〉 중에서

앞선 두 가지 행동 코칭 팁은 투자자가 위험과 장점에 대해 종합적으로 판단하는 시스템 2 방식 대신 회사나 주식에 대해 성급하게 일반화시키는 행동에 초점을 맞췄다. 여기에 더하여 판단에 영향을 미치는 개인적 경험에 또 하나의 변수로 작용하는 것이 있으니 바로 '희귀한 이벤트rare events'이다.

이전 단락에서는 항공편 지연이나 잘못된 인수 거래 같은 나쁜 결과에 대해 이야기했다. 이런 사건은 꽤 자주 발생한다. 하지만 투자 의사결정권자에게 훨씬 더 긴 인상을 남기는 희귀한 이벤트는 어떨까? 투자자에게 있어 문제가 되는 부분은 우리의 뇌가 희귀 이벤트를 처리하는 데 어려움을 겪는다는 점이다.[14] 기본적으로 인간은 이미 경험한 희귀 이벤트는 과대평가하는 반면, 아직 경험하지 못한 희귀 이벤트는 과소평가하는 경향이 있다.

AIG, 월드컴WorldCom, 엔론Enron의 자사주를 보유했던 직원들은 재정적 안정감이 무너져 내리는 희귀한 이벤트를 경험했다. 큰 충격을 받은 직원들은 앞으로 고용주로부터 회사 주식을 매입하지 않을 것이며 그렇게 쏠쏠한 퇴직 수당을 받을 기회를 놓칠 수 있다. 투자 위원회의 경우 개인적인 경험은 희귀 이벤트가 일어날 확률을 과대평가해서 불필요한 위험 회피를 유발할 수 있다.

희귀 이벤트는 해당 사건을 경험해본 적이 없는 사람들에게는 정반대의 영향을 미친다. 한 번도 자동차 기름이 떨어져본 적이 없는 사람은 기름이 거의 다 떨어진 상태로 운전해도 별 생각이 없을 수 있다. 이 운 좋은 운전자는 주유 경고등에 불이 들어와도 그게 차가 도로 한가운데에서 멈출 수도 있다는 의미임을 간과하는 것이다. 마찬가지로 투자 위원회도 개인적인 이유로 희귀 이벤트를 과소평가해 위험을 지나치게 낙관적으로 볼 수 있다.

세일즈포스 사례에서 AOL 타임워너 주식을 보유하는 것처럼 희귀한 이벤트를 경험해본 팀원은 트위터 인수의 위험을 과장하며 세일즈포스 매수를 더 강하게 반대할 것이다. 반대로 잘못된 인수로 손실을 본 적이 없는 투자자는 세일즈포스 대해 지나치게 낙관적인 태도를 취하며 세일즈포스의 트위터 인수 건으로 인한 위험을 크게 생각하지 않을 것이다.

행동 코칭 팁

희귀 이벤트에 대한 경험 때문에 투자 위원회는 희귀한 이벤트가 다시 발생할 확률을 과대평가 또는 과소평가할 수 있다. 보다 넓은 관점을 취하고 희귀 이벤트가 가져올 잠재적 위험과 보상을 고려해야 한다.

투자는 이분법이 아닌 상대적인 것이다

많은 사람이 투자를 일련의 이분법적인 결정이라고 생각한다. 이 주식을 사야 하나, 팔아야 하나? '예'인가 '아니오'인가? 그러나 연구에 따르면 복수, 즉 여러 개의 투자 선택지를 폭넓게 바라볼 때 더 나은 결과가 나오는 경우가 많다.

카너먼은 복수의 투자를 고려할수록 위험 회피가 줄어든다고 말한다. 주식이 역사적으로 총 수익률 8~10퍼센트대의 유리한 투자 상품이었던 이유도 바로 이 부분에서 찾을 수 있다.[15] 그만큼 한 번에 여러 가지 투자를 살펴보면 유리한 투자를 조합해 손실 확률을

줄일 수 있다.[16]

동전 던지기를 해서 앞면이 나오면 100달러를 벌고 뒷면이 나오면 50달러를 잃는다면 제안을 받아들이겠는가? 손실의 고통은 이익으로 얻는 기쁨의 두 배이므로 많은 위험 회피자들이 이 제안을 거절할 것이다. 하지만 동전 던지기를 10번 한다면 어떨까? 유리한 게임을 여러 번 한다고 생각하면 많은 이들이 더 편안함을 느낀다. 이런 식으로 여러 개의 투자를 다루는 포트폴리오 매니저가 일반적으로 한 번에 한 종목에만 집중하는 애널리스트보다 더 많은 위험을 감당할 수 있다.

복수의 투자라는 개념을 투자 위원회에 적용한다면 손실 회피loss aversion를 줄이기 위해 애널리스트와 포트폴리오 매니저를 섞어야 한다. 그러나 복수의 투자라는 개념을 투자 과정에 적용하기란 무척 까다롭다. 투자 아이디어를 내놓는 사람들은 종종 이분법적 결정을 살펴보려고 하기 때문이다. 전직 애널리스트로서 나도 이 부분에 대해 내 잘못을 인정한다. 나는 투자 경력의 첫 15년 동안 의료, 보험, 기술 산업을 담당하는 주식 애널리스트로 일했다. 애널리스트는 깊이 파고들지만 소수의 종목이나 투자 상품에 집중하는 경향이 있다. 반면 포트폴리오 매니저는 더 광범위한 투자 상품들을 검토하지만 멀찌감치 떨어져서 보는 경향이 있다.

나의 경험에 따르면, 애널리스트는 투자 위원회에 이분법적 선택지를 제시하려는 경향이 강하다. 이 주식을 매수하거나 저 주식을 매도하라는 식이다. 그러면 다행히 포트폴리오 매니저가 나타나 다른 투자 상품이나 거래 옵션에 대해 더 넓은 관점을 제공한다.

가상의 예로 어떤 투자팀이 세일즈포스처럼 성장성은 높지만 비싼 주식을 매수할까 고민을 하고 있다고 해보자. 그럴 때 단순히 세일즈포스의 매수 또는 매도를 결정하는 대신 복수의 투자라는 접근 방식을 통해 세일즈포스를 넷플릭스 같은 다른 성장주와 비교할 수 있다. 가령 투자 위원회가 생각하기에 넷플릭스와 세일즈포스는 모두 비싸지만 세일즈포스가 상대적으로 더 매력적인 것 같다면 투자팀은 넷플릭스를 매도하고 자금을 확보한 다음 세일즈포스를 매수할 더 나은 기회를 기다리기로 결정할 수 있다. 이렇듯 복수의 투자는 투자자에게 상대적인 관점을 제공하고 더 나은 결정을 내릴 수 있게 한다.

행동 코칭 팁

한 가지 종목에 집중해서 이분법적으로 매수/매도를 판단하기보다는 복수의 투자라는 더 넓은 관점에서 각각의 투자 결정을 살펴봐라. 이런 식으로 한 번에 하나의 종목만 살펴봄으로써 지나치게 위험을 회피할 가능성을 줄일 수 있다.

회사와 고객 간의 최적의 지점을 찾는 법

고객은 언제나 옳다.

- 해리 고든 셀프리지Harry Gordon Selfridge(셀프리지 백화점 창업자), 존 워너메이커John Wanamaker(워너메이커 백화점 창업자), 마셜 필드Marshall Field(마셜 필드 백화점 창업자)

전문 투자자는 고객이 원하는 목표를 달성할 수 있도록 위험과 수익 사이에서 균형을 추구하며 가치 있는 고객 서비스를 제공한다. 그러나 주인(고객)과 대리인(종목 선정가)이 서로 다른 동기를 가질 수 있으므로 전문 투자자는 편향과 감정이 어떻게 개입될 수 있는지 생각해봐야 한다.

두 가지 부분에서 긴장이 생길 수 있다. 첫째, 대리인(전문 투자자)이 주인(고객)을 우선에 놓기보다 자신의 이익에 따라 행동하며 자신의 이익을 극대화할 수 있다. 둘째, 주인과 대리인 사이에는 정보 비대칭성이 존재한다. 고객은 전문 투자자가 알고 있는 내용 전부를 알지는 못할 가능성이 높다.

전문 투자자는 이 같은 주인과 대리인의 불일치를 어떻게 경계할 수 있을까? 전문 투자자는 자신의 위험 관리 의무, 또는 고객이 편안함을 느끼는 위험 수준을 잘 파악해야 한다. 투자 회사와 고객이 같은 생각을 가지고 있을 때 전문 투자자는 위험과 보상 측면에서 최적의 지점을 찾을 수 있다.

그러나 고객이 수익을 내지 못한 데 대해 투자 매니저를 비난하면 위험 회피가 종목 선택 과정에 영향을 미쳐 저조한 투자 결과로 이어지는 악순환이 발생할 수 있다. 또는 전문 투자자가 고용 안정성을 걱정해서 위험 회피 성향을 갖게 되고 그 결과 쉬운 길을 택할 가능성도 있다. 대세 종목에 투자하기란 쉽지만 고객에게 실망스러운 성과를 안겨줄 각오를 해야 한다.

리처드 탈러는 주인-대리인 일치를 촉진하는 한 가지 방법으로 의사결정으로 인해 사후 손실이 발생하더라도 결정 당시 이용 가능했던 정보를 바탕으로 적절한 위험을 감수했다면 이에 대해 주인이 대리인에게 보상을 제공하는 구조를 만들어야 한다고 말한다.[17] 새로운 고객들을 위험도에 따라 나누는 방식으로 이러한 위험 관리 구조를 구축할 수 있다. 고객을 고위험 그룹과 저위험 그룹으로 나누는 전략은 주인-대리인 일치를 더 잘 이루어내 전문 투자자가 어떤 종류의 주식을 조사하고 매수해야 하는지 알 수 있게 해준다.

이 장에서 우리는 고성장 기업인 세일즈포스의 매수 결정에 대해 이야기했다. 나의 투자 스타일은 일반적으로 다년간에 걸친 접근 방식을 취하기 때문에 세일즈포스처럼 고위험·고수익 주식은 단기간 큰 변동성을 겪을 수 있다. 이런 식의 투자는 단기 변동성을 감안하고 장기적인 성과를 추구하는 고객에게 적합하다.

주인-대리인의 이해관계를 일치시키고 유지하는 좋은 방법은 계속해서 저위험 주식과 고위험 투자 상품의 균형을 이루는 다각화된 포트폴리오를 운용하는 것이다. 이렇게 하면 고위험 주식이 시장 대비 저조한 수익률을 내더라도 고객은 전체 포트폴리오가 여전히 건재하다는 사실을 알고 있기 때문에 안심하는 선순환이 만들어진다.

행동 코칭 팁

투자 회사는 감수할 수 있는 위험도에 대해 고객과 열린 대화를 나눠야 한다. 투자 전문가와 고객이 의견을 같이할 때 종목 선정가는 위험 감수에 따른 손실 등에 대해 비난받을 두려움 없이 적절한 수준의 위험을 감수할 수 있다.

공개적인 투자에서의 위험 회피

1980년대 밴드 더 폴리스The Police의 노래 '당신의 모든 숨결마다 Every Breath You Take'에서 스팅은 사랑하는 이가 내쉬는 모든 숨과 그가 하는 모든 말을 아주 가까이에서 지켜보고 있다고 노래한다. 다른 사람이 아주 가까이에서 지켜보고 있다면 대부분의 사람들은 어떻게 행동할까? 투자란 결국 위험을 감수하는 행위이므로 우리는 투자자들이 사적으로 투자할 때와 마찬가지로 공개적으로 투자할 때도 위험에 대해 동일한 접근 방식을 취하는지 살펴보기 위해 이와 같은 질문을 해볼 수 있다.

대중에게 자신의 투자 기술을 과시하는 일부 월스트리트의 투자자들을 보고 모든 전문 투자자들이 스포트라이트를 갈망한다고 생각할지도 모르겠다. 하지만 이런 생각과는 반대로 전문 투자자들은 사적으로 투자할 때보다 공개적으로 투자할 때 더 위험을 회피할 가능성이 높다.

리처드 탈러에 따르면 게임쇼는 사람들이 공개적인 상황에서 위험을 어떻게 감수하는지 확인해볼 수 있는 좋은 방법이다. 한 연구에서 시뮬레이션 게임쇼에 참여한 한 그룹의 학생들은 실험실 컴퓨터에서 개인적으로 결정을 내렸다.[18] 반대로 다른 그룹의 학생들은 군중 앞에서 결정을 내렸다. 그 결과 두 번째 그룹이 훨씬 더 위험 회피적인 태도를 보였다.

내 경험에 따르면 투자자들은 많은 사람들이 말 한 마디 한 마디를 지켜보고 있을 때 더욱 위험 회피적인 접근 방식을 취한다. 세일즈포스의 예로 돌아가서 우리 팀은 공개적인 매수 결정 과정을 거쳤기 때문에 더욱 위험 회피적이 됐을 수 있다. 투자 위원회는 세일즈포스 CEO가 제국을 건설하려고 한다는 우려에 대해 공개적으로 논의했고 이런 우려가 위험 회피 성향을 이끌어내 투자를 하지 않겠다는 결정으로 이어졌을 수 있다.

행동 코칭 팁

공개적인 환경에서는 투자자가 위험 회피 성향을 가질 수 있으므로 큰 규모의 투자 위원회 회의에 들어가기 전에 소규모로 준비 세션을 갖는 것이 좋다. 이런 방법으로 소규모 그룹에서 투자할 때는 더 큰 규모의 그룹에서 투자할 때에 비해 위험 회피 성향이 덜 나타난다.

처벌의 두려움이 없는 열린 토론을 장려하라

영화 〈글렌게리 글렌 로스〉에서 알렉 볼드윈Alec Baldwin은 강압적인 세일즈 매니저를 연기한다. 그는 부하 직원들에게 다가오는 세일즈 대회에서 1등에게는 새 캐딜락을, 2등에게는 스테이크용 칼을 상품으로 주겠지만 3등은 해고될 거라고 알린다. 이렇게 고압적인 회사 문화에서 보스는 승자를 아끼고 패자를 언짢게 생각한다.

상상할 수 있겠지만 이러한 애정 또는 혐오의 감정은 고객, 직원, 회사에 손해를 입히면서까지 영업 직원을 돕는 잘못된 비즈니스 결정으로 이어질 수 있다. 투자 업계에서도 두려움의 문화는 종종 잘못된 투자 결정으로 이어지곤 한다. 이 장에서 우리는 잘못된 투자 결정을 초래할 수 있는 감정, 편향, 시스템 1 사고를 피함으로써 투자 위원회가 올바른 방향으로 갈 수 있는 환경을 만드는 방법에 대해 배웠다. 이 장을 마무리하면서 높은 성과를 내기 위한 방법으로서 투자 위원회의 리더십과 문화에 초점을 맞춰볼까 한다.

리처드 탈러는 기업이 〈글렌게리 글렌 로스〉에서 보이는 유해한 감정과는 완전히 반대인 문화를 조성해야 한다고 충고한다. 직원들이 결과에 관계없이 "증거를 바탕으로 결정을 내리면 늘 보상을 받는다고 느낄 때" 투자 회사는 "새로운 아이디어의 흐름"을 원활하게 하고 "실패의 위험"을 줄일 수 있다.[19] 탈러는 매니저가 직원들이 불이익을 받을까 봐 두려워하지 않고 "관찰하고 데이터를 수집하고 의견을 말할 수 있는" 환경을 조성해야 한다고 조언한다.[20]

나는 이 네 가지 요소가 특히 매수와 매도 결정을 논의하는 전문 투자자에게 선순환을 일으킨다고 생각한다. 내가 보기에 유해한 의사결정 과정을 피하기 위한 핵심적인 사안은 투자팀 구성원들 사이의 신뢰를 확립하는 것이다.

투자 연구원은 투자를 하기 위해 관찰하고, 데이터를 수집하고, 설득력 있는 논거를 세워 투자를 시작한다. 앞서 우리는 애널리스트나 연구원들이 논란의 여지가 있는 추천을 할 때가 많다고 이야기했다. 이 모든 내용을 종합해볼 때 종목 선정가는 불이익을 받을 걱정을 하지 않고 불편한 추천을 할 수 있어야 한다.

다만 투자팀의 다른 상급자들도 연구원이 제대로 실사(관찰 및 데이터 수집)를 했다고 생각해야 하기 때문에 신뢰는 양방향이다. 나의 경협상 실력이 뛰어난 투자팀에는 열심히 데이터를 수집하는 연구원들과 불이익을 주겠다고 위협하지 않고 논란이 되는 투자 아이디어에 대해 논의할 준비가 되어 있는 신뢰를 주는 투자 위원들이 많다.

몇 년 전 우리 팀이 세일즈포스 매수를 검토할 때 운 좋게도 리서치팀과 나머지 투자 위원회 구성원들 사이에 신뢰가 형성되어 있었다. 나는 데이터를 관찰하고 분석한 후 세일즈포스를 매수해야 한다고 주장했지만 다른 투자 위원들은 내 분석을 존중하면서도 세일즈포스가 트위터를 비싸게 인수하면 주가가 하락할 것이라고 예상했다. 나는 불이익을 받을 걱정은 하지 않고 내 의견을 말하며 나머지 팀원들의 생각에 반대했다. 하지만 대다수 팀원들은 여전히 세일즈포스를 매수하지 않아야 한다고 생각했다. 양측의 신뢰가 두터웠기 때문에 리서치 팀원들도 매수에 반대하는 의견에 동의하고 다른 투자 아이디어로 넘어갈 수 있었다.

행동 코칭 팁
투자팀의 상급자들은 연구원들이 불이익에 대한 두려움 없이 관찰하고, 데이터를 수집하고, 발언할 수 있도록 신뢰를 확립해야 한다.

- 많은 투자자들이 과감하게 예측하면서도 막상 선택은 소심하게 한다. 투자 위원회를 활용해 과감한 예측이 현실적인지 판단하고, 만약 현실적이라면 소심한 선택(가령 2퍼센트 미만의 비중) 대신 과감한 선택(2퍼센트 이상 비중)을 해라.

- 전문적인 종목 선정가의 업무는 매수와 매도 양측에 감정적으로 불편한 추천을 하는 것이다. 철저한 실사와 일관된 투자 논리는 컨센서스에서 벗어난 종목에 대해 투자 위원회와 논의할 때 선정자에게 더 큰 확신을 준다.

- 투자 위원회는 게으른 답변으로 이어질 수 있는 어려운 질문에 주의해야 한다. 질문과 답변 모두에 시스템 2 사고를 적용해 건전한 토론을 촉진하도록 하라.

- 식사 시간 직전에는 투자 위원회 회의를 잡지 마라. 배고픈 위원회 구성원들은 최선의 결정보다 더 쉬운 결정을 내릴 수 있기 때문이다.

- 종종 더 나은 토론은 독립적인 생각에서 비롯된다. 투자 위원회 투표 전에 매수, 보유, 매도 의견을 적어두면 집단 사고와 후광 효과를 줄일 수 있다.

- 의사결정자는 기본적인 평가에 의존하지 말아야 한다. 기업과 주식은 복

잡한 평가를 필요로 하므로 매수 또는 매도를 결정하기 전에 제대로 시스템 2 분석을 해야 한다.

- 일부 투자 위원회는 위험에만 집중해 매력적인 투자 기회를 그냥 넘겨버리는 확률 무시 편향을 보이곤 한다. 더 나은 접근 방식은 분모에 모든 결과를 넣고 분자에는 나쁜 결과를 대입해 비교하는 것이다.

- 투자자가 희귀한 이벤트에 대한 개인적인 경험이 있다면 그 희귀 이벤트가 일어날 확률을 과대평가할 수 있으며, 반대로 개인적인 경험이 없을 때에는 확률을 과소평가할 수 있다. 투자 위원회는 매수 및 매도 결정을 내릴 때 희귀 이벤트를 가능성이 높은 이벤트와 비교하여 고려해야 한다.

- 이분법적으로 매수/매도 결정을 내리지 마라. 다양한 투자 선택지를 비교하기 위해 복수의 투자 상품을 고려하라.

- 위험 허용도에 대해 종목 선정가와 고객의 생각을 일치시켜라. 전문 투자자는 위험에 대한 보상이 저조해도 불이익에 대한 걱정을 하지 않고 어느 정도의 위험을 감수할 수 있어야 한다.

- 소규모 그룹으로 투자 결정을 논의하라. 큰 그룹에서 논의가 이루어질수록 위험 회피 성향이 높아질 가능성이 있다.

- 투자 연구원들이 불이익에 대한 걱정 없이 데이터를 관찰하고, 수집하고, 투자 회의에서 발언할 수 있는 환경을 조성해라.

6장

타이밍보다 중요한 것은
오래 버티는 것

최초 매수하기

STOP
THINK
INVEST

시장에서 오랜 시간 버티는 것이 시장 타이밍보다 중요하다.

- 월스트리트 격언

    이제 말을 멈추고 거래를 시작해야 할 때가 됐다. 지금까지 어떤 주식을 언제, 얼마나 매수할지 파악하기 위해 시스템 2 사고로 자세히 살펴보았다. 그렇다면 실제 거래는 조금 쉽지 않을까? 사실 이것은 상황에 따라 다르다. 안타깝게도 많은 주식 투자자와 대부분의 의사결정권자는 실제 투자에 들어가면 주저하면서 타이밍에 대한 결정을 의심하는 경우가 많다.

    이 장에서 나는 '매수' 버튼을 누르기 전에 마치 헤드라이트를 맞닥뜨린 사슴처럼 투자자를 깜짝 놀라 굳게 만드는 몇 가지 정신적 함정에 대해 설명할 것이다. 다행히도 여기까지 책을 읽어왔다면 거래를 방해하는 몇 가지 문제들을 예상할 수 있을 테고 전체적인 투자 과정을 더 효율적으로 진행할 수 있을 것이다. 매수 거래를 완료하면 오랫동안 주식을 보유할 수 있으며 이는 종종 시장 타이밍을 완벽하게 맞추려고 노력하는 것보다 더 많은 보상을 준다.

모든 것이 완벽해지는 때란 없다

완성이 완벽보다 낫다.

- 페이스북의 유명한 슬로건[1]

이 인용문은 페이스북 본사 벽면에 적힌 글로, 미루는 것에 대한 페이스북의 관점을 간략히 보여준다. 영화 〈소셜 네트워크〉를 보면 마크 저커버그와 그의 팀은 회사를 설립하기 위해 뼈빠지게 일한다. 만약 저커버그가 모든 것이 완벽해질 때까지 기다렸다면 페이스북과 초기 라이벌이었던 마이스페이스의 운명은 뒤바뀌었을지도 모른다.

이 장을 시작하며 먼저 몇 가지 좋은 소식과 나쁜 소식을 전하려 한다. 좋은 소식은 많은 투자자가 첫 거래를 하기 전에는 가벼운 형태의 지연 행동procrastination만 보인다는 것이다. 나쁜 소식은? 경험상 감정과 편향은 기존 보유 종목을 거래할 때나 최종 매도를 할 때 더 많은 지연 행동을 발생시킨다는 점이다. 하지만 지금은 지연 행동에 대해 다루고 있으므로 나쁜 소식에 대해서는 나중에 논의를 계속하도록 하겠다.[2]

나의 경험에 따르면 많은 투자자들은 어떤 종목을 얼마나 매수할지에 대해 자신감을 갖고 있다가도 지연 행동이 스며들면 자신감을 금세 잃어버린다. 결국 투자자는 별이 완벽하게 정렬될 때를 기다리며 나중에 거래하기로 한다. 왜 투자자들은 이렇게 최초 매수에 앞서 가벼운 형태의 지연 행동을 보이는 것일까?

지연 행동의 심리적 이유에 대해 알아보기 전에 먼저 한 가지 예를 들어보도록 하겠다. 2007년 중반 주택시장의 거품이 꺼지기 시작하고 주식시장이 경기침체 전 최고점에 다다랐을 때 나는 코비디엔이라는 의료기기 회사를 매수 추천했다.

금융 위기라는 지진의 초기 진동은 2007년 8월, 시장이 6주 동안 9퍼센트 하락하며 시작됐다. BNP파리바 같은 대형 펀드가 인출을 정지시키고 AIG 보험이 위험한 서브프라임 모기지에 대한 연체가 더 안전한 프라임 대출에까지 확산될 것이라고 예상하면서 투자자들의 두려움이 커졌다. 침체 전 불안감이 퍼지는 가운데 팀원들은 내게 정말 지금 코비디엔을 매수하고 싶은 거냐고 물었다.

가벼운 형태의 지연 행동이 발동되기 시작했다. 시장이 하락할 때까지 기다렸다가 더 낮은 가격에 매수해야 하나? 시장과 경제가 침체기로 향하는 것 같다면 유틸리티와 같은 방어주를 매수해야 하는 것이 아닐까? 우리는 결국 2007년 8월에 코비디엔을 매수하기로 했다. 초기에는 다소 험난했지만 결국 수년 동안 전체 시장 대비 더 높은 수익률을 달성했다. 지연 행동 편향을 극복하는 것은 어려운 일이지만 코비디엔과 다른 주식에 대한 내 경험에 따르면 해야 할 일을 하고 실행 단계로 나아가야 한다.

기다림의 기회비용

영화 〈제리 맥과이어〉에서 스포츠 에이전트 역을 맡은 톰 크루즈Tom Cruise는 쿠바 구딩 주니어Cuba Gooding Jr.가 연기한 로드 티드웰에게서 계약서 서명을 받아내기 위해 노력한다. 기다림에 지친 티드웰은 그에게 전화로 계약서에 서명하기 전에 돈을 만져보고 싶다며 소리를 지른다.

마찬가지로 나는 바로 앞 단락에서 많은 투자자들이 앞으로 나아가 행동을 취하기보다 주식을 매수할 '완벽한 타이밍'을 기다리면서 미루는 경우가 많다고 이야기했다. 이런 지연 행동을 유발하는 행동 금융학적 주제가 바로 '기회비용opportunity cost'이라는 개념이다. 더 나은 거래를 기다릴 것인가, 아니면 영화 〈제리 맥과이어〉에서처럼 기다리기를 멈추고 거래할 것인가?

예산 제약이 있을 때는 특히 옵션 A를 선택하면서 옵션 B를 포기하는 경우가 많다. 의사결정권자는 이렇게 자문할 것이다. '우버를 탈까, 지하철을 탈까? 지금 표를 사야 하나, 가격이 내려갈 때까지

기다려야 하나? 싸고 비실대는 주식을 사야 하나, 계속 오르는 고성장주를 사야 하나?'

많은 투자자에게 A 주식과 B 주식 중 하나를 선택하는 정신 활동은 "실제 현금을 건네는 것과 비교하면" 모호하고 추상적인 행동이다.[3] A 주식과 B 주식을 놓고 고민하는 동안에는 아직 매수하지 않았기 때문에 모호하고 추상적인 기회비용이 존재한다. 하지만 1만 달러를 지불하고 A 주식을 매수한 후에는 그 행동에 대한 즉각적이고 계량화할 수 있는 피드백뿐만 아니라 그 1만 달러로 B 주식을 매수했다면 얻었을 결과도 알 수 있다.

코비디엔의 사례로 돌아가서, 우리 팀은 경기침체 전의 불안정한 시장에도 불구하고 현금을 포기하고 최초 매수 포지션을 취하기로 결정했다. 앞서 이야기했듯이 우리는 광범위한 경기침체가 오기 전 모든 주식이 하락할 것 같다는 모호하고 추상적인 느낌을 받고 있었다. 코비디엔의 매수 시점을 기다리는 데 따른 기회비용은 주가가 상승해 더 높은 가격에 매수해야 하는 것이었다. 우리의 경우는 단기적으로는 틀렸지만 장기적으로는 올바른 결정이었다.

2007년 8월부터 12월까지 코비디엔의 주가는 10퍼센트 가까이 하락하며 전체 시장보다 큰 하락폭을 보였다. 그러나 성장세가 개선되고 2015년 메드트로닉이 프리미엄을 지불하고 회사를 인수한 후 주가는 다시 상승하기 시작해 세 배 이상 올랐다. 이에 비해 전체 시장은 2007년 8월부터 2015년 초까지 약 60퍼센트 상승했다.

모호하고 추상적인 기회비용 때문에 최초 매수가 지연될 수 있다면 이런 함정을 피하는 방법은 무엇일까? 내 경험에 따르면 냉정하고 확실한 정보, 데이터, 분석은 기회비용을 둘러싼 미스터리를 일부 제거할 수 있다. 2007년으로 돌아가서 투자 위원회는 시나리오 분석을 통해 코비디엔을 즉시 매수하는 경우, 나중에 매수하는 경우, 다른 종목을 매수하는 경우, 잠재적 경기침체에 대비해 현금을 보유하는 경우에 따른 장단점을 고려할 수 있었을 것이다.

행동 코칭 팁

투자자들은 최초 매수를 하려고 할 때 모호하고 추상적인 기회비용 때문에 어려움을 겪는 경우가 많다. 투자자는 데이터와 분석을 통해 기회비용을 계량화할 수 있고, 이에 따라 매수 결정에 더 큰 확신을 가질 수 있다.

외부 시차와 포트폴리오 영향

앞서 2장에서 우리는 매력적인 투자 대상을 인식하는 데 지연을 일으키는 내부 시차에 대해 논의했다. 이제 종목을 선택하고 거래할 준비가 되었으니 반대 효과인 외부 시차도 염두에 둘 필요가 있다.

어떤 면에서 외부 시차 효과는 매우 간단하다. 어떤 주식이 오를 것 같다면 지금 매수하는 편이 낫다. 새로운 종목이 전체 포트폴리오의 수익률을 끌어올리는 데 시간이 소요될 수 있기 때문이다. 좋은 투자 아이디어가 있는데 매수하지 않고 기다리면 현금이 포트폴리오를 내리눌러 성과를 내기가 더 어려워질 것이다.

투자 테마가 야구 경기처럼 9회에 걸쳐 진행된다고 가정해보자. 그러면 테마를 파악하느라 처음 2회를 쓰고(내부 시차), 매수 시점을 기다리며 몇 회를 보내버리면(외부 시차) 대부분의 투자 기회를 놓치게 될 것이다.

투자자가 최초의 매수 타이밍을 고려할 때는 이 같은 내부 시차와 외부 시차의 복합적인 효과를 명심해야 한다. 기본적으로 대부분의 투자자는 유망한 추세를 인지할 때 시차를 경험한다. 그런 다음 최초 매수를 할 때 포트폴리오에 미치는 영향에서 추가적인 시차를 확인한다.

내부 시차와 외부 시차의 예로 코비디엔을 살펴보자. 코비디엔은 다각화된 모회사 타이코에서 분사한 회사였기 때문에 약간 특별한 경우라고 할 수 있다. 2007년 코비디엔이 타이코에서 완전히 분리된 후 내부 시차의 시계가 돌아가기 시작했다. 나는 내부 시차의 위험을 줄이기 위해 분사하기 전에 실사 과정을 시작했고 외부 시차를 피하기 위해 분사 즉시 매수했다. 앞서 언급했듯이 코비디엔은 우리가 매수한 후 처음에는 급락했지만 메드트로닉의 인수 가격까지 상승하며 전체 고객 포트폴리오의 수익률을 높이는 데 기여했다. 그렇지 않은 종목도 많았지만 이 경우에는 빠른 리서치와 매수 덕분에 내부 시차와 외부 시차를 피할 수 있었다.

┆ 행동 코칭 팁

주식이 가령 50달러에서 100달러로 상승해 높은 수익률을 거둘 가능성이 있다면 투자자는 내부 시차와 외부 시차 때문에 포트폴리오의 수익률이 낮아질 수 있다는 사실을 명심해야 한다. 리서치를 끝내기 전에 주가는 50달러에서 60달러로 상승할 수 있다. 그다음 매수 타이밍과 규모를 결정하기 전에 또 60달러에서 70달러로 상승할 것이다. 그래도 여전히 이 종목이 마음에 든다면 목표 가격인 100달러에 도달하기까지 포트폴리오에 영향을 줄 수 있도록 더 이상 지체하지 말고 70달러에 매수해야 한다.

• 종목을 고르고 포트폴리오 비중을 결정한 후에는 미루지 마라. 경험상 완벽한 타이밍을 기다리면 대개 실망스러운 결과로 이어진다.

• 데이터 수집과 분석을 통해 투자자는 최초 매수를 할 때 확신을 가질 수 있다. 그렇지 않으면 새로운 종목의 매수 준비를 할 때 모호하고 추상적인 기회비용 때문에 판단이 흐려지게 된다.

• 내부 시차와 외부 시차 때문에 의사결정과 그로 인한 결과를 얻는 데 어려움이 생긴다. 투자자는 시차가 존재한다는 사실을 인지하고 최초 매수를 준비할 때 발생할 수 있는 추가적인 지연을 피해야 한다.

7장

왜 내가 사면 떨어지고 팔면 오를까?

초기 결과와 주가 분석하기

STOP
THINK
INVEST

우리는 이제 숙제를 다 끝내고 주식을 매수해 과감히 투자에 뛰어들었다. 이제 어떻게 해야 할까? 주식이 곧바로 상승할 것이라고 기대해야 할까? 매수하자마자 시장이 하락하거나 해당 종목에 대해 나쁜 뉴스가 터진다면 어떻게 해야 할까? 실수를 한 걸까? 더 나빠지기 전에 손절매해야 하나?

안타깝게도 행동재무학 이론이 이 모든 질문에 대한 해답을 제시하지는 않는다. 다만 몇 가지 행동 코칭 팁이 불안감을 줄이고 투자 라이프 사이클의 다음 단계를 계획하는 데 도움이 될 것이다.

나의 경험에 따르면 개별 주식을 수년간 보유한 투자자들에게는 학습 곡선이 나타난다. 쉽게 말해 투자자들이 투자 라이프 사이클의 초기에는 주식에 대해 잘 모른다는 얘기다. 주식에 대한 지식이 부족한데 최초 매수 이후 실망스러운 결과를 얻게 되면 수익이고 뭐고 그냥 다 팔고 떠나고 싶어진다. 이 장의 목표는 투자자가 매수 직후 하락하는 주식을 다룰 때 시스템 2 접근법을 취하도록 하는 것이다. 여기서 제시하는 행동 코칭 팁은 출발이 험난한 주식을 계속 보유하는 데 도움이 될 것이다.

참고로 최초 매수 후 며칠 또는 몇 주 만에 주가가 오른다면 이 장을 건너뛰고 8장으로 넘어가도 된다. 하지만 여러분의 운이 내 운과 같다면 주식을 매수한 후 초기에 어느 정도 변동성을 겪을 테고, 이 장은 그런 상황에서 너무 일찍 매도하거나 손실을 보면서 매도하지 않을 수 있도록 도움을 줄 것이다. 매수 후 바로 주가가 상승했더라도 이 장을 읽고 넘어가길 권한다. 그래야 다음에 검토할 주식의 혹시 모를 하락에 더 잘 대비할 수 있을 테니 말이다.

주가가 계속해서 변하는 이유

역경은 인격을 만들어내지 않는다. 드러낼 뿐이다.

– 게리 켈리Gary Kelly(사우스웨스트 항공Southwest Airlines CEO)[1]

때로 항공사 운영과 주식 포트폴리오 운용은 매우 비슷해 보인다. 2019년부터 2020년까지 사우스웨스트 항공은 창업자의 사망, 정부 셧다운, 악천후, 보잉 737 맥스 기종의 운항 중단, 코로나19 팬데믹으로 인해 여행 수요가 완전히 붕괴되는 사건을 겪었다. 사우스웨스트 항공이 이런 어려움을 극복할 때 투자자들도 시장이 출렁이고 포트폴리오 자산이 크게 변동하는 상황 속에서 무엇을 매수하고 매도해야 할지 고민해야 했다.

앞에 인용한 게리 켈리의 말은 나쁜 시기에도 투자자는 좋은 결정을 내릴 수 있다는 뜻이다. 그러나 꼭 인격을 드러낼 필요까지는 없다. 내가 앞으로 이야기할 행동 코칭을 염두에 둔다면 어려운 시기에도 당신의 인격을 유지할 수 있을 테니 말이다.

코칭에 대해 말하자면, 만약 당신이 아직 이 장을 읽고 있다면 축하한다! 완벽한 주식을 리서치하고 매수하기 위해 쏟은 모든 노력이 실망스러운 투자 결과로 이어졌을 것이다. 농담은 이 정도로 하고, 실제로 높은 시장 변동성이나 안 좋은 뉴스 헤드라인 때문에 주식을 매수한 직후 주가가 하락하는 일이 종종 발생한다.

스포츠 팀에 패배의 기운이 드리우면 코치는 선수나 전략을 바꾸기 전에 먼저 '무엇이 잘못되었는지' 파악해야 한다. 투자에도 똑같은 접근 방식이 적용된다. 따라서 추가 매수 또는 매도 전략을 생각해보기 전에 투자한 주식의 수익률이 저조한 이유를 파악해보자.

이 장의 내용은 대부분 주가가 왜 하락하는지 이해하는 데 초점을 맞추고 있지만 우리는 이 질문을 큰 폭으로 상승 또는 하락하는 주식에 대한 질문으로 일반화할 수 있다. 하워드 막스는 투자자의 감정이 주식시장의 호황과 불황의 사이클을 부추긴다고 말했다. 그는 "가장 낙관적인 심리는 늘 일이 잘 풀릴 거라고 생각될 때 발휘돼 긍정적인 면을 더 크게 과장하고, 가장 비관적인 심리는 일이 잘 안 풀릴 때 발휘돼 부정적인 면을 과장하기 때문이다."[2]라고 말했다.

매수한 주식의 가격이 하락하는 이유를 이해하려고 할 때 시장 사이클에 대한 하워드 막스의 말을 떠올리면 마음이 조금은 편하다. 막스는 시장 심리가 "주식이 꽤 좋은 편이거나 그렇게 뜨겁지는 않은" 중도를 유지하기보다는 "완벽한 상태에서 절망적인 상태"로 쏠림 현상이 일어난다고 말했다.[3] 매수한 주식의 하락세가 지속되어 매도를 고려하고 있다면 절망적인 상태에서 그렇게 뜨겁지는 않은 상태가 될 때까지 기다리면 큰 손실을 피할 수 있다.

문제 해결 vs. 문제 발견

> 답을 가진 사람의 말을 듣지 말고 질문을 가진 사람의 말을 들어라.
>
> - 알베르트 아인슈타인Albert Einstein

당신은 모든 것을 다 아는 사람know-it-all인가, 아니면 모든 것을 다 배우는 사람learn-it-all인가? 비즈니스의 세계에는 회사가 재앙에 직면했을 때 달려들어 어려움을 해결한 자신감 넘치는 문제 해결사에 대한 이야기가 많이 떠돈다. 그러나 문제 해결이라는 개념은 실제로 문제가 무엇인지 알고 있다는 생각을 바탕으로 한다. 어쩌면 문제 해결사는 모든 것을 다 아는 체하는 유형의 사람일 수 있다. 그러나 때로 가장 중요한 작업은 문제를 '발견'하는 것이고 이것은 모든 것을 배우는 유형의 사람들이 더 잘할 수 있다.

주식을 매수했는데 주가가 하락하면 문제를 해결해야 할까, 먼저 문제를 찾아야 할까? 감정적인 시스템 1로 대응한다면 그 주식을 매수한 것이 실수였으며 매도해버리는 게 문제를 해결하는 가장 좋은 방법이라고 손쉽게 결정해버릴 것이다. 그러나 좀 더 복잡하고 이성적인 시스템 2 방식은 심호흡을 하고 주가 하락의 원인이 되는 문제를 이해하려고 노력할 것이다.

그렇다면 문제를 발견하는 가장 좋은 방법은 무엇일까? 앞서 논의했던 편향의 경제적 그물망과 시스템 2 실사로 다시 돌아가야 한다.

다시 편향의 경제적 그물망으로

주가가 하락한 이유를 질문하고 해석할 때도 편향의 경제적 그물망을 생각해야 한다. 대선 후보가 법으로 제정될 가능성이 거의 없는데도 대기업과의 싸움을 선거 공약으로 내걸고 있는가? 왜 언론은 기삿거리가 별로 없는 날에 주가 하락을 크게 보도하는가?[4] CEO가 제국을 건설하기 위해 대규모 인수 거래를 추진하는가? 업계 전문가가 유명해지기 위해 논란의 여지가 있는 전망을 발표하는가?

편향의 가능성을 더 잘 알게 되면 다음 단계에서는 실사를 해야 한다. 컨퍼런스에 참석하고, 전화를 걸어 전문가와 대화하고, 추가 데이터를 분석하면 무엇이 주가를 끌어내리는지 더 잘 알 수 있다.

이 주제를 잘 보여주는 한 가지 예가 있다. 2013년 6월, 나는 당시 주름 개선용 약제인 보톡스$_{Botox}$와 안구 건조증에 쓰이는 레스타시스$_{Restasis}$를 판매하는 전문 제약회사 앨러간$_{Allergan}$을 매수 추천했다. 그런데 앨러간을 매수한 지 일주일 만에 주가가 12퍼센트 갭하락했다. 앨러간이 벌어들이는 이익의 약 15퍼센트를 차지하는 레스타시스의 제네릭 상품(원개발사 의약품과 주성분, 함량, 효과, 용법과 용량이 동일한 의약품. 일명 복제약-옮긴이)이 투자자들의 예상보다 빨리 출시될 수 있다는 소식이 전해졌던 것이다.

이 사례에서는 사실 편향의 경제적 그물망이 미치는 영향력이 그리 강하지 않았다. 앨러간의 성장 잠재력에 분명한 영향을 미치는 새로운 위험이 나타난 것이기 때문이다. 하지만 만약 어느 정치인이 앨러간의 안구건조증 치료제가 너무 비싸다고 비판해 주가가 떨어졌다고 가정해보자. 이 시나리오에서는 정치인의 발언 뒤에 어떤 잠재적인 편향이 있는지 고려해야 한다.

한 번 더 시스템 2 실사하기

이제 다시 처음으로 돌아가서 문제점을 찾아볼 시간이다. 시스템 2 실사를 통해 앨러간의 투자자들이 레스타시스의 제네릭 상품에 대해 지나치게 낙관적인 태도를 갖는지 또는 비관적인 태도를 갖는지 파악할 수 있다. 이 사례에서는 법률 전문가와 상의하여 제네릭 상품의 진입 가능성을 평가하거나 의료인들에게 물어 의사들이 제네릭 의약품을 편안하게 처방할지 확인해볼 수 있을 것이다.

편향의 경제적 그물망을 살펴보고 추가 실사를 한 이후에는 주가가 하락한 이유를 더 잘 파악할 수 있다. 또한 투자자들의 시각이 지나치게 비관적인 것은 아닌지도 알 수 있다. 일단 주가를 끌어내리는 요인을 파악한 후에는 이를 투자 논거에 다시 반영할 수 있다.

행동 코칭 팁

주식을 매수했는데 주가가 하락하기 시작한다면 일단 일시정지 버튼을 눌러라. 그리고 주가 하락에 대한 설명을 왜곡할 수 있는 모든 외부 편향을 제거해라. 그런 다음 시스템 2 실사를 하고 전문가와 대화하고 데이터를 분석하여 주식이 하락한 이유를 제대로 파헤쳐라. 이런 방식은 다음 매수, 보유, 매도 전략을 생각할 때도 도움이 될 것이다.

감정과 정보의 연쇄반응을 경계하라

우리는 스스로를 경기침체로 이끌 수 있다.

– 톰 바킨Tom Barkin(리치먼드 연방은행 총재)[5]

이전 단락에서는 주가 하락의 원인을 진단할 때 편향의 경제망을 주의해야 한다고 경고했다. 편향의 그물망에서 특별한 경우가 하나 있는데, 바로 비교적 사소한 문제에 미디어가 과민 반응하여 투매를 촉발하고, 이로 인해 미디어가 더 큰 관심을 갖는 피드백 루프의 발생이 그것이다. 이런 악순환을 카너먼은 '가용성 폭포availability cascade'라고 부른다. 가용성 폭포란 의사결정권자가 특정 정보가 얼마나 빨리 그리고 감정적으로 우리 사고에 들어오는지에 따라 정보의 중요성을 판단하는 현상을 뜻한다.[6]

매수한 종목이 전체 시장 또는 섹터와 관련된 이슈와 동조해 하락한다면 가용성 폭포 현상이 나타나는 것일 수 있다. 특히 해당 종목의 펀더멘털은 개선되고 있는데 업종 내 다른 종목은 성장 둔화, 시장점유율 하락, 수익성 하락을 겪고 있는 경우라면 더욱 그렇다. 가용성 폭포는 한 산업에서 승자와 패자를 일시적으로 모호하게 만들 수 있다.

가용성 폭포가 주식 밸류에이션을 어떻게 하락시킬 수 있는지 더 명확히 보여주는 몇 가지 예가 있다. 이 단락의 처음에 소개한 톰 바킨의 말도 중앙은행가의 관점에서 가용성 폭포의 가능성을 설명한다. 톰 바킨은 경기침체가 다가오고 있다는 이야기가 확산되면 불확실성이 커져 소비자 신뢰와 지출이 하락할 수 있다고 말했다.[7] 경기침체에 대한 이야기가 경기침체를 촉발할 수 있다는 말이다.

운송 부문에서도 비슷한 양상이 나타난다. 정보의 가용성이 연쇄 작용을 일으켜 의사결정자에게 영향을 미친다. 운송 산업 컨퍼런스에서 철도 회사 경영진들이 현재 물동량과 가격 동향에 대해 비관적인 발언을 한다. 그런데 언론 기사가 "철도 회사 경영진, 침체 전망"과 같은 헤드라인을 내놓는다면 이는 다른 의사결정권자들로 하여금 경제 활동을 축소하도록 촉발하여 잠재적으로 경기침체를 가속화할 수 있다.

철도 업계의 사례는 경제 전반에 걸친 광범위한 가용성 폭포 현상을 보여준다. 그러나 앨러간의 안구 건조증 치료제처럼 보다 구체적인 사례도 있다. 언론이 앨러간 레스타시스의 제네릭 약품이 출시될 위험을 광범위한 업계 동향이라고 보도한다면 투자자들은 더 크게 걱정하며 앨러간을 비롯한 다른 브랜드 제약회사의 주식까지 매도할 수 있다. 이렇게 헬스케어 섹터의 대규모 하락이 일어나면 또 다른 비판적인 언론 보도가 나오고 추가 매도를 촉발할 수 있다.

철도 및 제약 업계의 사례는 다소 가정적이지만 2019년 담배 업계에서도 가용성 폭포가 나타났다. 미성년자의 전자담배 사용이 급증하는 가운데 전자담배와 비정상적인 폐 손상으로 인한 사망 사이에 연관성이 있다는 새로운 언론 보도가 나왔던 것이다. 비정상적인 폐 손상과 전자담배 사용 사이의 연관성을 보여주는 데이터 자료는 쥴 랩스Juul Labs와 같은 전자담배 회사에 대한 규제로 이어졌다. 사망자가 늘어나고 언론 보도가 악화되면서 쥴 랩스의 지분을 많이 보유하고 있던 알트리아Altria의 주가도 하락하며 연쇄 작용이 이어졌다. 2019년 말까지 과학자들은 전자담배가 실제로 폐 손상과 사망을 유발했는지 여부를 확인하지 못했다. 하지만 이러한 가용성 폭포는 알트리아 주주들에게 실망스러운 결과를 안겨주었다.

행동 코칭 팁

주가가 하락하고 대량 매도와 관련된 비판적인 뉴스 헤드라인이 많아진다면 가용성 폭포가 투자자 심리와 주가에 영향을 미칠 수 있다는 점을 주의해라. 앞에서 설명한 것처럼 시스템 2 실사는 다음 행동을 고려할 때 언론의 과잉 보도와 실제를 구분할 수 있게 해줄 것이다.

왜 가질 때의 기쁨보다 잃을 때의 고통이 더 클까

살짝 따끔할 거예요.

– 독감 예방주사를 놓기 전에 의사가 하는 말

앞의 두 단락에서는 주식을 위험으로 몰고 가는 요인들을 외부적으로 살펴보았다. 이제 내부로 눈을 돌려 경제적 손실에 대한 우리의 반응을 살펴보자. 앞으로 나올 세 단락에서는 주가 하락 등 경제적 손실에 대한 우리의 감정적 반응을 알아볼 것이다. 바라건대 손실에 대한 감정을 관리해서 연구, 데이터, 분석을 기반으로 한 합리적인 투자 결정을 내릴 수 있기를 바란다.

카너먼은 손실 회피를 '작은 손실이 가져오는 고통이 작은 이익이 가져오는 기쁨보다 더 큰 것'이라고 정의한다.[8] 손실 회피를 보여주는 간단한 예로 내기에서 1달러를 땄을 때 느끼는 기쁨에 비해 1달러를 잃은 후 더 큰 고통을 느끼는 것을 들 수 있다. 카너먼과 연구자들은 이 비율을 계량화했고 실제로 대부분의 사람들이 손실로 인해 느끼는 고통이 동일한 크기의 이익으로 인해 느끼는 기쁨보다 약 두 배 더 크다는 것을 알아냈다.[9]

이 개념을 투자에 적용하면 가격을 많이 보는 연구원(애널리스트)과 포트폴리오 매니저도 손실 회피를 겪는다는 사실을 알 수 있다. 100일 동안의 주가 흐름을 살펴보면 하락 거래된 날에 비해 상승 거래된 날이 조금 더 많을 것이다. 가령 60일은 양봉, 40일은 음봉이었다고 해보자.[10] 투자자가 매일 가격을 확인한다면 60일은 기쁘고 40일은 우울해야 한다. 그러나 손실 회피가 존재한다면 손실로 인한 고통 대 이익으로 얻는 기쁨이 2 대 1이라는 카너먼의 주장에 따라 하락 거래된 40일이 상승 거래된 60일보다 더 크게 느껴질 것이다.

그렇다면 투자자는 손실 회피에 어떻게 대처해야 할까? 방법은 간단하다. 미리 대비하라. 최초 매수 후 주가가 하락한다면 손실의 고통에 미리 대비해서 보다 침착하게 생각을 정리할 수 있다. 철저하게 준비함으로써 더 많이 분석을 하고 앞으로의 매수, 보유, 매도 전략을 생각하는 다음 단계로 넘어가는 데 방해가 되는 감정과 편향을 줄일 수 있다.

불편하고 고통스러운 감각에 미리 대비한다는 생각은 주사 맞는 것에 비유해볼 수도 있다. 치료 전에 환자의 감정을 진정시키려고 노력하는 의사를 떠올려보라. 독감 예방주사를 맞을 때 의사가 살짝 따끔할 거라고 미리 준비를 시켜주면 실제 주사의 통증이 예상보다 덜하다. 이렇게 미리 마음의 준비를 하면 모니터에서 수많은 음봉을 보는 투자자에게 도움이 될 수 있다.

앨러간의 사례로 돌아가서, 제네릭 상품이 떠오르면서 주가가 하락하자 팀원들은 감정적으로 동요했다. 우리는 매수 여부를 충분히 논의했고 주가가 큰 폭으로 갭하락하기 직전에 매수했다. 우리에게도 손실 회피가 분명히 나타났지만 다행히도 초반 하락에도 불구하고 계속 보유하기로 결정했다. 나중에 액타비스Actavis가 앨러간을 인수하면서 앨러간의 주가는 우리가 매수했을 때보다 훨씬 높이 상승했다.

행동 코칭 팁

주식을 매수하기 전에 주가 하락에 대비해 손실 회피 감정을 느낄 준비를 해라. 감정적 반응을 미리 예상하면 보다 이성적으로 투자 라이프 사이클의 다음 단계로 나아갈 수 있다.

때론 시장에서 눈을 떼라

바로 앞 단락에서는 손실로 인한 일반적인 고통에 초점을 맞추었지만 투자자는 근래의 손실에 근시안적으로 접근하여 추가적인 고통을 겪기도 한다. 이런 '근시안적 손실 회피myopic loss aversion'는 최근 손실의 영향을 더욱 악화시킬 수 있다.[11]

리처드 탈러는 투자자가 수익률을 관찰하는 빈도를 통제한 후 그가 얼마나 과감해지는지 또는 신중해지는지를 알아본 실험에 대해 설명한다. 예상할 수 있겠지만 포트폴리오를 자주 확인한 사람은 난폭한 단기 시장 변동성에 노출됐다. 그러나 단기 수익률을 자주 확인하지 않은 투자자는 더 자신감을 가지고 위험한 자산을 보유했다.[12]

근시안적 손실 회피에 대처하는 몇 가지 방법이 있다. 매수한 주식이나 시장 전체가 연일 하락세를 보인다면 장중 가격 변동을 보지 말고 아예 모니터를 꺼라. 시장이 침체 중이고 매도 압력이 심해 주가가 하락하고 있다면 며칠 동안 포트폴리오 수익률을 확인하지 마라. 아니면 위험 관리 전략을 세울 수도 있다. 시장(또는 주식)이 5퍼센트나 10퍼센트처럼 정해진 수준으로 떨어지기 전까지는 매도하지 않는다는 절차적 규칙을 만들어놓는 것이다.

앨러간의 사례에서 내가 그날 하락한 다른 주식을 보면서 시간을 보냈다면 갭하락으로 인한 고통을 더 크게 느꼈을 수도 있다. 앨러간의 주가 하락으로 인한 감정적 고통을 줄이는 한 가지 방법은 모니터를 끄고 무엇이 앨러간의 저조한 수익률을 이끌었는지 파헤치는 것이었다.

근시안적 손실 회피를 극복하는 프레이밍

태도는…… 선택이다.

– 팻 서밋Pat Summitt(전 테네시 대학 농구팀 감독)[13]

팻 서밋은 수십 년 동안 테네시 대학교 여자 농구팀의 감독을 맡으며 대학 농구 역사상 가장 많은 승리를 거두고 은퇴했다. 태도에 관한 그녀의 조언은 시즌 동안 오르내림을 겪어야 하는 농구 선수뿐만 아니라 주식시장의 오르내림을 헤쳐 나가야 하는 투자자도 새겨들어야 하는 말이다. 최근의 손실로 인해 의기소침하다면 태도를 재정비하고 다시 투자에 나서라.

이 여정의 마지막 단계에서는 손실에 대한 감정적 반응을 프레이밍하는 방법에 초점을 맞출 것이다. 앞에 나온 예시에서 주식은 전체 거래일 중 60퍼센트는 상승하고 40퍼센트는 하락할 것이라고 이야기했다. 그리고 매일같이 모니터를 확인하면 상승의 기쁨을 상쇄하는 것 이상으로 손실의 고통을 느낄 것이라고도 말했다.

그런데 근시안적 손실 회피에 대해 조금 다른 프레임을 적용해보면 어떨까? 매일의 주가 변화를 보는 대신 단기적인 변동성을 객관적으로 보기 위해 장기적인 관점을 가지고 수십 년을 되돌아보거나 장기적인 투자 목표를 내다보는 것이다.

매수한 주식이 상장된 지 좀 됐다면 10~20년의 연평균 수익률을 구해보는 것도 좋다. 이 주식이 몇 년 동안 전체 시장수익률과 비슷하거나 이를 상회하는 수익률을 냈다면 이런 관점이 최초 매수 후 단기 손실로 인한 고통을 줄여줄 수 있다. 매수한 종목의 거래 이력이 짧다면 같은 업종에 속한 유사 기업의 장기 수익률을 살펴보는 것도 좋다.

여기서 중요한 점은 역사적으로 주가는 기업의 이익과 함께 상승한다는 것이다. 최근에 손실이 발생했다면 상당히 일관된 상승 경로에서 살짝 우회하는 것이라고 생각해라. 솔직히 말하자면, 최근의 손실을 투자 논리를 재검토하고 시험할 기회로 삼을 수도 있다. 최근 손실은 조금 우회해서 가는 것인가, 중대한 이탈인가?

탈러는 근시안적 손실 회피와 프레이밍에 대한 또 다른 접근 방식을 제시한다. 그는 뒤를 돌아보지 말고 앞을 내다보라고 조언한다. 탈러는 주식의 연간 수익률을 확인하는 투자자는 위험 회피적이지만, 30년 후의 기대 수익률을 보는 투자자는 더 나은 결과를 얻을 수 있다고 말한다.[14] 탈러의 견해에 따르면 투자 기간이 수십 년으로 길어지면 위험과 수익을 최적화할 수 있다. 이런 장기적인 시각을 가지면 초기 하락 후 감정적인 매도를 하지 않는 데 도움이 된다.

우리가 매수하고 얼마 안 있어 앨러간이 하락했을 때 '포지션을 청산해버릴까' 하고 생각하기는 쉬웠을 것이다. 하지만 '앨러간의 역사'

라는 관점에서 상황을 프레이밍하면 보톡스의 잠재적 경쟁자처럼 극복해야 할 다른 사례들이 떠올랐다. 또한, 더 넓은 프레임에서 보면 수년간 매력적인 주가수익률을 이끈 앨러간의 지속적인 연간 이익 성장률을 확인할 수도 있었다. 미래를 전망해보면 보톡스의 진입 장벽이 앞으로 10년 이상 앨러간의 지속적인 성장을 견인할 수 있을 것이었다. 장기 펀더멘털에 대한 이렇게 우호적인 시각은 투자자들이 사소한 실망으로 인해 생기는 매도 충동을 피하는 데 도움이 된다.

행동 코칭 팁

투자자는 일일 주가 변동 너머로 프레임을 넓혀 초기 손실 후 감정적인 반응을 막을 수 있다. 10년 이상의 과거 수익률은 투자자에게 장기적인 추세에 대한 확신을 제공한다. 또한 수십 년 동안의 기대 수익률을 미리 전망해보면 방금 하락한 주식을 매도하고 싶은 충동을 줄일 수 있다.

수익률이 아닌 진척률에 주목하라

우리에게 주어진 카드는 바꿀 수 없다. 다만 그 패로 어떻게 플레이할지는 선택할 수 있다.

- 랜디 포시Randy Pausch(전 카네기멜론 대학 교수)[15]

이 장을 읽는 게 힘들었다면 조금만 더 힘내라! 이번에는 주가 하락처럼 실망스러운 상황을 겪은 후 스스로를 자책하는 자연스러운 경향을 극복하는 데 낙관주의가 어떻게 도움이 되는지 이야기해보려고 한다.

카드 게임을 하든, 투자를 하든, 아니면 현대 생활의 복잡한 문제를 해결하든 우리는 종종 좌절을 겪은 후 다시 일어나야 한다. 나의 아들 앤드류는 열네 살 때 연달아 좌절을 겪어도 사람이 어떻게 낙관적인 접근 방식을 취할 수 있는지를 보여주었다. 2020년 초 코로나19 팬데믹과 봉쇄 기간 동안 앤드류는 강아지를 키우고 싶어 했다. 나는 강아지를 입양하기 전에 먼저 집에 개가 드나들 문이 필요하다고 말했고, 앤드류는 몇 주 동안 혼자서 문을 만들었다. 앤드류는 문을 만드는 동안 많은 좌절을 겪었지만 끈기를 가지고 낙관주의를 발휘해 목표를 달성하는 인상적인 모습을 보여주었다.

카너먼에 따르면 낙관주의자는 일반적으로 좌절에 직면했을 때 회복탄력성이 좋다.[16] 나는 아들의 문 만들기 프로젝트에서 이것을 확인했다. 투자자에게도 건강한 낙관주의는 매수 후 초기 손실에 대응하는 데 커다란 도움이 된다. "투자자의 지혜가 드러나 이기는 생각임이 밝혀지기 전까지 하락할 때 포지션을 유지하고 더 낮은 가격에 추가 매수하려면 자신감이 필요하다."[17]는 하워드 막스의 말을 들어보면 낙관주의와 자신감은 겹치는 부분이 있다.

또 다른 저명한 행동경제학자인 댄 애리얼리Dan Ariely는 낙관주의자와 비관주의자는 서로 다른 부분에 초점을 맞춘다고 이야기한다. 비관주의자는 "해결이 불가능해 보이는 문제의 크기에 압도당한다."[18] 그러나 낙관주의자는 자신이 바꿀 수 있는 것과 현재와 미래의 목표를 향해 얼마나 진전시켰는지에 집중한다. 낙관주의자는 희망을 가지고 "달성 가능한 목표를 위해 노력하고, 목표를 달성하기 위한 경로를 알며"[19], 목표 달성에 필요한 행동을 한다.

초기 투자 실패에 대처하는 데 애리얼리의 의견을 어떻게 적용할 수 있을까? 다음의 방법들이 있다.

1. 희망을 가져라. 역사적으로 주식은 인플레이션보다 훨씬 높은 상승률을 보였기 때문에 최근 하락한 종목이 섞여 있어도 다각화된 포트폴리오는 시간이 지남에 따라 인플레이션을 상회하는 수익률을 거둘 것이다.

2. 진척률에 집중하라. 포트폴리오의 과거 수익률을 검토해봐라(그러나 앵커링에 주의해라). 전체 시장수익률보다 뒤처졌다고 해도 인플레이션율을 훨씬 앞질렀을 것이다.

3. 합리적인 목표를 위해 노력하라. 다각화된 포트폴리오를 운용하면 승자 주식이 방금 매수한 주식과 같은 패자 주식을 상쇄할 수 있다.

4. 목표에 도달하기 위한 경로를 파악하라. 포트폴리오에 최소 30개 이상의 종목을 보유하고 실수를 줄이기 위한 행동 코칭 팁을 활용하라.

5. 목표를 달성하기 위해 긍정적인 행동을 해라. 포트폴리오가 집중화되어 있다면 어느 정도 다변화하라. 방금 매수한 주식이 하락했다면 투자 논리를 검토하고 긍정적인 시나리오와 부정적인 시나리오를 미리 살펴봐라. 투자 논리가 실패했고 부정적인 점이 더 많다면 매도하고 새로운 투자 아이디어로 넘어가라. 투자 논리가 여전히 유효하고 위험보다 보상이 더 크다고 생각된다면 계속 보유하라.

다시 앨러간 사례로 돌아가서, 주가가 12퍼센트 하락한 후 비관적으로 되기는 쉬웠다. 하지만 다행히 2013년 6월에 낙관적인 시각을 가질 수 있었고, 차분하게 투자 논리를 검토하고 긍정적 시나리오와 부정적 시나리오를 살펴봄으로써 손실로 인한 감정적 영향을 줄일 수 있었다.

나는 앨러간의 하락 가능성보다는 상승 가능성이 더 높다고 생각해 포지션을 유지했다. 기본적으로 주가가 12퍼센트 하락했다는 얘기는 투자자들이 거의 100퍼센트 확률로 앨러간의 레스타시스 매출이 0으로 떨어질 것을 예상한다는 표시라고 생각했다. 한편으로 나는 앨러간이 법적 조치를 취해 경쟁 상품 출시를 지연시키고 새로운 버전의 자사 약품으로 환자들을 전환할 수 있을 거라고도 생각했다. 이 두 가지 옵션 중 하나라도 성공한다면 앨러간의 매출은 투자자의 예상치를 뛰어넘을 것이고 주가는 상승할 것이었다.

행동 코칭 팁

최근 주가 하락으로 침울해졌다면 애리얼리가 제시한 5단계 지침에 따라 행동하라. 이미 달성한 것에 대해 스스로를 칭찬해주고, 포트폴리오를 다각화하며, 힘든 시기를 겪고 있는 종목의 향후 위험과 보상 가능성을 살펴봐라.

- 최초 매수한 주식이 하락한 경우, 편향의 경제적 그물망을 살펴보고 하락한 이유를 파악하라. 그다음 시스템 2 실사를 통해 나의 관점을 확인한다.
- 호의적이지 않은 언론의 관심은 가용성 폭포의 일환으로 매도의 물결을 일으킬 수 있다. 추가적인 시스템 2 실사는 주가 하락의 실제 원인을 분석하는 데 도움이 된다.
- 이익으로 얻는 만족감에 비해 비슷한 크기의 손실로 인한 불쾌감이 더 크게 느껴질 수 있다는 사실을 인지하고 미리 대비해라. 잘 준비되어 있다면 방금 매수한 주식이 초기에 하락했을 때 성급하고 감정적인 결정을 내리지 않을 수 있다.
- 단기적 또는 근시안적 손실 회피는 최초 매수 후 주식이 하락하면 감정적 동요를 일으킨다. 이때 모니터를 끄거나 위험 관리 전략을 세우면 주가 하락 상황에서 더 나은 결정을 내릴 수 있다.
- 근시안적 손실 회피를 다른 프레임으로 보면 주식이 급락한 후 감정적 기복을 줄일 수 있다. 현실 점검을 위해 보유한 주식의 과거 장기 수익률을 살펴보거나 단기 지표 대신 장기적인 투자 목표를 내다봐라.

- 낙관주의는 하락한 주식으로 인한 좌절을 극복하는 데 도움이 된다. 과거의 성공을 기억하고, 포트폴리오를 다각화하고, 하락한 주식의 상승 가능성과 하락 가능성에 대해 차분히 생각해라.

8장

팔까, 더 살까, 유지할까, 그것이 문제

후속 거래 생각하기

STOP
THINK
INVEST

5월에 팔고 떠나라.

- 월스트리트 격언

　시장을 한 번 이기려 하는가, 두 번 이기려 하는가? 장기 보유 포지션을 중심으로 전술적 트레이딩 또는 단기 트레이딩을 할 때 우리는 기본적으로 단기간에 시장을 두 번 이기려고 한다. 이 장에서는 장기 보유 포지션을 늘리거나 줄이면서 시장을 두 번 이기려고 할 때 발생할 수 있는 심리적 함정에 대해 이야기할 것이다.

　지금까지 우리는 투자를 위한 숙제를 하고, 투자 논거를 세우고, 거래를 실행하고, 초기 움직임을 모니터링했다. 모든 것이 계획대로 진행된다면 편히 앉아 매수한 주식이 점점 목표 가격에 도달하는 모습을 지켜볼 수 있을 것이다. 하지만 머피의 법칙이 존재하듯 모든 일이 계획대로 정확히 진행되는 경우는 드물다.

매수한 주식이 순식간에 상승한다면? 또는 저조한 수익률을 보인다면? 이 장은 투자 라이프 사이클에서 장기 보유를 중심으로 한 트레이딩에 대해 다룬다. 매수 후 보유 전략 투자자에게 이 과정은 두 번의 좋은 결정을 내려야 한다는 점에서 무척 까다롭다. 지금 보유 종목을 정리한다면 과연 나는 적절한 시점에 다시 매수할 수 있을 만큼 현명할까(아니면 운이 좋을까)? 또는 지금 포지션을 늘렸는데 가격이 오르면 이후 더 높은 가격에 정말 정리할 수 있을까?

월가의 격언 중 하나인 "5월에 팔고 떠나라."는 수년 동안 핵심 보유 종목으로 여겨온 주식을 매매하는 방법을 보여주는 좋은 표현이다. 과거 데이터에 따르면 다우존스 산업평균지수는 5월부터 10월까지의 기간에 비해 11월에서 4월까지의 기간에 더 높은 수익률을 기록했다. 여름 동안 거래량이 감소하고 초가을에는 신학기가 시작돼 정신이 분산되어 투자 심리가 위축되고 이에 따라 5월부터 10월까지 6개월 동안 수익률이 저조해진다고 생각하는 투자자들도 있다. 미디어 또한 매년 봄마다 투자자들에게 5월에 팔고 떠나면 얻을 수 있는 이점을 상기시켜 관심을 끌곤 한다. 2장에서 설명한 확증 편향이라는 개념을 활용하면 왜 매년 '투자하기 가장 좋은 6개월 이론 best-six-months theory'이 나오는지 알 수 있다.

많은 투자자가 여름 휴가를 떠나기를 고대하고 있는데 미디어가 돈도 벌고 동시에 휴가도 즐길 수 있다고 말한다면 투자자들은 5월에 매도하고 휴가를 떠나는 아이디어에 더 많은 관심을 기울일 것이다. 마찬가지로 미디어가 초콜릿이 건강에 좋다는 새로운 연구 결과를 선전하면 확증 편향은 많은 소비자들을 사탕 매대로 달려가게

할 것이다.

2019년 5월 1일, 나는 PBS 〈나이틀리 비즈니스 리포트Nightly Business Report〉에 출연해 행동경제학적인 이유를 들어 '5월에 팔고 떠나라'는 의견에 반박했다.[1] 투자자는 5월에 매도하고 11월에 매수하는 두 가지 옳은 결정을 내려야 하지만 여기에 과신과 앵커링 같은 심리적 편향이 작용할 수 있다고 설명하면서 말이다.

지나친 자신감을 가진 투자자는 5월에 매도하고 11월에 매수하는 두 가지 똑똑한 결정을 내릴 수 있다고 생각하지만 실제로 방아쇠를 당겨 거래하기란 감정적으로 더 어렵다. 예를 들어, 5월 다우존스 산업평균지수가 2만 6,000포인트일 때 주식을 매도했는데 시장이 상승해 11월 다우지수가 2만 7,000포인트일 때 주식을 다시 매수해야 한다면 어떨까? 투자자는 2만 6,000포인트에 앵커링되어 있기 때문에 시장에 재진입하지 못할지도 모른다.

〈나이틀리 비즈니스 리포트〉에서 나는 이러한 심리적 문제를 해결할 수 있는 방법으로 더 쉬운 선택지를 제안했다. 내가 제안하는 방법은 5월에 매도하고 떠나기보다 언제나 11월이면 잊지 말고 매수하라는 것이다. 매수 후 보유 전략을 취하는 투자자의 경우 11월에 매수를 하면 두 번이 아니라 한 번만 결정하면 된다. 여름과 가을에 현금을 모은 투자자는 '투자하기 가장 좋은 6개월 전략'을 따르는 더 간단한 방법으로 11월이 되면 현금의 일부를 투자하면 되는 것이다.[2]

그렇다면 '5월에 팔고 떠나라'는 시장 타이밍에 대한 생각에서 우리는 무엇을 배울 수 있을까? 기본적으로 두 번이나 옳은 결정을 내리기는 정말 어렵다는 것이다. 행동 편향 때문에 잘못된 결정을 내릴 가능성이 두 배로 높아지기 때문이다. 개별 종목으로 돌아가서도 마찬가지로 잘못된 결정을 할 확률을 줄이기 위해서는 거래 횟수가 적은 편이 많은 편보다 대개 낫다. 이 장에서 장기 보유 종목을 매매할 때 고려할 수 있는 몇 가지 좋은 방법을 알려주겠지만, 일반적으로 나는 높은 기준을 가지고 매매할 것을 권장한다.

큰 조정이 일어날 때 길을 잃지 않는 법

수익률을 추구하는 것은 정말 어리석은 일이다. 그러나 매우 인간적인 일이다.

- 워런 버핏[3]

투자자들은 위험도가 높아지면 채권 시장과 주식시장 모두에서 실수를 저지른다. 워런 버핏은 투자자들이 계속 위험한 채권을 매수해 가격을 올리고 수익률이 하락하자 위와 같이 말했다. 주류 투자자들이 트렌드나 테마를 좇을 때 주식시장에도 비슷한 경고를 할 수 있다.

카너먼은 의사결정권자가 실수를 저지를 가능성이 높고 위험도가 높은 상황을 인식하는 법을 배워야 한다고 말한다.[4] 감정이 격해지고 편향이 많이 개입되는 상황이라면 경계를 높이고 다른 사람들의 의견을 들어봐라. 다른 사람들이 위험도가 높은 상황에서 실수의 가능성을 나보다 더 잘 알아채는 경우가 많기 때문이다.

나의 경험상 모멘텀이 큰 주식과 시장은 투자자가 큰 실수를 하기 쉬운 유해한 시나리오를 만들어낸다. 갑자기 두 배, 세 배로 오른 주식을 쫓다 보면 희열감이 생기고 이런 감정에 따라 대량 매수에 나서다가 큰 손실을 보게 되는 것이다.

약세장에서나 개별 종목이 이전 고점 대비 20퍼센트 하락할 때도 감정과 편향이 급증하는 경향이 있다. 이렇게 큰 조정이 일어나면 다음 행동을 모색할 때 여러 가지 감정이 들면서 편향의 바다에서 길을 잃기 쉽다. 이런 상황은 위험도가 높은데, 약세장에서 주식을 매도하면 원금 손실을 영구적으로 확정하게 되기 때문이다. 2008년 9월부터 2009년 3월까지 대침체기의 하락장에서 주식을 매도했던 투자자는 장기적인 자산 목표를 달성하기 위해 여전히 어려움을 겪고 있을지도 모른다.

시장의 한 섹터가 큰 폭(~20퍼센트 이상)으로 하락할 때도 비슷한 시나리오가 발생한다. 이 경우에도 매도를 하면 영구적인 원금 손실로 이어지기 때문에 투자자는 위험 부담을 안고 행동재무학적 함정에 빠질 수 있다. 2016년 초 에너지 관련주를 강타한 약세장이 그 예다. XLE는 에너지 가격을 추종하는 상장지수펀드exchange-traded fund로, 상품 공급이 증가해 에너지 가격이 하락하자 2015년 5월 80달러대 초반에서 2016년 2월 50달러대 초반까지 하락했다. 이때 상황을 되돌아보고 섹터가 약세장일 때 싸게 팔지 말라고 조언하기는 쉽다. 과거 흐름을 보면 섹터 수익률이 완만하게 반등할 때까지 기다리는 것이 보통 더 나은 선택이다.

고정관념보다 기저율에 주목하라

책 표지만 보고 판단하지 마라.

- 오래된 격언

앞 단락에서 많은 돈이 위태롭게 걸린 위험도가 높은 상황과 실수할 가능성이 높아지는 때에는 투자자들이 매우 민감해져야 한다고 이야기했다. 투자팀이 기존 보유 종목에 대한 트레이딩을 논의할 때 저지를 수 있는 한 가지 실수는 확실한 데이터보다 고정관념(표지만 보고 판단하는 것)에 따르는 것이다. '대부분의 기술주는 높은 성장세를 보인다'처럼 고정관념이 맞을 때도 있다. 그러나 고정관념은 사람들을 호도하며 명백한 사실이나 기저율base rates이라고도 하는 역사적 추세에서 주의를 분산시킨다.[5]

앞서도 이야기했지만 많은 투자자들이 2014년과 2015년에 에너지 관련주에서 손실을 입으면서 '에너지 관련주는 막다른 투자'라는 고정관념이 생겼다. 그렇다면 투자자들은 고정관념을 믿고 남은 에너지 관련주를 전부 매도해야 할까? 보다 나은 선택지는 손실이 발생한 에너지 관련주 포지션을 어떻게 처리할지 데이터와 기저율을 사용해 시스템 2 접근법으로 논의를 구성하는 것이다.

유가 하락장의 바닥에서 에너지 관련주를 매도한 것은 2016년 초 실망스러운 결과를 가져왔다. 역사적으로 저유가는 감산으로 이어져 상품 가격을 끌어올리고 에너지 관련주를 상승시키기 때문이다. 이 경우에 기저율을 바탕으로 한 접근 방식이 고정관념을 바탕으로 한 접근 방식보다 더 나았다. 저점에서 매도하지 않고 하락한 에너지 주식을 보유했다면 유가가 회복되는 2016년 1월 말부터 4월 말 사이에 34퍼센트 상승을 누렸을 것이다.[6]

고정관념을 바탕으로 한 접근 방식과 기저율을 바탕으로 한 접근 방식을 보여주는 또 다른 예로 결국 대침체로 이어진 인터넷 주식이나 주택 관련 투자 상품 등의 자산 버블을 들 수 있다. 1990년대 후반 인터넷 주식은 기술 기업들이 실제 벌어들이는 이익보다 더 많은 관심을 끌면서 해마다 높은 수익률을 내는 투자 상품으로 명성을 얻었다. 마찬가지로 2000년대 초반에는 투자자들이 주택 가격은 절대 하락하지 않는다는 고정관념을 믿었기 때문에 주택 건설업체 주식이 높은 수익률을 냈다.

그러나 기저율을 고려한다면 이런 식의 모멘텀 투자에는 보다 신중하게 접근했어야 한다. 1990년대 인터넷 주식의 경우, 매출과 이익에 대한 기저율을 확인했다면 모멘텀에 대한 고정관념이 약화됐을 것이다. 또한 2000년대 초반 주택 가격의 기저율을 보면 주택 가격, 착공 건수, 거래량이 역사적 추세를 훨씬 상회한다는 사실을 알 수 있었을 것이다.

2019년에 우리 팀이 논의했던 주식 중 하나는 다양한 보험 및 의료 서비스를 제공하는 유나이티드헬스(티커: UNH)였다. 당시 대통령 후보가 민간 보험에서 메디케어 단일 보험자 시스템Medicare single payer system으로 의료 체제를 전환할지 모른다는 우려가 대두되면서 유나이티드헬스의 주가가 하락한 이후 기존 포지션을 늘려야 하나 고민하고 있었다. 고정관념에 따르면 회사의 핵심 사업에 대한 위험이 증가하기 때문에 유나이티드헬스를 매도해야 맞았다. 그러나 우리는 기저율을 따르기로 했고 강력한 규제가 산업을 위협했던 과거 사례들을 살펴봤다. 그 결과 메디케어 단일 보험자 시스템이 법제화될 가능성이 낮다는 결론을 내렸고 기존 유나이티드헬스 포지션을 유지하기로 했다.

행동 코칭 팁

투자팀이 고정관념에 따라 결론을 내리는 것 같다면 주의해라. 보유 자산에 대한 매수 또는 매도 거래를 논의할 때 훨씬 더 강력한 도구는 기저율이다.

분석 vs. 직관: '느낌'의 위험성

1977년 영화 〈스타워즈〉에서 기억에 남는 장면 중 하나는 한 솔로, 루크 스카이워커, 레아 공주가 사악한 데스 스타 안에 있는 거대한 쓰레기 압축기에 빠지는 장면이다. 양쪽의 벽이 점점 가까워지자 한 솔로는 느낌이 안 좋다고 혼잣말한다. 이런 스트레스 상황에서 우리는 직감을 따라야 할까, 데이터와 수학, 공식을 사용해서 문제를 해결해야 할까?

투자는 예술이자 과학이다. 숫자와 비율이 상쇄 요인tradeoff, 불완전한 정보, 시간 압박 등 복잡한 제약 조건에 영향을 미치기 때문이다. 투자에는 예술적인 측면이 있지만 우리가 데이터보다 직감에 더 의존한다면 행동경제학자들은 반발할 것이다. 제다이는 포스를 사용하지만 투자자는 수학과 공식을 사용해 임무를 완수해야 한다.

특히 카너먼은 의사결정 도구로서 직관과 공식의 극명한 대비를 강조한다. 향후 주가 등을 예측할 때 직관에 의존한다면 느낌을 지나치게 중시하고 다른 데이터 소스는 별로 중시하지 않게 된다. 반면 공식 이용하면 직관의 편향을 줄이고 보다 신뢰할 수 있는 예측을 할 수 있다.[7]

솔직히 유명하고 성공한 투자자들 중에는 공식보다 직관을 더 선호하는 것처럼 보이는 이들도 있다. 소프트뱅크Softbank의 창업자이자 벤처 캐피털리스트인 손정의는 기회를 판단할 때 "포스를 느끼는 것feel the force"을 중시하고, 뉴잉글랜드 패트리어츠New England Patriots의 감독인 빌 벨리칙Bill Belichick은 분석하기보다는 "보이는 것을 평가"하기를 선호한다. 하지만 단언하건대, 공식과 같은 분석 도구보다 직관을 사용해서 실패한 비즈니스 사례와 스포츠 사례가 훨씬 더 많을 것이다.[8]

유나이티드헬스의 사례로 다시 돌아가서, 우리 팀도 매수 및 매도 결정을 검토할 때 직관보다는 데이터, 분석, 공식을 선호했다. 직관은 엘리자베스 워런Elizabeth Warren이라는 특정 후보가 대통령이 될 가능성이 높다는 느낌에 따라 건강보험 회사에 대한 압박감을 갖게 했지만 우리는 분석적 접근 방식을 취해 공식대로 결정을 살펴보았다. 2019년 가을, 유나이티드헬스의 주가 하락은 대부분 투자자들이 워런이 대통령이 되어 민간 의료보험 업계에 압력을 가할 가능성이 높다고 생각한다는 신호였다. 하지만 우리의 생각은 달랐다. 단일 보험자 시스템이 도입될 가능성은 낮고 유나이티드헬스의 주가는 저렴해 보였다. 그 분석에 따라 우리는 포지션을 유지했다.

행동 코칭 팁

보유 자산의 매입 또는 매도 가능성을 논의할 때는 직감이 결론으로 이어지지 않도록 경계해라. 감정이 고조될 때, 팀이 대규모 보유 자산에 대해 논의할 때는 공식과 같은 분석 도구를 시작점으로 이용해라.

지나친 낙관주의를 경계하라

보유 중인 주식이 하락하면 더 좋은 가격에 더 많이 매수할 기회를 잡을 수 있다. 하지만 여기에서도 시스템 1 감정이 자주 개입하곤 한다. 특히 투자자가 주식의 상승 가능성에 대해 매우 낙관적이고 매수 가격에 앵커링되어 있거나 집착하는 경우에는 더욱 그렇다. 반대로 시스템 2 접근법은 매수 가격을 매몰 비용 또는 변경할 수 없는 것으로 본다.

환불이 안 되는 스포츠 경기 티켓을 샀는데 경기 당일 밤에 심한 눈보라가 몰아친다면 당신은 날씨에 맞서겠는가, 티켓을 구매한 돈을 그냥 포기해버리겠는가? 경기 티켓은 환불을 받을 수 없기 때문에 매몰 비용이다. 마찬가지로 주식을 샀을 때도 구매 가격에서 환불이 불가능하다. 주가가 하락하면 상승 또는 하락 가능성을 내다보고 과도한 낙관론이 예측에 반영되지 않도록 조심해야 한다.

예를 들어, 100달러에 매수한 유나이티드헬스 주식이 단일 보험자 시스템에 대한 정치인들의 발언 때문에 80달러로 하락했다면 80달러에서 손익 가능성을 생각해봐야 한다. 유나이티드헬스의 가치가 단일 보험자 시스템에서는 40달러, 현상유지 시나리오에서는 160달러가 될 수 있다면 어떻게 하겠는가? 유나이티드헬스가 160달러가 되면 60달러(미래 가격 160달러에서 매수 가격 100달러를 뺀 값) 이익이라고 생각하겠는가?

시스템 2 분석은 100달러(매수 가격)를 매몰 비용으로 무시하고 수익이 두 배(미래 가격 160달러에서 현재 가격 80달러를 뺀 값)가 될 수 있다고 판단한다. 이론에서 실전으로 넘어가서, 우리 팀은 하락한 시장 가격(앞서 말한 80달러 수준)에서 하락 가능성보다 상승 가능성이 더 클 것 같다고 예상했기 때문에 유나이티드헬스를 보유하기로 결정했다.

보유하는 편이 더 나을 때가 있지만 앵커링 효과 때문에 포기할 수 없는 경우라면 주의해라. 카너먼은 의사결정권자가 위험한 프로젝트에 대한 패배를 인정하고 싶어 하지 않기 때문에 실수를 만회하려고 종종 추가적으로 더 많은 돈을 잃게 된다고 말했다. 전에 쓴 돈은 매몰 비용이다. 의사결정자가 프로젝트의 성공 가능성에 대해 지나치게 낙관적이면 나쁜 프로젝트에 더 많은 돈을 낭비하게 된다.[9]

주식투자에는 내재적 위험이 존재하기 때문에 카너먼의 말은 투자자가 지나치게 낙관적인 투자 전망과 목표 가격을 가지고 있을 때는 손실(매몰 비용)이 발생한 주식을 팔아야 한다는 뜻으로 이해된다. 그렇다면 투자 전망이 지나치게 낙관적인지 어떻게 알 수 있을까? 이 책의 다른 부분에서 논의했던 몇 가지 개념을 활용할 수 있다.

- 예측을 위한 4단계 과정을 수행한다.(3장)
- 의사결정 시 변수에 가중치를 부여한다.(3장)
- 사전 부검을 한다.(4장)
- 공식, 기저율, 체크리스트를 활용한다.(8장)

행동 코칭 팁

의사결정자가 프로젝트의 성공 확률에 대해 지나치게 낙관적인 경우, 매몰 비용이 있는 위험한 프로젝트는 접어야 한다. 투자자로서 우리는 주식의 매수 가격(매몰 비용)에 집중하지 말고 분석에 지나친 낙관주의가 섞여 있지 않은지 경계하며 주식의 상승 시나리오와 하락 시나리오를 분석하는 데 에너지를 쏟아야 한다.

희망 vs. 경험: 괜찮을 거라는 헛된 기대

'엉덩이 힘'은 대단한 투자 결과를 얻는 핵심 요인 중 하나다.

– 찰리 멍거[10]

우리 가족들은 내가 운전을 지나치게 조심스럽게 한다고 답답해한다. 뒷좌석에서 애들은 "엄마가 운전했으면 더 빨리 갔을 거라고요!"라고 소리를 지른다. 하지만 가족들에게는 미안하지만 나는 느리고 꾸준한 것이 경주를 이기는 방법이라고 생각한다. 그리고 이생각은 투자와 운전 모두에 적용된다.

공격적인 운전자는 목적지에 더 빨리 도착하기를 바라겠지만 실제로 공격적인 운전은 오히려 돈도 많이 들고 시간도 많이 들며 위험한 사고로 이어지곤 한다. 과속 운전자는 한마디로 '희망'을 '경험'과 맞교환하고 있는 것과 같다. 우리는 재혼과 삼혼, 자신이 생각한새로운 컨셉이 다른 사람들이 실패한 (정확히 똑같은) 장소에서 성공할 것이라고 생각하는 음식점 주인 등 사회 곳곳에서 경험보다 희망이 승리하는 경우를 본다. 또한 희망은 지나치게 낙관적인 CEO가부채를 지고 과다한 인수 비용을 지불하게 해 균형이 맞지 않는 거래를 하도록 만든다.[11]

희망은 공격적인 투자자와 트레이더의 경험을 무시하게 만들기도한다. 우리는 순식간에 주식을 사고팔아 포트폴리오에 얼마라도 수익을 더하길 희망한다. 하지만 찰리 멍거의 말대로 정말 트레이딩을할 필요가 있는지 자문해봐야 한다. 가만히 있는 편이 더 낫다는 것을 경험으로는 알지만 트레이딩이 포트폴리오에 도움이 되기를 희망하는가? 이전 경험을 되돌아봐라. 단기적으로 매매할 때 저가에 매수하고 고가에 매도한 적이 있었나?

나의 경험상 기존 보유 주식을 유지한 채 단기 매매를 하는 것은 쉽지 않은 일이고, 시기가 좋지 않을 경우 추가적인 손실을 맛보게 될 수도 있다. 매수 후 보유 전략을 취하는 많은 투자자들에게 지나친 트레이딩은 앵커링, 후회, 위험 추구와 같은 심리적 함정을 유발할 수 있다.

이 모든 사례에서 배울 점은 무엇일까? 카너먼은 과도한 낙관주의와 희망은 경험을 무시하고 생각하는 것보다 더 많은 위험을 감수하게 만든다고 말한다.[12] 이러한 함정에 빠지지 않는 비법은 현실을 놓치지 않고 노력을 이끌 수 있는 적절한 수준의 낙관주의와 희망을 갖는 것이다.

행동 코칭 팁

보유 자산을 중심으로 단기 매매를 하기 전에 희망 대 경험에 대해 생각해봐라. 과거 힘들거나 실패한 트레이딩을 한 적이 있는데 다음에는 다를 것이라는 희망을 품고 있다면 주의해야 한다. 거래 빈도를 줄이면 더 확신이 높은 상황에 집중하는 데 도움이 된다.

사소한 결정에 집착하게 되는 이유

사소한 일에 목숨 걸지 마라.

- 리처드 칼슨Richard Carlson, 『사소한 것에 목숨 걸지 마라』 중에서[13]

자동차를 구매하거나 집을 리모델링해본 적이 있는가? 어떤 경우에 이런 일은 총체적 난국이다. 그런데 자동차를 구매할 때나 집을 리모델링할 때의 경험을 되돌아보면 혼다 대신 포드를 샀다고 인생이 완전히 달라졌을까? 거실에 베이지색 대신 밝은 회색 페인트를 칠했다면? 내 생각에 이 모든 시나리오에서 당신이 누리는 삶의 질은 비슷할 것이다.

그렇다면 우리는 상대적으로 별로 중요하지도 않은 결정에 왜 그렇게 집착하는 것일까? 카너먼은 '초점 착각focusing illusion'이라는 개념으로 사람들이 사소한 결정에 집착하게 되는 이유를 설명한다. 기본적으로 자동차 쇼핑과 같은 인생의 어느 한 부분에 집중하면 착각이 일어나 작은 일이 큰 일이 된다. 카너먼은 "인생에서 내 생각만큼 중요한 일은 없다."는 생각으로 초점 착각을 극복해야 한다고 말한다.[14] 즉, 사소한 일에 목숨 걸지 말라는 뜻이다.

유나이티드헬스는 투자자들이 어떻게 초점 착각에 빠지는지를 잘 보여준다. 우리 팀은 포지션 확대 여부를 검토하면서 대통령 후보자가 유나이티드헬스 등 민간 의료보험 축소를 요구할 경우 겪게 될 하방 리스크에 대해서도 논의했다. 그때 논의가 걷잡을 수 없이 커져 위험을 피하기 위해 전체 포지션을 매도하는 등 극단적인 결정을 내릴 수도 있었다. 하지만 다행히도 민간 의료보험 폐지에 대한 우려가 줄어들면서 주가가 상승하자 기존 포지션을 그대로 유지하기로 했다.

투자자는 어떻게 초점 착각에서 벗어날 수 있을까? 한 가지 방법은 특정 거래에 대해 충분히 논의할 수 있는 별도의 팀 회의를 갖는 것이다. 이렇게 하면 개별 거래가 매우 긴급하다는 착각에 빠져 있어도 서둘러 결정을 내려야 한다고 조급하게 느끼지 않을 수 있다. 또한 폭넓은 프레이밍을 통해 초점 착각의 유혹을 피할 수도 있다. 가령, (1) 전체 포트폴리오와 비교해 종목의 상대적 중요도를 고려하고, (2) 비슷한 종목과 일대일 비교 분석을 하고, (3) 어떤 대안이 더 중요하거나 시기적절한지 확인하기 위해 하나 이상의 거래를 고려하는 것이다.

행동 코칭 팁

보유 중인 주식에 대한 거래 가능성을 논의할 때 거래의 중요성과 긴급성을 부풀리는 초점 착각에 주의해라. 시간을 갖고 대안을 살펴봐라. 전체 포트폴리오에 더 적절한 다른 거래가 존재할 수도 있다.

투자자의 발목을 잡는 '본전' 생각

케니 로저스Kenny Rogers의 노래 '갬블러The Gambler'에서 '게임을 해야 할 때와 접어야 할 때를 아는 것'에 대해 투자자가 얻을 수 있는 교훈은 무엇인가? 100달러를 가지고 카지노에 갔는데 돈을 잃기 시작했다면 최소한 본전치기를 할 때까지 계속 게임을 하고 싶다는 충동이 드는가? 어떤 투자자들은 카드(또는 주식)를 쥐고 도망쳐 나와야 할 때에도 1년 동안 본전치기를 하려고 노력한다.

이 장의 앞부분에서 '5월에 팔고 떠나라'는 주제로 이야기했다. 이 전략은 한 해 동안 시장을 이기는 데 초점을 맞춘다. 하지만 여러 해에 걸쳐 지속적으로 시장 벤치마크를 달성하거나 초과 달성하려고 한다면 굳이 역년calendar years(1월 1일부터 12월 31일까지의 기간)을 따질 필요가 있을까? 경험에 따르면 편향의 그물망의 외부적 요인, 특히 미디어는 단기적인 성과에 초점을 맞추려는 시스템 1의 사고를 부추긴다.

식단을 개선하고 싶다면 샐러드를 주문해야 한다는 것을 알지만 구운 버거의 냄새가 버거를 주문하라고 유혹한다. 투자 결정을 내릴 때도 장기적인 관점에서 생각해야 한다는 것을 머리로는 알고 있다. 그러나 단기 성과를 향한 우리의 '감정적 초점'이 시스템 1이라는 단기적 사고를 하도록 유혹한다. 연초부터 현재까지의 승자와 패자를 발표하는 미디어도 이를 부추긴다.

장기적으로 생각해야 하지만 단기적인 유혹이 계속 튀어나올 때, 특히 연간 수익률이 전체 시장수익률보다 뒤처질 때 어떻게 하면 이 사이클에서 벗어날 수 있을까? '손익분기점 효과breakeven effect'는 투자 초점을 다시 장기로 되돌리는 데 도움이 되는 개념 중 하나다.

탈러는 의사결정권자가 일종의 벤치마크를 따라잡거나 인지된 곤경에서 벗어나기 위해 위험을 추구할 때 손익분기 효과가 발생한다고 말한다.[15] 카지노에서 돈을 잃은 도박꾼이라면, 더 많은 위험을 추구하며 잃은 돈을 다시 따려고 할 때 절망의 물결이 덮쳐오는 것을 느낄 수 있다.

투자 업계에서 뮤추얼 펀드의 포트폴리오 매니저는 S&P 500과 같은 벤치마크보다 수익률이 뒤처지는 경우, 연말까지 전체 시장과 본전을 맞추기 위해 1년 중 마지막 분기에 더 많은 위험을 감수할 때가 많다.[16] 투자자의 위험 추구 행위에는 단지 수익률이 낮다는 이유로 주식을 매도하고 상승하는 주식을 매수하여 저점 매수, 고점 매도라는 개념과 완전히 반대로 행동하는 것도 포함된다.

1월부터 10월까지 전체 기술주는 20퍼센트 상승했는데 같은 기간 동안 내가 보유한 주식은 10퍼센트 상승했다면 어떻게 하겠는가? 보유하고 있는 펩시 주식이 연간 기준 코카콜라보다 수익률이 저조한 상황에서 투자자들이 TV에 나와 코카콜라가 펩시보다 훨씬 더 좋은 이유에 대해 확신을 가지고 떠드는 것을 본다면 어떻게 하겠는가? 이러한 상황이 바로 손익분기 효과가 발생하는 때다.

일반적으로 손익분기 효과에 대응하는 방법으로는 세 가지가 있다. 첫째, 심호흡을 하고 나는 장기적으로 투자하고 있으며 단기적인 결과는 소음이라는 사실을 떠올린다. 둘째, 보유 주식이 단기간 벤치마크에 크게 뒤처지고 있다면 투자를 중단하고 투자 논리를 재평가한다. 그래도 장기적으로 그 주식이 매력적이라고 생각한다면 계속 보유하라. 반대로 시스템 2 분석 결과, 투자 논리가 무너졌다고 판단되면 상승 가능성이 더 큰 다른 종목을 보유하는 것을 생각해봐야 한다.

손익분기 효과와 관련된 함정을 피하는 세 번째 방법은 연초 대비 수익률이 높은 주식을 쫓아가려 할 때 주의하는 것이다. 단기간에 상승한 주식의 매수를 고려할 때는 1장에서 논의했던 폭넓은 프레이밍을 이용하라.

다시 유나이티드헬스의 예로 돌아가서, 유나이티드헬스도 연초 대비 수익률이 동종 기업 또는 전체 시장 대비 저조할 때가 있었다. 나는 수익률을 따라잡기 위해 뭐라도 해야 할 것 같은 감정적 압박감에 시달렸다. 앞서도 이야기했지만 2019년 중반, 연초 대비 수익률이 전체 시장수익률을 하회해 조치를 취해야겠다고 생각했다.

첫 번째 단계로 나는 장기적인 투자 논리를 검토했고 그 결과 문제가 없다고 판단했다. 두 번째 단계에서는 밸류에이션을 살펴보고 단기 주가 하락 시 주식을 추가 매수할 것을 제안하기로 했다. 이때는 다행스럽게도 논리적인 시스템 2 사고가 승리했지만 나는 손익분기 효과로 인해 단기적으로 생각하고 수익률을 따라잡고자 위험을 추구하게 되는 경우가 많을 것이라고 확신한다.

행동 코칭 팁

보유하는 주식 또는 포트폴리오의 수익률이 연초 대비 벤치마크 수익률에 뒤처지고 있다면 잠시 멈춰서 투자 논리를 재검토하라. 투자 논리에 문제가 없다면 벤치마크 수익률을 따라잡기 위해 더 큰 위험을 감수하고 싶은 유혹을 뿌리쳐야 한다.

눈앞의 유혹을 모두 제거하라

나는 5킬로그램을 감량하기로 새해에 결심했다. ……이제 7킬로그램
만 더 빼면 된다!

— 짐 수바Jim Suva(씨티그룹 기술섹터 분석가)[17]

이전 단락에서는 특히 보유한 주식이나 포트폴리오의 수익률이
저조할 때 미디어가 어떻게 우리의 감정을 자극하는지 이야기했다.
이번 단락에서는 편향의 외부 그물망에 초점을 맞춰 그 감정적 영향
으로부터 나를 보호할 수 있는 방법을 더 자세히 알아보겠다.

지금까지 우리는 보유 주식에 대해 잘못된 매매 결정을 유도하는
감정적인 시스템 1의 함정과 거기에서 벗어나는 몇 가지 방법을 살
펴보았다. 투자 라이프 사이클의 현 단계에 도움이 되는 또 다른 것
으로 자기 통제가 있다.

탈러는 "어리석은 행동을 하도록 우리를 부추기는 자극"을 제거
함으로써 자기 통제를 향상시킬 수 있다고 말한다.[18] 금연을 하려는
사람은 흡연자가 많은 공공장소를 피하는 것이 좋다. 더 건강한 식
습관을 가지려고 노력하는 중이라면 모든 '죄 많은' 음식을 손이 닿
지 않는 곳에 놔둬야 한다.

투자자의 경우 보유 중인 주식이 하락 중인데 언론까지 나서서
해당 기업을 신나게 공격한다면 즉시 매도하고 싶은 유혹이 생길 것
이다. 이 유혹을 뿌리쳐야 한다. CNBC를 끄고 시세 화면을 로그아
웃해라. 이러한 자기 보호 조치로 시스템 1 사고를 억제하고 시스템

2 분석으로 상황을 평가할 수 있다.

이 장의 앞부분에서 2019년 중반 새로운 규제 위험이 등장해 유나이티드헬스 주가가 급락했다고 설명했다. 언론은 우르르 몰려들어 정부가 운영하는 건강보험이 민간 보험사를 도산시킬지도 모른다는 추측을 쏟아냈다. 이 시기 나는 자기 통제 메커니즘으로 유나이티드헬스에 절벽이 다가오고 있다는 감정적인 언론 기사를 피하려고 노력했다. 다행히도 생각을 시스템 2 분석으로 돌려 포지션을 유지했고 주가는 회복됐다. 자기 통제가 부족했다면 나는 그해 주가가 바닥을 쳤을 때 매도했을지도 모른다.

경험상 자기 통제는 1년에 네 번 기업들의 실적 발표 시즌에 특히 중요하다. 2018년 7월 말 실망스러운 분기 실적을 발표한 후 주가가 20퍼센트 가까이 하락했던 페이스북이 그 단적인 예다. 언론은 하루 만에 시가총액이 약 1,200억 달러가 증발했다며 증시 사상 최대 규모라고 헤드라인을 쏟아냈다. 이때 나는 자기 통제 조치를 취해 시세 화면을 꺼버렸다.

엄밀히 페이스북 주가는 5개월 동안 계속 하락하다가 다음 해에 회복됐다. 단기 트레이더들은 20퍼센트 하락했을 때 매도하여 수익을 냈다. 그때는 감정적 매도가 자기 통제력을 발휘해 주식을 보유하는 것보다 일시적으로 더 나은 성과를 낼 수 있었다. 그러나 시스템 2 접근법을 사용하는 장기 투자자들은 페이스북 주가가 20퍼센트 폭락한 이후에도 포지션을 유지함으로써 결과적으로 더 나은 수익률을 얻었다.

승자 주식과 패자 주식이라는 착각

보유한 종목이 상승했다면 매도해야 할까, 아니면 이제 막 상승하기 시작했으니 더 가지고 있어야 할까? 주식이 하락기에 접어들면 손절매를 해야 할까, 아니면 두 배로 돈을 걸어야 할까?

지금까지 투자 결정을 내릴 때 판단력을 흐리게 하는 몇 가지 편향에 대해 논의했다. 이번 단락에서는 심리적 회계와 편협한 범주화라는 두 가지 형태의 게으른 사고에 대해 알아볼 것이다. 이 두 가지 편향이 결합해 포트폴리오의 수익률을 망칠 수 있다. 앞서 설명한 것처럼 투자자는 자산을 '모으는 돈'과 '노는 돈'처럼 인위적인 범주로 나누어 심리적 회계 처리를 하는데, 사실 그 돈은 모두 똑같은 돈이다. 편협한 범주화는 투자자가 넓은 시야를 갖기보다는 한 번에 한 가지에만 집중하는 것이다. 예상할 수 있듯이 카너먼은 이런 함정들을 피해야 한다고 조언했다.[19]

심리적 회계는 투자자가 기존 포지션을 중심으로 트레이딩을 고려할 때 많은 문제를 일으킬 수 있다. 이 단락에서는 투자자가 기존 포지션을 중심으로 트레이딩을 생각할 때 손실 종목들을 나머지 보유 종목들과 어떻게 차이를 두어 다루는지에 대해 논의할 텐데, 이것은 '승자 주식'을 다루는 방식에 영향을 미치는 또 다른 형태의 심리적 회계다.

편협한 투자자는 한 번에 포트폴리오의 딱 한 부분만을 본다. 설상가상으로 이런 투자자는 포트폴리오의 각 부분에 인위적인 라벨을 만들어 붙이는 두 번째 실수를 범하기도 한다. 라벨 중 하나는 '패자 주식'일 것이고 다른 라벨은 '승자 주식'일지도 모른다. 어떤 투자자는 승자 주식이 손실의 고통과 실망을 상쇄해주기를 바라며 패자 주식을 계속 보유하는 것을 정당화하기도 한다.

이렇게 잘못된 추론은 어느 한 종목이 하락해도 포트폴리오의 다른 종목으로 만회할 수 있기 때문에 괜찮다는 생각으로 이어질 수 있다. 그러나 행동재무학의 관점에서 가장 좋은 접근법은 최고의 아이디어로 가득 찬 포트폴리오를 보유하는 것이다.

유나이티드헬스를 예로 들면, 편협한 범주화와 심리적 회계의 영향을 받은 투자자라면 2019년 중반 유나이티드헬스를 패자 주식으로 분류하고 승자 주식이 이를 상쇄하기를 바랐을 것이다. 이것보다 나은 접근 방식은 유나이티드헬스가 패자 주식이 된 후 이 회사에 대해 어려운 질문을 던지는 것이다. 이 회사의 사업 성과나 투자자 심리가 개선될 것이라고 생각하는가? 아니면 포트폴리오에 승자 주식과 패자 주식이 다 담겨 있어도 괜찮기 때문에 패자 주식을 보유하고 있는 것인가?

앞서 설명한 것처럼 나는 몇 가지 분석을 통해 2019년 후반 유나이티드헬스에 대한 투자자 심리가 개선될 것이라고 판단했다. 다행히도 나의 패자 주식은 결국 승자 주식이 됐다. 카너먼은 우리가 이런 식으로 분류하지 않기를 더 바라겠지만 말이다!

돈을 딸수록 더 크게 베팅하는 이유

1952년 신혼여행을 갔을 때 열아홉 살이었던 아내와 스물한 살이었던 나는 라스베이거스에 들렀습니다. 근사하게 차려입은 사람들이 와서 수학적으로 멍청한 짓을 하고 있더군요. 그래서 수지에게 이렇게 말했습니다. 우리가 큰돈을 벌 수 있겠다고요.

– 워런 버핏[20]

이 장에서 다루고 있는 심리적 회계, 편협한 범주화, 매몰 비용, 희망 대 경험, 손익분기 효과, 자기 통제 등은 모두 주가가 하락한 후 추가 매수를 고려할 때 판단을 흐릴 수 있는 심리적 함정들이다. 그러나 상승하는 종목의 추가 매수 여부를 고민할 때도 감정과 사고의 지름길이 우리의 생각에 영향을 미칠 수 있다. '오마하의 현인' 워런 버핏을 통해 돈을 따고 있는 도박꾼이 더 많은 위험을 감수하는 실수에서 우리가 무엇을 배울 수 있는지 확인해보자.

나는 2019년 봄에 열린 버크셔 해서웨이 연례 주주총회에 참석해 위에 인용한 도박과 신혼여행에 대한 버핏의 이야기를 들었다. 버핏의 이야기는 몇몇 도박꾼은 이길 확률이 낮아도 계속 게임을 한다는 점을 지적하는 것 같았다. 버핏의 말이 맞다면 이미 보유하고 있는 주식을 중심으로 트레이딩을 하는 것과 관련해 이 생각을 어떻게 적용할 수 있을까?

잠시 계속 투자를 도박에 비유해보겠다. 라스베이거스에서 일부 도박꾼들은 도박에서 딴 돈을 따로 모아두고 그 돈을 '하우스 머니' 즉, 하우스(카지노)에서 딴 돈이라고 이름 붙인다. 이들 도박꾼들은 하우스 머니를 집에서 가져온 힘들게 번 돈과 다르게 취급한다. 사실 도박꾼들은 하우스 머니를 거의 '공돈'이라고 생각하기 때문에 이 돈으로 더 많은 위험을 추구한다. 똑같은 돈인데도 심리적 회계를 사용하여 '직장에서 번 돈'과 '카지노에서 딴 돈'으로 다르게 구분하는 것이다. 그러나 위험을 추구할 때는 확률이 내게 불리하게 작용할 수 있다. 버핏은 신혼여행 중에 하우스 머니로 베팅하는 도박꾼들을 보며 위에 인용한 말을 했을 것이다.

리처드 탈러의 연구는 위험 회피적인 사람들이 하우스 머니를 딴 후 위험 추구형이 된다는 사실에 주목하면서 버핏의 신혼여행 이야기를 뒷받침한다.[21] 투자자들 역시 심리적 회계의 함정에 빠져 최근 이익을 하우스 머니로 보고 더 많은 주식을 매수하는 등 위험 추구적인 행동을 할 수 있다.

나는 수익률이 높은 소규모 포지션에 대한 매매를 논의하면서 하우스 머니 효과가 나타나는 것을 본 적이 있다. 2019년 중반 우리 회사는 나이키Nike(티커: NKE)를 소량 보유하고 있었는데 운용하는 전체 주식 자산의 약 1퍼센트에 해당하는 수준이었다. 나이키의 수익률이 좋았기 때문에 우리는 이 종목의 추가 매수를 논의했다.[22]

나이키는 유달리 포지션 규모가 작아서 우리 회사에서는 약간 이례적인 사례에 해당했다. 나이키는 항상 비싸 보였고 우리는 추가 매수할 적절한 시기를 계속 기다렸다. 2019년 초에 나이키 주가가 급등하자 하우스 머니 효과가 나타났고 더 많이 매수하고 싶은 유혹이 엄습해왔다. 그러나 다시 한 번 밸류에이션을 검토하고 미국 의류업체에 대한 중국의 관세 부과 가능성 등 거시적 추세를 살펴봤다. 그리고 그 결과로 추가 매수를 하지 않기로 결정했다. 추가 매수를 하지 않기로 결정한 후에도 나이키의 주가가 계속 상승했기 때문에 단기적으로는 하우스 머니 효과를 받아들이는 게 이익이었을지도 모르겠다. 하지만 우리는 이길 때도 있고 질 때도 있다는 사실을 떠올리며 나이키에 대한 감정을 달랬다.

행동 코칭 팁

보유 주식 중 하나가 상승하면 최근 수익을 카지노의 하우스 머니처럼 취급하며 주식 포지션을 늘리는 등 위험 추구적인 행동을 할 수 있다. 이러한 심리적 회계를 피하고 모든 주식 자산을 똑같은 방식으로 다뤄라. 시장수익률을 상회하는 주식을 섣불리 추가 매수하기 전에 한 번 더 생각해라.

가장 좋은 투자는 때론 아무것도 하지 않는 것

적을수록 더 낫다.

- 루트비히 미스 반데어로에Ludwig Mies van der Rohe(독일의 건축가)

이 장에서 우리는 이미 보유하고 있는 주식에 대해 잘못된 매매 결정을 하게 만드는 사고의 지름길과 감정에 대해 살펴보고 있다. 그러나 진득하게 앉아서 현재 포트폴리오를 조금 더 보유하는 것이 최선의 결정이라면? 어떻게 보면 거래를 한다는 얘기는 현재 포지션을 유지하는 것보다 주식을 매수하거나 매도하는 편이 더 낫다는 확신을 가지고 있다는 의미다. 매매에 자신감이 필요하다면 판단을 흐리는 과신의 위험도 있지 않을까?

앞서 3장에서는 경영진과 제국 건설자라는 맥락에서 과신이라는 개념을 설명했다. 하지만 이번에는 초점을 나 자신에게로 돌려 더 많은 주식 거래를 하려고 할 때 지나친 자신감에 차 있지는 않은지 자문해보도록 하자.

매매를 할 때는 사실 내 아이디어가 상대방의 아이디어보다 낫다고 내기를 하는 것과 같다. 나는 매도하고 상대방은 매수한다면 양측 모두 자기 생각이 옳고 상대방은 틀렸다고 확신하고 있는 것이다. 하지만 상대방이 나처럼 꽤 똑똑하다면? 양측 다 뭔가를 알고 있을 수도 있고, 거래 자체가 나쁜 생각일 수도 있다.

과신에 빠지지 않기 위해서는 연구한 내용을 재점검하고 데이터가 매매 논리를 뒷받침하는지 거듭 확인해야 한다. 분석에 더 많은 노력을 기울이면 그만큼 과도한 거래를 피하는 데 도움이 된다. 리처드 탈러의 연구는 과신이 빈번한 거래로 이어질 수 있다는 이론을 뒷받침하지만 엄밀히 말해 탈러도 이를 실제로 증명하기는 어렵다는 사실을 인정했다.[23]

주식 거래에서 적을수록 더 낫다는 것을 보여주는 사례는 이 책의 앞부분에서 다뤘던 빌 밀러의 이야기에서 찾아볼 수 있다. 밀러는 주주서한에서 2019년 4분기에 펀드가 좋은 수익률을 낼 수 있었던 이유를 이렇게 설명했다. "2019년 4분기에 우리는 가장 좋아하는 투자를 했습니다. 아무것도 하지 않은 것이죠."[24] 덧붙여 밀러는 "포트폴리오에 새로운 종목을 추가하거나 보유하고 있던 종목을 제외하지 않았습니다. 이런 일은 그렇게 자주 일어나지 않습니다."라고 말했다.[25] 아마도 밀러는 높은 확신이 드는 주식을 거래하지 않고 보유할 때 심리적 우위를 활용했을 것이다.

과신과 과도한 거래에 빠지지 않았던 또 다른 사례로 유나이티드헬스를 살펴볼 수 있다. 앞서도 이야기했지만 우리 팀은 2019년 중반 주가 하락 후 유나이티드헬스 주식을 추가 매수하는 것에 대해 논의했다. 하지만 전체 주식 포트폴리오의 2.5퍼센트 정도로 이미 상당한 포지션을 보유하고 있었기 때문에 추가 매수하지 않기로 결정했다. 만약 3.5퍼센트까지 포지션을 취했다가 주가가 상승하면 4퍼센트가 넘어가는 지나치게 큰 포지션을 갖게 되어 포지션을 정리해야 할 수도 있다는 사실을 깨달았기 때문이다.[26] 매수 후 보유 전략을 취하는 투자자로서 나는 유나이티드헬스를 연속적으로 매수했다가 추후 매도할 가능성을 검토해보았다. 그렇게 과신과 과도

한 거래의 위험을 떠올리고 2019년 중반 유나이티드헬스를 추가 매수하지 않았다.

> **행동 코칭 팁**
> 투자자는 과신의 위험을 염두에 두고 지나친 거래를 피해야 한다.

성공과 실패를 가르는 작은 차이, 체크리스트

이 장의 내용 대부분은 이미 보유하고 있는 주식에 대해 잘못된 거래를 하게 만드는 편향과 감정에 초점을 맞추고 있다. 이번 단락에서는 다음 거래를 준비할 때 행동재무학적 위험을 식별하고 최소화하는 데 도움이 되는 간단한 도구와 과정을 간략하게 설명해보겠다.

리처드 탈러는 잘못된 결정을 제한하는 방법으로 규칙을 정해 그것을 지키고 누군가 규칙을 어겼을 때는 목소리를 높이라고 말한다.[27] 실제로 이러한 프레임워크를 통해 외과의사, 조종사, 산악 가이드와 같은 고위험 직업군은 치명적인 실수를 방지할 수 있다. 탈러는 1977년 KLM 조종사와 1996년 에베레스트산 가이드가 동료가 체크리스트를 따르지 않았을 때 침묵함으로써 치명적인 결과를 초래했다고 지적한다.[28]

체크리스트가 조종사, 외과의사, 노벨상 수상자에게 유용하다면 투자 과정에도 충분히 유용할 것이다. 나는 우리 팀을 위한 투자 체크리스트를 만들어 탈러의 이론을 실천에 옮기기로 했다. 우리 리서치팀의 잭 와이즈Zach Weiss는 나와 함께 체크리스트의 정량적, 정성적 항목과 이탈자가 나올 수 있는 주관적인 항목에 대해 논의했다. 그렇게 15단계로 구성된 체크리스트를 만들고 지속적인 개선을 위해 체크리스트를 계속 다듬어왔다.

그리고 2019년 9월에 유나이티드헬스를 대상으로 체크리스트를 시험해봤다. 우리는 15가지 기준을 통해 이 주식이 유의미한 가치를 제공한다는 결론을 얻었다. 체크리스트에 따라 회사의 펀더멘털(예를 들어 마진, 이익, 상승 가능성)에 높은 점수가 부여됐고, 전체 시장이 비싸지는 시기에 주식의 밸류에이션이 평균보다 훨씬 낮다는 점도 부각됐다. 펀더멘털이 좋거나 개선되고 있는데 저렴한 주식은 일반적으로 드물기 때문에 체크리스트는 2019년 말에 유나이티드헬스를 큰 포지션으로 보유해야 한다는 확신을 높여주었다. 우리는 앞서 이야기한 것처럼 추가 매수하기보다는 큰 포지션을 그대로 유지하기로 결정했지만 체크리스트를 통해 유나이티드헬스가 전체 시장 수익률과 비슷하거나 이를 상회하는 수익률을 낸다는 쪽에 더 편안한 마음으로 베팅할 수 있었다.

한 걸음 물러서서 보면 어떤 면에서 이 책 전체는 하나의 방대한 체크리스트라 할 수 있다. 이 책에 나오는 100개 이상의 방법들이 전체 투자 라이프 사이클에 대한 체크리스트를 제공하고 있기 때문이다. 이 항목들이 당신의 투자 과정에 일관성을 제공하고 규칙을 이해하려 노력하는 모든 팀원들에게 도움이 되었으면 한다. 그리고 규칙을 어기는 사람이 있다면 목소리를 내는 건전한 토론을 할 수 있기를 바란다.

행동 코칭 팁

체크리스트는 특히 이미 보유하고 있는 주식에 대한 트레이딩을 고려할 때 투자 과정에서 감정과 비일관성을 제거할 수 있는 좋은 방법이다. 규칙을 따르고 규칙을 어기는 사람이 있으면 목소리를 내라.

덜 감정적이게 도와주는 샌드위치 제안

뮤지컬 〈해밀턴〉에서 애런 버Aaron Burr는 '한 방My Shot'이라는 노래에서 천재 동료들(해밀턴, 제퍼슨, 라파예트)에게 곤경을 피하고 선택지를 넓히기 위해 목소리를 낮추라고 말하면서 자신의 외교적인 기술을 선보인다. 팀원들이 주식 거래에 대해 토론할 때도 버의 조언을 따르면 문제를 피할 수 있을까?

지금까지 진지한 행동재무학 이론을 모두 살펴봤으므로 마지막 단락인 여기서는 좀 더 가벼운 내용을 알아볼까 한다. 이 장은 주식 투자에 대한 팀 토론을 준비하는 방법을 다루므로 토론을 할 때 감정을 배제하는 한 가지 방법에 대해 살펴보겠다. 경험상 감정적인 팀 토론은 시스템 1 사고를 더 많이 하게 하고 잠재적으로 잘못된 결정을 유도하거나 감정을 상하게 한다.

팀원들이 현재 보유 중인 주식의 거래에 대해 열띤 토론을 벌이고 있다면 열기를 가라앉히는 방법으로 샌드위치 제안sandwich recommendation을 고려해보기를 권한다. 팀원들의 제안을 주의 깊게 들은 후, 제안된 거래에 대해 좋은 점을 언급하고, 그다음 우려되는 점을 지적한 뒤 마지막으로 또 다른 장점을 이야기하며 마무리하는 것이다. 좋은 점, 나쁜 점, 좋은 점의 순서로 접근하는 방식은 분열을 일으키지 않고 투자 과정 개선을 위한 건설적 비판을 가능하게 한다. 뮤지컬 〈해밀턴〉에서 수완 있는 애런 버가 그랬던 것처럼 더 많이 미소 짓고 더 적게 말하는 것은 그룹의 역학 관계 개선에 도움을 준다.

우리 팀이 2019년 유나이티드헬스의 투자 장점에 대해 토론했을 때도 최종 결정은 샌드위치 제안 형식으로 났다. 팀원들은 추가 매입에 반대했지만 이 토론으로 세 가지를 알 수 있었다. (1) 투자 아이디어가 마음에 든다. (2) 추가 매수를 해도 되는지 걱정이 된다. (3) 이미 유나이티드헬스의 보유 비중이 높으므로 주가가 오르면 고객에게 이익이 될 것이다.

이러한 접근 방식은 팀이 거래에 대해 단순히 거부권을 행사하고 그저 '조심스럽다'고 말하는 것보다 훨씬 기분이 낫다. 리서치 팀장으로서 나는 팀이 논의를 하면서 샌드위치 제안을 한다면 컨센서스와 다르거나 논란의 여지가 있는 거래를 제안할 때도 더 편안함을 느낀다.

행동 코칭 팁

기존 포지션에 대한 거래를 두고 토론할 때는 칭찬으로 시작한 다음 비판하고, 마지막으로 다른 호의적인 의견으로 마무리하는 샌드위치 제안을 해라. 좋은 점, 나쁜 점, 좋은 점을 순서대로 언급하는 방식은 팀이 덜 감정적인 결정을 내리는 데 도움이 된다.

- 감정과 편향이 만연할 때처럼 실수할 가능성이 높은 상황을 인지했다면 외부의 조언을 구하고, 위험이 높을 때는 각별히 주의해라. 실수할 가능성과 위험이 높은 상황은 투자자가 약세장에서 매도를 고려할 때 영향을 미칠 수 있다.

- 고정관념은 기존 보유 종목에 대한 매수/매도 결정을 내릴 때 편리한 지름길로 작용한다. 고정관념을 피하고 데이터와 기저율을 근거로 삼아라.

- 매매처럼 큰 결정을 내릴 때는 직관보다는 공식을 이용하는 편이 낫다.

- 위험한 프로젝트에 대한 실패를 인정하는 것이 불편하고 투자 전망에 대해 지나치게 낙관적이라면 낭비한 돈(매몰 비용)에다 추가해 더 많은 돈을 쓰고 싶은 유혹을 피해라.

- 기존 포지션에 대한 트레이딩을 고려할 때는 희망보다 경험을 우선시해라.

- 내 거래가 가장 중요하거나 긴급한 문제처럼 보이는 초점 착각에 빠지지 않도록 주의해라. 거래하기 전에 더 큰 그림을 봐라.

- 연초 대비 수익률보다 다년간의 수익률에 초점을 맞춰라. 장기적인 관점을 취하면 보유 주식이나 포트폴리오가 연간 기준 벤치마크보다 수익률이 저

조할 때 벤치마크를 따라잡기 위해 더 큰 위험을 감수하는 손익분기 효과의 유혹을 피하는 데 도움이 된다.

- 주식이 10퍼센트 이상 큰 폭으로 상승하거나 하락한다면 당신을 잘못된 결정으로 유도할 수 있는 외부 요인(TV와 실시간 시세 화면)을 없애는 등 자기 통제 조치를 취해라.

- 승자 주식이라는 카테고리를 만들어 패자 주식을 상쇄하려는 심리적 회계에서 벗어나라. 포트폴리오를 하락보다 상승 가능성이 더 크다고 확신이 드는 종목으로 채워라.

- 투자자는 종종 최근 수익을 공돈(또는 카지노의 하우스 머니)처럼 다뤄 승자 주식을 추가 매수하는 등 위험 추구적인 행동을 한다. 이러한 하우스 머니 효과로 더 큰 위험을 추구하고 싶은 생각이 든다면 주의해라.

- 트레이딩을 계획할 때 지나친 자신감에 차 있지는 않은지 자문해라. 거래 횟수가 적으면 과신 편향에서 벗어날 수 있다.

- 이미 보유한 주식의 거래를 고려할 때는 각각의 주식을 동일하게 다루기 위한 방법으로 체크리스트를 활용해라. 팀원들이 체크리스트의 규칙을 이해하고 있는지 확인하고, 규칙을 위반하는 사람이 있다면 이를 제재하도록 권장해라.

- 기존 포지션에 대한 거래를 논의할 때는 동료들의 제안에 좋은 점, 나쁜 점, 좋은 점을 차례로 언급하는 샌드위치 제안 방식을 활용해라. 이러한 접근 방식은 감정적으로 잘못된 결정을 내리지 않고 투자 아이디어와 분석에 집중할 수 있게 해준다.

9장

당신 안의
계획가와 실행가가
싸움을 벌일 때

후속 거래 실행하기

STOP
THINK
INVEST

축하한다. 당신은 이제 투자 과정에서 가장 어려운 부분 중 하나를 마쳤다! 이미 보유하고 있는 주식의 거래 가능성을 논의하는 것은 포괄적이고 엄격한 과정이어야 한다. 이제 좀 더 쉬운 단계로 넘어가 보자.

투자 아이디어를 연구하고 토론하는 데 상당한 시간을 들였기 때문에 실제 거래는 간단해야 한다. 하지만 나를 포함한 많은 투자자들은 게으른 데다 종종 지름길을 택하기도 하므로 간단한 거래를 할 때조차도 심리적 함정에 빠질 수 있다. 9장에서는 이러한 문제를 돌파할 해법들을 알아보고 투자 아이디어를 실제 거래로 만들 것이다.

매도 버튼 앞에서 머뭇거리게 되는 이유

끝내 버려.

- 래리 더 케이블 가이Larry the Cable Guy(미국의 코미디언)

나의 경험에 따르면 지연 행동은 최초 매수, 후속 거래, 최종 매도라는 투자 사이클의 모든 단계에서 영향을 미칠 수 있다. 이 시점에서 지연 행동이 어떻게 이미 보유한 주식에 위기로 작용할 수 있는지 살펴보자.

앞서 지연 행동에 대해 이야기하면서 이것을 상대적으로 가벼운 문제처럼 설명했다. 주식을 처음 매수할 때는 매수 가격에 대한 앵커링 효과 등 심리적 편향에 대한 부담이 적기 때문이다. 하지만 주식을 보유한 상태에서 추가 매수나 포트폴리오 조정을 계획하고 있다면 앵커링, 손실 확정, 이익에 대한 세금 납부라는 세 가지 요인으로 인해 지연 행동이 더 강력한 영향력을 발휘한다.[1]

지연 행동이 트레이딩과 투자 과정에 어떤 영향을 미치는지 애플을 예로 들어 살펴보자. 나는 2015년 중반 32달러(분할 조정 가격)에 애플을 최초 매수했다. 동종 기업 대비 할인된 가격에 거래되는 데다가 투자자의 기대치를 충족하거나 상회할 것이라고 생각했기 때문이었다. 이후 2017년 9월에 새로 출시되는 아이폰이 투자자들을 실망시킬 것이라고 판단해 40달러에 일부 포지션을 정리했다.

최초 매수 후 2017년에 꽤 빨리 일부 매도를 추천했던 이유는 (1) 매도 추천 가격인 40달러에 상당히 근접했고, (2) 손실을 피하고 싶었으며, (3) 세금이 미미했기 때문이다. 그러나 다음 거래는 다른 이야기가 될 것이었다.

2019년 대부분의 기간 동안 나는 애플의 장단점을 논의했다. 그동안 애플의 주가는 80퍼센트 가까이 상승했다. 2015년과 2017년 거래에 영향을 미쳤던 지연 행동은 2019년, 2020년에 큰 걸림돌이 되었다. 애플 주가가 75달러에 가까워지고 세금 문제가 고객들에게 유의미해지면서 나는 앵커링 효과에 시달렸다. 세금에 대해 이야기하자면 2019년 전체 시장이 상승했기 때문에 애플에서 세금을 내야 하는 고객들은 일반적으로 다른 곳에서 발생한 손실이 없었기 때문에 정부에 대한 세금을 상쇄할 수 없었다.

그래서 좋든 나쁘든 2019년에 애플을 정리할 때 지연 행동과의 싸움에서 패했다.[2] 그렇다면 다음번에는 어떻게 지연 행동을 극복할 수 있을까? 이 책의 다른 부분에서 더 자세히 다루겠지만 다음과 같은 방법들이 있다. (1) 앵커링을 피하기 위해 최초 매수 가격을 보지 말고, (2) 손실을 영구적인 자본 감소가 아닌 사업 비용으로 생각하며, (3) 세금 내는 것을 좋은 일이라고 여겨라. 이론적으로는 쉬워도 실제로 쉽지 않겠지만 말이다.

행동 코칭 팁

이미 보유한 주식에 대한 거래를 준비할 때는 지연 행동 때문에 늦어질 수 있다는 사실을 미리 알고 대비해라. 하지만 앵커링을 피하고 손실을 비용으로 생각하며 세금을 성공의 징표라고 여긴다면 더 적절한 시기에 거래를 완료할 수 있을 것이다.

계획가와 실행가의 싸움

말을 잘하는 것보다 행동을 잘하는 것이 낫다.

- 벤저민 프랭클린, 『가난한 리처드의 연감Poor Richard's Almanack』 중에서

서문에서 카너먼의 시스템 1 사고와 시스템 2 사고에 대해 설명하면서 어떤 시스템을 사용하느냐에 따라 생각과 행동이 매우 달라질 수 있다고 말했다. 한편 탈러는 개개인은 "좋은 의도를 가지고 미래를 걱정하는 미래 지향적인 '계획가'가 될 수도 있고, 현재를 살며 앞일을 걱정하지 않는 '실행가'가 될 수도 있다."고 말했다.[3] 이 두 가지 사고 및 행동 방식은 투자자의 거래 방식에 영향을 준다.

우리 안의 계획가planner는 주식을 매수하거나 매도하는 복잡한 결정을 내릴 때 분석과 논리의 시스템 2 사고를 한다. 그러나 계획 단계에서 실행 단계로 넘어가면 냉정한 시스템 2의 논리는 무너지고 시스템 1로 사고하는 실행가doer가 된다. 계획했던 논리적인 주식 거래가 갑자기 위험해 보인다. 우리 안의 실행가는 "주식이나 시장이 조금 더 떨어질 때까지 기다렸다가 매수해야 한다."고 속삭인다.

계획가와 실행가 사이의 두드러진 차이는 투자, 특히 투자 라이프 사이클의 트레이딩 단계에서 실행 위험으로 이어질 수 있다. 어떤 면에서 계획가와 실행가 사이의 긴장은 첫 거래와 마지막 거래에 비해 투자 라이프 사이클의 중간 단계에서 더 팽팽하다. 투자자가 기존 포지션을 조정할 때보다 최초 매수와 최종 매도에 더 확신을 갖는 경우가 많기 때문이다.

계획가와 실행가가 트레이딩을 할 때 어떻게 다른 접근 방식을 취하는지 애플을 예로 들어보자. 앞서 이야기한 것처럼 나는 2019년 애플 주식을 정리할 때 철저히 계획적이었다. 체크리스트를 활용하고 시스템 2 계획가의 마음에 들 만한 모든 합리적 분석과 리서치를 수행했다. 심지어 시스템 2 실사도 하고 쿠퍼티노에 있는 미래지향적인 애플 파크 본사에서 경영진을 만나보기까지 하면서 매도의 장단점을 따져보았다.

하지만 시험대에 오르는 순간 내 안의 실행가는 애플을 매도하는 데 어려움을 겪었다. 실행가의 목소리는 더 많은 수익을 확보할 수 있도록 가격이 더 오를 때까지 기다리라고 말했다. 하지만 주가가 37달러에서 75달러(2019년 기준)까지 꾸준히 상승하자 내 안의 실행가보다 계획가를 편드는 감정적 힘이 생겼다. 나는 계속 애플 주식을 정리할 계획을 세웠지만 내 안의 실행가는 방아쇠를 당기지 못했다. 이 경험은 철저히 계획된 거래도 매수나 매도를 실행해야 할 때는 아무 소용이 없다는 사실을 상기시켜준다.

행동 코칭 팁

현재 보유 중인 주식에 대해 거래를 준비할 때는 내 안의 계획가가 논리적인 거래를 계획해도 내 안의 실행가가 거래를 지연시키거나 취소할 수 있다는 점을 명심해라.

팀의 전략 준수와 트레이딩

다음에 다루는 두 가지 주제는 계속해서 거래 실행에 초점을 맞추지만 고객 대면 자문가나 포트폴리오 매니저로 이루어진 팀으로 논의의 범위를 넓히려 한다. 지연 행동 및 계획가와 실행가 사이의 긴장에 대해 이 장에서 다뤘던 내용은 리서치를 수행하고 트레이딩 아이디어를 개발하는 사람이나 팀에 초점을 맞춘 것이었다. 하지만 대형 회사에서 투자 아이디어가 이론에서 실행으로 옮겨갈 때는 또 다른 실행 문제가 발생할 수 있다.

다음의 사례는 트레이딩 전략이 투자팀에서 시작한 뒤 더 광범위한 고객 대면 자문가팀으로 이동해 거래 완료에 이르는 자산운용사나 독립투자자문사에 가장 많이 적용될 것이다. 일부 회사에서는 고객 대면 자문가가 그룹 트레이딩에 전체 또는 부분적으로 참여할 수 있는 상당한 재량권을 갖는다. 나의 경험에 따르면 트레이딩에 완전히 참여할수록 고객이 일관된 성과 수준에 도달하고 향후 심리적 함정에 빠질 위험이 줄어든다.

예를 들어, 투자팀이 전체적으로 애플 포지션을 정리할 것을 권고했는데 어떤 고객 대면 자문가는 이를 전적으로 따르는 반면, 어떤 자문가는 매도 보류를 추천한다고 가정해보자. 애플 주가가 크게 상승하거나 하락하면 자문가는 추천했던 매도 가격에 앵커링되어 자문가팀 내에서 감정적인 분열이 일어날 수 있다. 만약 이때 투자팀이 거래에 대해 강하게 확신하고 있다면 대개 가능한 한 완전히 매매 전략을 준수하는 편이 보다 효율적이다.

자문가팀의 거래에서 높은 전략 준수율을 달성하려면 어떤 방법들이 있을까? 탈러는 "사람들이 규범이나 규칙을 준수하기를 원한다면 다른 대부분의 사람들도 이를 준수하고 있다고 알리는 것이 좋은 전략"이라고 말한다.[4] 즉, 높은 전략 준수율을 달성하려면 회사의 과거 매매 전략 준수율을 강조하는 것도 한 방법이다.

사례 연구로 돌아가서, 팀과 애플 매도에 대해 논의한다면 "이전 거래에서 80~90퍼센트의 참여율이 나왔고 이러한 흐름을 계속 이어가고 싶다."고 말해라. 당근과 채찍은 첫 거래 이후에도 효과가 있다. 전략을 준수하지 않는 자문가에게 동료 중 80~90퍼센트가 방금 애플 주식을 정리했다고 비공개로 알려주면 이 자문가도 동참할 것이고 90퍼센트 이상의 준수율을 달성할 수 있을 것이다.

행동 코칭 팁

거래에 대한 재량권이 있는 고객 대면 자문가들과 거래를 실행할 때는 자문가팀에 대다수 자문가들이 고객을 위해 전략을 따를 계획이라고 알리는 것이 좋다.

'기본 옵션'만 달라져도 거래가 쉬워진다

누군가로 하여금 어떤 행동을 하도록 유도하고 싶다면 쉽게 만들어라.

– 리처드 탈러[5]

앞에서는 거래 전략에 있어 자문가들의 거래 전략 준수율을 개선하는 방법에 대해 설명했다. 그러나 그룹 거래를 하려고 하는 투자팀에게는 여러 가지 장벽과 장애물, 과속 방지턱이 있다. 이러한 장벽들이 마찰을 일으켜 거래 속도를 늦추거나 참여율을 감소시킨다. 이 단락의 시작 부분에 나오는 탈러의 말이 바로 이러한 상황에서 유용하다. 만약 어떤 거래가 고객에게 이익이 될 것이라고 생각한다면 거래 마찰을 줄이고 고객 대면 자문가가 쉽게 거래를 완료할 수 있도록 최선을 다해라.

통제할 수 있는 거래 마찰도 있지만 통제하기 힘든 마찰도 있다. 거래를 더 쉽게 만들 수 있는 한 가지 방법으로는 거래를 '기본 옵션'으로 만들고 고객 대면 자문가가 원할 경우 적극적으로 이탈하도록 하는 것이 있다. 탈러는 사람들이 기본 옵션을 선택할 가능성이 더 높기 때문에 원하는 선택을 기본 옵션으로 설정하여 거래 참여율을 높일 수 있다고 말한다. 직원 연금 저축 프로그램의 기본 옵션을 적극적으로 동의해야 하는 것에서 이탈을 선택해야 하는 것으로 바꾼 결과 첫해 가입율이 49퍼센트에서 86퍼센트로 급증한 예가 이점을 잘 보여준다.[6]

세금, 수수료, 소프트웨어 결함, 거래 오류 등 거래 마찰 요인은 통제하기 어렵지만 이를 줄이기 위해 노력할 수는 있다. 고객이 수익에 대한 세금을 내고 싶어 하지 않는다는 것을 아는 일부 자문가가 많은 고객이 수익을 얻고 있는 주식을 매도하면서 준수율이 떨어질 수도 있다.

우리의 사례로 돌아가서 애플을 정리하라고 추천하는데 그것이 연말쯤이라면, 고객에게 세금 청구서가 날아가는 것을 지연시키는 방편으로 거래를 새해로 미루는 것을 고려해보라. 이런 방식은 거래의 전반적인 준수율을 향상시킬 수 있다. 기술 발전은 거래 마찰을 줄이는 데 큰 역할을 했다. 소프트웨어가 전문가가 거래를 실행하는 데 쓰는 시간을 줄여줬기 때문이다. 좋은 소프트웨어는 거래 오류도 감소시킨다.

과거에는 중개 수수료가 거래 마찰을 야기했지만 오늘날은 온라인 증권사들의 수수료 전쟁으로 유동성이 높은 미국 주식에 대한 수수료가 0원을 향해 가게 됐다. 수수료 인하의 절대 금액(거래당 5~10달러)은 적을 수 있지만, 수수료 제로 경쟁 탓에 그동안 일부 자문가의 준수율을 떨어뜨리는 또 다른 거래 마찰이 제거될 수 있었다.

행동 코칭 팁

그룹 거래를 계획한다면 완전한 참여를 제한하는 마찰을 줄이기 위해 노력해라. 전략을 따르는 것을 기본 옵션으로 설정하고, 전체적인 마찰을 줄이기 위한 방법으로 거래로 발생하는 세금 영향을 최소화해라.

선택의 틀 짜기: 현상유지 또는 원점으로 돌아가기?

지금까지 보유 중인 주식에 대한 매매를 계획하고 실행했으니 이제 다른 종목으로 넘어갈 준비가 된 것 같다. 그렇지 않은가? 물론 나도 이렇게 쉬웠으면 좋겠다! 하지만 바람직한 투자 과정에는 하나의 거래를 끝내고 다음 거래를 시작할 때 가교가 될 수 있는 마지막 단계가 남아 있다.

하나의 거래와 다음 거래를 잇는 다리에 대해 알아보기 전에 투자와 거래 행동의 틀을 짜는 방법으로 탈러가 말한 '현상유지 또는 원점으로 돌아가기status quo or back to zero'라는 개념을 살펴보자. 기본적으로 행동을 취하면 변화가 생긴다. 그다음에는 어떻게 해야 할까? 계속 같은 방식으로 행동해야 할까(현상유지), 아니면 이전에 하던 방식으로 돌아가야 할까? 그리고 이 선택의 틀을 어떻게 짜야 할까?

그룹 거래에 대해 다룬 이전 단락에서 선택의 틀을 짜는 것에 대해 이야기한 바 있다. 여기에서는 거래 후 어떻게 해야 할지 생각해보면서 이 개념을 다시 적용해보겠다. 일반적으로 거래 후 가능한 선택지는 (1) 새로운 현상을 유지하거나 (2) 이전 기준으로 돌아가는 것, 즉 원점으로 돌아가기가 있다.[7]

간단한 예를 들어, A 지점에서 B 지점으로 걸어가면 새로운 현상이 만들어진다. 그렇다면 다음 행동은 A 지점으로 되돌아가야 할까, B 지점에 머물러야 할까? 탈러는 대부분의 사람들에게 관성이 승리하는 현상유지 편향이 있다고 말한다. 관성에 저항하는 방법은 원점으로 돌아가는 것과 비교해 현상유지의 장단점을 '계량화'해보는 것이다.[8]

401(k)(급여에서 일정 금액을 공제해 적립하는 미국의 퇴직연금제도-옮긴이)처럼 기업이 적립금의 일부를 부담하는 퇴직금 적립 제도에 돈을 불입하는 경우, 수동적으로 매년 같은 비율을 적립할 것인가(현상유지), 매년 원점으로 돌아가 투자할 금액을 능동적으로 결정할 것인

가? 선택의 틀을 짜는 방식은 저축 목표에 실질적인 영향을 미칠 수 있으며, 예상할 수 있겠지만 401(k)가 자동적으로 불입될 때 더 많이 적립하는 경우가 많았다. 선택의 틀과 퇴직연금제도 촉진에 관한 탈러의 연구는 그의 노벨상 수상에 핵심적인 기여를 했다.[9]

선택의 틀을 짜는 것과 관련하여 보유 주식을 거래할 때 나타나는 선택지를 살펴보자. 한 번에 한 종목을 거래한다면 거래 후에 적어도 다음과 같은 세 가지 변화가 일어날 것이다. (1) 현금이 더 많아지거나 적어진다, (2) 현금 대비 주식이 많아지거나 적어진다, (3) 어떤 섹터에 대한 익스포저(위험노출액-옮긴이)가 커지거나 작아진다.

이러한 변화를 설명하기 위해 다시 애플의 예로 돌아가 보겠다. 이 사례에서 우리는 애플의 비중이 5퍼센트를 차지하는 주식 100퍼센트 포트폴리오에서 논의를 시작할 것이다. 애플은 기술 섹터에 속하므로 애플 5퍼센트와 다른 기술주 15퍼센트를 합쳐 20퍼센트가 기술 섹터에 대한 총 익스포저라고 가정해보자. 애플에 대한 포지션을 5퍼센트에서 3퍼센트로 줄인다면 현금을 2퍼센트 늘리고 기술주 비중을 18퍼센트로 줄이는 것이다. 전과 후를 비교해보면 다음과 같다.

- 처음 포지션: 현금 0퍼센트, 주식 100퍼센트, 애플 5퍼센트, 기술주 20퍼센트
- 행동: 애플 포지션을 5퍼센트에서 3퍼센트로 축소
- 거래 후 포지션: 현금 2퍼센트, 주식 98퍼센트, 애플 3퍼센트, 기술주 18퍼센트

이제 어떻게 해야 할까? 방금 네 가지 변화가 생겼다. 그러면 현상을 유지해야 할까, 원점으로 돌아가야 할까? 보유 주식에 대한 거래를 완료했을 때 이전의 모든 섹터 및 현금 비중을 유지해야 할까? 아니면 100퍼센트 현금으로만 구성된 주식 0퍼센트의 포트폴리오부터 완전히 다시 시작해서 모든 결정을 재평가해야 할까? 이런 식으로 다음 단계에 대한 선택의 틀을 다르게 짤 수 있다.

다시 애플의 예로 돌아가 보자. 거래 전에는 기술주가 포트폴리오의 20퍼센트를 차지했다. S&P 500과 같은 전체 시장에서 기술주 비중도 비슷하게 20퍼센트 정도라고 가정해보자. 기술주 비중을 손대지 않으면서 애플 비중을 줄인다면 이제 기술주 섹터와 시장 전체에 반대로 베팅하는 것이다. 그다음 단계는 무엇일까? 다른 기술주를 매수해 기술 섹터의 익스포저와 현금 비중을 이전 상태로 되돌릴 수 있다. 또한 이 과정을 소형주 대 대형주, 국내 주식 대 해외 주식, 성장주 대 가치주, 고배당주 대 저배당주 투자로 확장할 수도 있다.

이렇게 모든 섹터, 규모, 스타일, 지리적 요인을 지속적으로 리밸런싱하려고 한다면 시스템 2로 사고하는 투자자라도 돌아버릴지 모른다! 경험상 투자자는 매번 거래할 때마다 전체 포트폴리오를 리밸런싱하기보다는 현상유지 편향에 져서 아무것도 하지 않거나 약간만 변경하는 경우가 많다.

그래서 나는 현금 및 섹터 비중에 상한과 하한을 두어 현상유지 또는 원점으로 돌아가는 선택에 유연한 접근 방식을 취하기를 추천한다. 이러한 가드레일은 현상유지와 이전 비중으로 리밸런싱하는 것 사이에서 균형을 잡는 데 도움이 될 것이다. 예를 들어, 애플을 정리하기 전에 평소보다 더 많은 현금을 보유하고 있었다면 애플의 매도 수익을 다른 주식으로 빠르게 재투자해 원점으로 돌아가는 것과 가까운 접근 방식을 시도할 수 있다. 그러나 애플을 매도하기 전에 현금이 비정상적으로 낮은 수준이었다면 현금 비중을 높이는 새로운 상태를 유지할 수도 있다.

행동 코칭 팁

보유 주식을 거래할 때는 포트폴리오에 여러 가지 변화가 생긴다. 거래 후 선택의 틀을 잡을 수 있도록 거래 전에 투자 과정을 만들어라. 새로운 상태를 유지할 수도 있고, 원점(이전 상태)으로 돌아갈 수도 있으며, 균형 잡힌 접근 방식을 취할 수도 있다.

- 앵커링, 손실, 세금이라는 문제가 대두되면서 지연 행동이 거래 과정을 늦출 수 있다는 사실을 유념해라.
- 보유 주식에 대한 거래 계획을 아무리 잘 세워도 실행 단계에서 내 안의 실행가가 주도권을 쥐고 거래를 연기하거나 취소하는 등 계획을 바꾸고 재고하는 경우가 많다.
- 투자팀은 자문가의 거래에 전체 또는 부분적으로 참여할 수 있는 재량권이 있다. 거래 전략에 대한 자문가의 준수율을 높이려면 지금까지 대부분 자문가들의 준수율이 높다는 사실을 자문가 그룹에 알려야 한다.
- 팀이 거래 전략을 따르게 하고 싶다면 쉽게 만들어라. 전략 준수를 기본 옵션으로 설정해 자문가가 적극적으로 선택했을 때만 이탈을 할 수 있게 하라. 또한 가능하면 매도를 다음 해로 미뤄 단기적인 세금 영향을 줄이도록 해라.
- 거래 후에는 새로운 상태를 유지할지, 원점(이전 상태)으로 돌아갈지, 절충적인 입장을 취할지 다음 행동에 대한 선택의 틀을 짜야 한다.

10장

후회와 무행동의 악순환에서 벗어나는 법

장기적인 투자 논거의 검토

STOP THINK INVEST

지금까지 투자 라이프 사이클의 먼 길을 걸어왔다. 이제 뒤를 돌아보고 다음 단계를 내다볼 때다. 이 시점에서 우리의 투자 아이디어는 확실히 중반기에 접어들었고 끝이 코앞으로 다가왔다. 초기 연구를 완료하고 주식을 매수했으며 주가가 변화하면서 거래도 했다.

이제 우리는 이 오래된 자동차가 얼마나 오래 갈 수 있는지 생각해봐야 한다. 몇 년이 지나고 여러 번 거래한 후에도 우리의 투자 논리는 여전히 유효할까? 이 주식을 계속 보유해야 할까, 다른 종목으로 옮겨가야 할까? 이 장은 놀라서 아무 행동도 못하게 되는 상황을 막는 몇 가지 행동 코칭 팁으로 시작한다. 한동안 보유했던 주식에 대해 아무것도 하지 않으면 마음이야 편하겠지만 나쁜 성과를 얻을 수 있으니 주의해야 한다. 바로 소유 효과endowment effec라고 하는 보유한 주식을 더 선호하는 편향 때문인데, 이것은 다시 아무 활동을 하지 않는 상태로 이어진다.

결론은 포지션을 구축한 뒤 잊어버리고 싶은 충동을 밀어내고 4장과 8장에서 설명한 기법들을 사용해 종합적으로 투자 논거를 검토해야 한다는 것이다.[1] 10장은 투자 논거에서 먼지를 털어내는 데 중점을 둔다. 차근차근 하나씩 살펴보자.

자기만족의 덫

> 당신의 이윤이 내게는 곧 기회다.
>
> – 제프 베조스[2]

나는 수년 전, 세계 최대의 액티브 투자 운용사 중 하나인 티 로 우 프라이스T. Rowe Price에서 면접을 본 적이 있다. 당연한 얘기지만 나는 진지한 표정을 지으며 인지적 긴장 상태로 어려운 면접 질문에 대답하기 위해 집중했다. 티 로우의 선임 투자자 중 한 명이 내게 질문을 던질 때 얼핏 그의 컴퓨터 모니터에 '자기만족과 과신'이라고 적힌 작은 포스트잇이 붙어 있는 것이 눈에 들어왔다.

일류 투자자도 이 두 가지 행동재무학의 주제를 모니터에 계속 붙여놓고 상기한다는 사실이 아주 인상적이었다. 자기만족과 과신은 포트폴리오의 장기 보유 주식을 평가하는 데도 큰 관련이 있다.

과신의 위험성에 대해서는 이미 논의했으므로, 이번에는 자기만족에 대해 알아보고 이러한 행동적 경향에 맞서는 방법은 무엇인지 확인해보자. 이 단락 시작 부분의 인용문은 비즈니스 세계가 갖고 있는 자기만족에 대한 생각을 잘 드러내준다. 제프 베조스는 매일 아침 눈을 뜰 때마다 경쟁자들을 생각하며 누가 지금 게으름을 부리고 있는지 궁금해 할 것이다.

베조스의 말은 아마존이 오래전부터 고마진 사업을 열심히 구축해오면서 비대해진 회사들의 뒤를 쫓아갈 것임을 의미한다. 서점이나 오프라인 매장을 기반으로 한 소매업체처럼 자기만족에 빠진 사업체를 공략한 아마존의 성공은 경쟁이 치열한 업계에서 지나치게 안주하지 말라는 엄중한 경고와도 같다. 월스트리트 역시 경쟁이 치열하다. 따라서 베조스를 예로 들어 자기만족의 덫에 빠지지 않도록 투자로 다시 초점을 맞춰보자.

2017년 증시는 2018년부터 대규모 법인세 인하 조치로 기업들의 이익이 증가할 것이라는 예상과 함께 과거 패턴을 깨고 변동성도 거의 없이 22퍼센트 상승했다. 일반적으로 시장은 평균 33주마다 약 10퍼센트포인트 정도 하락하며 숨 고르기를 한 뒤 상승세를 재개하지만 2017년은 이례적이었다.[3]

일부 투자자는 이렇게 변동성이 낮은 증시 곡선은 자기만족이 나타나고 있다는 위험신호라고 본다. 리처드 탈러는 2017년 10월, "주식시장이 낮잠을 자고 있는 것 같다."고 말했다.[4] 탈러의 말은 맞긴 했지만 조금 빨랐다. 3개월 후 시장 변동성이 높아지며 2018년 초 S&P 500 지수가 10퍼센트 하락했기 때문이다.

거시적인 관점에서 미시적인 관점으로 이동해 개별 종목에 대한 자기만족의 예를 살펴보자. 우리 회사는 배당금을 지급하며 방어적인 우량 통신주가 포트폴리오의 고성장주 또는 경기순환주의 위험을 상쇄할 수 있는 좋은 대안이라고 생각해 수년 동안 AT&T를 보유했다. 하지만 이 투자 논리는 우리 팀을 자기만족에 빠지게 했다. AT&T가 타임워너를 인수하기 위해 막대한 부채를 지고 주가가 (우리가 마찬가지로 보유 중이던) 버라이즌Verizon보다 훨씬 아래로 미끄러지자 나는 투자 논리를 재검토하기로 했다.[5] 2019년 중반에 한 행동주의 투자자가 변화를 촉구하기 시작하면서 주가가 급등한 뒤 나의 자기만족이 사라지기 시작했다. 나는 높아진 주가가 호재는 많이 반영하고 하방 위험은 거의 반영하지 않았다고 판단했다. 지금까지 AT&T는 믿음직한 주식이었지만 나는 자기만족을 극복하고 과감히 손을 떼기로 결정했다.

행동 코칭 팁

투자 과정에서 나태함과 무기력함에 빠지지 않도록 주의해라. 과거에 수익률이 좋았던 주식은 미래에 대한 자기만족을 불러일으킬 수 있다. 적어도 1년에 한 번은 투자 논리에서 먼지를 털어내 그 주식이 여전히 매력적인 위험 대비 보상을 제공하는지 확인해라. 자기만족에서 벗어나기 위한 방법으로 8장에서 소개했던 체크리스트를 활용해라.

행동하고 후회하기 vs. 행동하지 않고 후회하기

투자 과정의 현 단계에서 당신은 주식을 보유하며 몇 번의 상승과 하락을 겪었고 갈림길에 서 있을 수도 있다. 투자를 계속 유지해야 할까, 아니면 대안을 찾아야 할까? 여기서는 행동이냐 무행동 inaction(아무 행동도 하지 않기)이냐의 선택을 살펴보겠다. 편향은 여기에도 스며든다.

큰 랠리 전에 주식을 매도하는 행위처럼 어떤 행동을 취했다가 그것이 틀리면 우리는 후회에 빠진다. 그러나 아무 행동을 하지 않았다가 틀리면 덜 후회한다. 카너먼에 따르면 사실 우리는 이 사실을 미리 알고 있다. 카너먼은 사람들이 '아무 행동도 하지 않아서' 생기는 결과에 비해 '행동을 취해서' 생기는 결과를 더 많이 후회할 것으로 예상했다.[6]

카너먼은 더 깊이 파고들어가 다음의 예시를 통해 무행동과 현상유지를 비교했다. 여기 두 명의 운전자가 있다고 해보자. 한 명은 히치하이커를 절대 태우지 않고, 다른 한 명은 항상 히치하이커를 태운다. 두 운전자 모두 히치하이커에게 강도를 당한다면 어느 쪽이 더 많이 후회할까? 낯선 사람을 절대 태우지 않다가 현상유지를 깬 사람일 것이다.[7]

다시 투자를 예로 들어보자. 위험한 베팅으로 1,000달러를 잃을 가능성이 있다면 우리는 행동을 취하기보다는 아무것도 하지 않음으로써 기회를 잡으려 할 것이다. 어떤 의미에서 우리는 종종 후회하지 않기 위해 위험을 회피한다.

후회와 무행동의 영향을 설명하기 위해 AT&T 사례로 돌아가 보자. 앞서 언급했듯이 AT&T는 2016년부터 2017년 초까지 금리 하락으로 인해 고배당 우량주의 상대적 매력이 부각되면서 40달러대 초반까지 상승했다. 하지만 2016년 말, AT&T는 당시 AT&T 시장 가치

의 약 3분의 1에 해당하는 850억 달러 규모의 타임워너를 인수하고
자 부채를 짐으로써 큰 위험을 감수했다. 투자자들은 특히 AT&T의
나머지 사업이 어려움을 겪기 시작하면서 타임워너 인수와 AT&T의
부채 증가에 대해 부정적인 시각을 보이기 시작했다. 이러한 모든 역
학 관계가 일시 중지 버튼을 누르고 투자 논리를 재평가해야 한다는
의미였다면 그 말이 맞을 것이다. 그러나 바로 여기에서 후회와 무행
동이 끼어든다. AT&T 주가가 20달러대 후반으로 떨어지면서 나의 투
자 논거에 문제가 생겼다는 사실을 알았지만 잘못된 타이밍에 매도
해서 후회할까 봐 매도에 차질이 생겼다. 돌이켜보면 나는 행동보다
는 무행동을 선택함으로써 후회를 최소화하려고 했던 것 같다.

이 사례에서는 예상치 못한 요인이 AT&T 주가를 상승시켰기 때
문에 나의 경우는 매우 운이 좋았다고 할 수 있다. 내가 후회와 무
행동의 순환 고리에 빠져 있을 때 한 행동주의 투자자가 달려들어
AT&T를 대개조했고 주가를 끌어올려 더 매력적인 출구를 제공했
기 때문이다. 어떤 면에서 이 행동주의 투자자가 무행동보다 행동을
선택하도록 나를 도와준 것이었다.

행동 코칭 팁

주식을 보유하고 여러 번의 시장 사이클을 겪었다면 지금이 투자 논리
를 재검토하기에 좋은 때다. 검토 결과, 매도 등의 행동을 취해야 한다면
행동하지 않을 때에 비해 행동했을 때 더 후회할 수 있다는 사실을 유념
해라. 체크리스트를 활용하고 동료들과 매수/보유/매도 선택에 대해 토
론하며 무행동 편향을 극복해라.

현상유지 편향: 관성이 주는 편안함

고장 난 게 아니라면 고치지 마라.

- 오래된 속담

아무 행동도 못하게 되는 상황에 대해 다루는 이번 단락을 마무리하면서 투자 과정을 완전히 멈추게 할 수 있는 세 번째 심리적 지름길에 대해 알아보자. 자기만족과 행동에 대한 후회가 현실에 안주하게 만드는 것처럼 현상유지 편향은 주식을 추가 매수하거나 완전히 매도하는 것이 더 합리적일 때조차 주식을 보유하게 한다.

투자자들은 왜 현상유지를 선호하는 걸까? 전문가들의 말을 들어보자. 논의를 모든 경제적 의사결정으로 확대하면 카너먼은 변화를 일으킬 때 인지하는 위험이 잠재적인 이익보다 큰 경우가 많기 때문에 사람들이 현상유지를 선호한다고 말한다.[8]

다른 경제학자들은 살짝 다른 이유로 의사결정권자에게 현상유지 편향을 주의하라고 경고한다. 탈러는 자산을 포기할 때 약간의 손실감을 느끼며, 그런 이유로 많은 사람들이 손실감을 느끼기보다는 아무것도 하지 않거나 현상유지를 하는 편을 선호한다고 말한다. 손실 회피와 "바꿀 만한 좋은 이유가 없는 한 현재 가진 것을 고수하려는" 경향은 관성으로 이어진다.[9] 역동적인 주가 변동은 끊임없이 다른 대안들을 더 매력적으로, 혹은 덜 매력적으로 만들기 때문에 현상유지 편향은 투자자에게 문제로 작용한다.

이론에서 실천으로 넘어가면서 8장에서 과신과 과도한 거래는 나쁜 결과를 초래한다고 이야기했다. 그렇다면 현상유지가 좋을 수도 있을까? 물론 그럴 수 있다. 카너먼은 손실 혐오와 현상유지에 대한 선호가 일반적으로 큰 변화를 피하고 작은 변화를 지향하게 한다고 말한다.[10] 장기적인 투자 이론을 검토할 때 현상유지 편향은 과신에 의한 매수 또는 매도 결정 욕구를 억누르는 데 도움이 된다.

손익에 관한 문제는 투자 검토 과정에서 다소의 관성을 유발할 수 있는 또 다른 요인이다. 우리는 손실에 대해 더 감정적으로 반응하기 때문에 매수 가격에서 50퍼센트 하락한 주식보다 50퍼센트 상승한 주식을 매도할 가능성이 높다. 현상유지 편향은 손실을 볼 때 더 강력하게 작용한다.

다시 AT&T의 사례로 돌아가자면, 나는 특히 보유 기간이 끝날 무렵에 현상유지 편향에 빠졌던 것 같다. 2009년 침체가 끝난 후 대체로 주가가 상승했기 때문에 나는 AT&T 포지션에 상당히 편안함을 느끼고 있었다. 보유 규모를 변경하거나 대안을 고려할 이유가 거의 없었는데 위험 회피나 손실 회피 편향이 반영됐던 것 같다. 하지만 세 가지 이벤트가 생겨 AT&T에 대한 나의 투자 관점에서 먼지를 털어낼 수 있었다. 첫째, AT&T는 논란의 여지가 있는 두 건의 인수 거래(다이렉트 TVDirect TV와 타임워너)를 위해 막대한 부채를 떠안았다. 둘째, 회사의 위험 수준이 악화되면서 투자자들이 AT&T 주식을 던지기 시작했다. 마지막으로, 팀에 새로운 애널리스트가 들어와 신선한 관점을 제시했고 우리는 AT&T의 위험 대비 보상에 대해 보다 객관적인 접근 방식을 취할 수 있었다.

앞서 이야기한 것처럼 나의 경우는 현상유지 편향이 도움이 되었을 수도 있는데, 어느 행동주의 투자자가 개입해서 주가를 끌어올릴 때까지 AT&T 주식을 깔고 앉아 있을 수 있었기 때문이다. 그러나 현상유지 편향이 위험한 주식이나 AT&T처럼 방어적인 주식에 대한 의사결정 과정에 영향을 미칠 수 있다는 사실을 배웠다.

행동 코칭 팁

위험이나 잠재적 손실을 회피하려는 경향 때문에 투자자는 유효 기간이 훨씬 지나도록 주식을 보유하기도 한다. 이런 편향을 극복하고 싶다면 새로운 관점을 가진 팀원을 영입하거나 투자 체크리스트를 활용해라.

소유 효과: 생각보다 강력한 '내 것'에 대한 집착

이것이 기쁨을 가져다주는가?

– 곤도 마리에Kondo Marie(일본의 정리 전문가)[11]

주식 투자자와 편식가에게 공통점이 있을까? 생각보다 많다. 우리 부부는 오랫동안 다섯 아이들에게 새로운 음식을 소개하는 기쁨을 누려왔다. 매일 밤 일곱 명이 식탁에 둘러앉아서 가족 모두가 먹고 싶어 하는 음식을 찾는 것은 아주 재미있는 일이다. 아이들에게 뭔가 건강한 음식을 먹게 하려고 하는데, 아이들은 종종 맥앤치즈 외에 야채, 과일, 생선 같은 음식은 쳐다보지도 않으려 한다. 듀크 대학의 행동경제학자 댄 애리얼리는 이와 관련해 바쁜 부모를 위한 몇 가지 코칭 팁을 제시했는데 이것을 주식투자에도 적용할 수 있다.

애리얼리는 아이의 접시에서 건강한 채소를 한 입 훔치라고 조언한다. 그러면 소유 효과가 나타난다. 아이들은 자신의 저녁 식사를 빼앗아 갔다고 화를 내며 다시 돌려받기를 원하기 때문이다. 애리얼리는 "어떤 것을 내 소유라고 인식할 때 더 좋아하는 경향이 있다." 고 말한다.[12]

좋은 식습관과 좋은 투자 습관 사이에는 어떤 유사점이 있을까? 앞으로 설명할 네 가지 개념을 통해 소유 효과에 대해 자세히 알아보면서 소유에 대한 개인적인 감정 때문에 유효 기간이 훨씬 지난 주식을 계속 보유하지 않을 수 있는 방법 또한 찾아보자.

우리 가족은 최근 새 집으로 이사하면서 가져갈 것과 버릴 것을 결정하는 즐거운 경험을 했다. 이사는 불필요한 물건을 정리하기에 좋은 기회였다. 우리는 1년 이상 사용하지 않은 물건은 버리거나 기부하는 것을 원칙으로 삼았다. 정리의 또 다른 원칙은 정리의 달인 곤도 마리에에게서 배운 것이다. 그녀는 "이 물건이 기쁨을 가져다주는가?"라고 질문을 던져 집안의 물건을 정리한다. 내 생각에 이것은 상당히 어려운 기준이다. 기쁨을 가져다주는 대상을 생각하면 배우자, 아기, 강아지가 떠오른다. 하지만 일부 투자자에게는 오래 보유한 주식이 포트폴리오를 해칠 정도로 큰 기쁨을 불러일으킨다.

투자자들도 보유냐 처분이냐의 결정을 하면서 곤란한 상황에 처한다. 탈러의 연구에 의하면 보유 주식에 얽힌 흥미롭고 개인적인 스토리가 보유냐 처분이냐의 결정에 많은 영향을 미친다.[13] 새 집으로 이사하는 사람들은 대를 이어 내려온 할머니의 가보가 오랫동안 상자 속에만 있었음에도 어떻게 처리해야 할지 고민에 빠진다. 마찬가지로 많은 투자자들도 여러 해 동안 보유해온 주식에 얽힌 이야기에 붙잡혀 있곤 한다. 이렇게 소유 효과는 다년간 수익을 안겨준 주식에 대해 갖고 있는 좋은 기억을 떠올리며 이성적인 의사결정을 하지 못하게 한다.

승자 주식이 될 수도 있었던 종목의 모든 상승과 하락을 기억한다는 점도 문제다. 그렇다면 승자 주식은 유지하고 패자 주식은 버려야 할까? 이것보다 더 중요한 질문은, '모든 기억은 우리의 주의를 분산시키는가?'일 것이다. 그리고 이런 질문을 던져봐야 한다. '주의가 흩어져서 우리가 놓치고 있는 것은 무엇일까?' 탈러는 소유 효과와 주식에 담긴 흥미로운 스토리가 정작 "우리가 가장 관심을 가져야 할 시장 요인을 보지 못하게 주의를 분산시킨다."고 말한다.[14]

투자자로서 우리는 보유 종목을 검토하고 끊임없이 새로운 종목을 찾으면서 냉정하고 빈틈이 없어야 한다. 하지만 소유 효과는 판단력을 흐리고 주요한 시장 변화를 보지 못하게 한다. 현재 시장을 움직이고 있는 어떤 요인이 보유 주식에는 나쁜 영향을 미치고 다른 주식에는 좋은 영향을 미친다면 우리는 보유냐 처분이냐의 결정을 내릴 준비를 해야 한다.

로버트 실러의 연구 역시 흥미로운 스토리가 소유 효과와 결합해 소유물을 생각하는 방식에 영향을 미친다는 견해를 뒷받침한다. 실러의 『내러티브 경제학Narrative Economics』에 따르면 '스토리'는 우리의 머릿속에 자리를 잡고 행동에 영향을 미쳐 종종 끔찍한 결과를 초래한다.[15]

2000년대 초반 많은 투자자들이 집값은 오를 수밖에 없다는 잘못된 내러티브를 믿고 과도한 빚을 지고 비싼 주택에 투기했다. 내러티브 경제학은 주식을 필요 이상으로 오래 보유하게 할 수도 있다. 여기에서 2001년 엔론과 2018년 GE 사례가 떠오른다. 이 사례에서 투자자들은 우량해 보이는 대기업은 절대 망하지 않을 것이라는 잘못된 내러티브를 믿었다.

이 장에서 살펴보고 있는 AT&T 사례에서 나는 주식을 계속 보유할지 매도할지 고민하면서 소유 효과로 꽤나 고생을 했다. 이 회사의 유구한 역사, 미디어와 무선 통신을 결합하겠다는 원대한 계획은 흥미로운 스토리였고 덕분에 회사에 불리하게 작용하는 강력한 시장 요인을 보지 못했다. 나는 주의를 분산시키는 AT&T의 스토리에서 벗어나서 새로운 콘텐츠를 출시하고 AT&T의 타임워너 사업부보다 낮은 요금을 부과하는 스트리밍 서비스가 경쟁자로 물밀 듯이 등장하는 시장 위험 요인을 인지했어야 했다. 또한 AT&T의 부채가 점점 늘어나는 것과 동시에 다이렉트 TV 사업부의 수익이 줄어드는 것을 지켜보면서 안전한 주식이었던 AT&T에 대한 즐거운 기억을 옆으로 미뤄둬야 했다. AT&T는 보유 주식을 검토할 때 소유 효과의 영향을 상기시켜줬다.

행동 코칭 팁

장기 보유 종목을 검토할 때는 소유 효과에 빠지지 않도록 주의해라. 그 주식과 관련된 흥미로운 역사 때문에 주식의 성공과 실패를 결정할 시장 요인을 제대로 보지 못할 수 있다.

'가지고 있으면 언젠간 오를 거야'

느낌과 감정이 투자 자산의 가치를 평가하는 방식에 어떤 영향을 미치는지 살펴보면서 소유 효과에 대한 여정을 계속해보자. 탈러는 "사람들은 이미 소유하고 있는 것을 소유할 수도 있는 것보다 더 높은 가치로 평가한다."고 말한다.[16] 즉, 우리는 대안적인 투자 대상에 비해 이미 소유하고 있는 대상에 대해 '할증된 가치'를 부여한다는 얘기다.

탈러는 경기장 표를 예로 들어 경기장에 직접 가는 것과 표를 판매하는 것 사이의 경제적 선택에 대해 설명한다. 슈퍼볼 입장권을 가지고 있다면 경기장에 가서 소중한 경험을 할 수도 있고, 구매자와 판매자가 정한 가격에 표를 판매할 수도 있다. 만약 당신이 슈퍼볼 티켓을 5,000달러에 구매했는데 스텁허브Stubhub 같은 2차 시장에서 가격이 1만 달러까지 올라갔다고 해보자. 이제 어떻게 하겠는가? 당신은 지금 1만 달러에 티켓을 판매할 수도 있고, 시장 가격이 더 오르기를 기다리거나, 그냥 경기장에 갈 수도 있다. 티켓 소유자는 종종 티켓에 대한 특별한 소유권을 느끼고 이러한 감정적 애착 때문에 시장 가격 1만 달러를 너무 낮게 느끼기도 한다. 열성적인 스포츠 팬이라면 시장 가격이 올라서 1만 5,000달러가 되어야 티켓을 판매할 수도 있다.

이 개념은 부동산에도 적용된다. 주택 소유자는 소유 효과로 인해 판매 가격이 너무 낮게 느껴져 수년간 주택을 팔지 않는 경우가 많다. 내가 가진 집에는 경기침체, 금리 변동, 수요와 공급의 역학 관계 등 만연한 시장 요인을 보지 못하게 만드는 흥미로운 스토리들이 있기 때문이다. 이웃에 있는 비슷한 주택의 가격이 집주인에게는 모욕적으로 느껴질 수도 있다. 안타깝게도 주택을 판매하는 사람은 시장 가격을 받아들이거나 가격이 오를 때까지 (희망하면서) 기다려야만 한다. 하지만 4장에서 설명했던 것처럼 주식 투자자에게 희망은 투자 논거가 될 수 없다.

지금까지 소유 효과가 경기 티켓과 주택에 어떻게 할증된 가치를 부여하는지 이야기했다. 그렇다면 주식은 어떨까? 다년간 주식을 보유해온 투자자들도 보유한 주식이 다른 대안들보다 훨씬 더 가치 있다고 여기는 비슷한 패턴을 보인다.

AT&T의 경우에도 내가 소유 효과로 인해 다른 주식에 비해 할증된 가치를 느꼈을 수도 있다. 나는 기본적으로 이 회사의 흥미로운 스토리에 정신이 팔려 있었기 때문에 AT&T가 비슷한 주식보다 더 가치 있다고 느꼈다. AT&T의 느리고 안정적인 사업 모델과 수년 동안 고객에게 반복적인 수입을 제공했던 안정적인 배당금 지급이 마음에 들었던 것이다.

부동산, 필수소비재, 유틸리티 등 다른 방어적인 배당주들은 2019년 중반에 상대적으로 위험하고 비싸 보였다. 다른 주식들이 더 저렴했다면 AT&T를 매도하고 그중 하나를 매수했을 것이다. 다시 말해서, 나는 AT&T가 다른 주식들에 비해 할증된 가치를 받을 만하다고 생각했다. 다행히도 우리 팀에 새로운 시각을 가진 팀원이 들어와 AT&T에 대한 추가 조사와 분석이 이루어졌다. 과거의 스토리에 얽매이지 않은 그들의 새로운 시각 덕분에 나는 소유 효과와

AT&T에 할증된 가치를 부여하던 태도에서 벗어날 수 있었다. 나의 편향은 AT&T가 할증된 가치를 받을 만하다는 기대를 품게 했다. 하지만 덜 편향된 접근 방식으로 AT&T의 목표 주가를 현실적으로 낮췄고 나중에는 지나 보니 충분히 합리적이었던 가격에 매도까지 했다.

행동 코칭 팁

한 주식을 오랫동안 보유하다 보면 그 주식이 다른 주식보다 더 가치 있다고 생각하게 된다. 특히 투자 논거에 문제가 있다면 새로운 관점(이를테면 새로운 사람)을 받아들여 오랫동안 보유해온 포지션을 재검토해라. 새로운 분석 방법은 소유 효과와 그로 인해 할증된 가치를 부여하는 태도를 제거할 수 있다.

시간은 곧 돈이라는 사실을 기억하라

그냥 내버려 둬Let it go.

– 영화 〈겨울 왕국〉 중에서[17]

영화 〈겨울 왕국〉의 사운드트랙을 이미 너무 많이 들었다면 미안하지만 주식 매도의 어려움을 다루는 이 단락에서는 이 '렛잇고'를 또 외칠 수밖에 없다. 방금 우리는 보유한 주식이 흥미로운 스토리를 가지고 있어서 시장 요인을 보지 못하게 우리의 주의를 돌리고 할증된 가치를 부여하게 한다는 이야기를 했다. 이 감정적 여정의 다음 단계는 우리를 경제적으로 위험한 상태로 이끈다. 투자자들은 종종 매도하는 것이 가장 논리적임에도 불구하고 일시 중지 버튼을 누르고 판매의 유효 기간을 넘어서까지 보유하곤 한다.

탈러는 소유 효과의 영향을 받는 사람들은 이미 가지고 있는 자산을 거래하지 않고 그대로 보유할 가능성이 높다고 말하면서 이 주제에 대해 간략히 설명했다.[18] 그는 소유물을 현금으로 교환하는 실험 등 몇 가지 실험을 통해 이러한 예측을 증명했는데, 그 실험 내용은 다음과 같다. 연구자들은 일부 참가자에게는 3달러 상당의 복권을 주고, 나머지 참가자에게는 3달러를 현금으로 줬다. 무작위로 뽑은 사람들 중에는 복권을 원하는 위험 추구형도 있고 현금을 원하는 위험 회피형도 있었을 것이다. 놀랍게도 이 실험에서 복권을 받은 사람은 82퍼센트가 판매를 거부한 반면, 현금을 받은 사람은 38퍼센트만이 복권 구매를 원했다. 이 실험은 감정이 이성적 사고를 상쇄해 사람들이 소유물을 지나치게 오래 보유한다는 사실을 보여준다.

복권에서 주식으로 바꿔도 비슷한 효과가 나타나는 것을 알 수 있다. 나의 경우에는 소유 효과 때문에 분석이 느려졌는데, 특히 타임워너 인수로 부채 수준이 높아지고 새로운 리스크가 발생한 이후까지 AT&T를 장기간 보유했던 것이다. 다행히도 새로운 팀원이 들어와 새로운 관점을 제시한 덕분에 소유 효과를 꿰뚫어볼 수 있었고, AT&T 주식을 매도해야 하는 긴박감과 필요성을 느낄 수 있었다.

소유 효과 때문에 투자자는 주식을 지나치게 오래 깔고 앉아 아무 행동도 하지 않는 실수를 저지를 수 있다. 장기간 보유한 주식은 종종 흥미로운 스토리로 시장 요인을 보지 못하게 투자자의 주의를 분산시키고 할증된 가치를 부여하게 하며 주식을 필요 이상으로 오래 보유하게 한다. 시간은 곧 돈이다. 따라서 분석적인 새로운 접근법이나 새로운 팀원을 영입해 합리적이고 시의적절한 매수/보유/매도 논의를 하고 소유 효과를 극복하라.

나의 보물이 쓰레기라는 사실을 인정하기

누군가의 쓰레기가 다른 사람에게는 보물이다.

- 오래된 속담

우리는 이제 소유 효과에 대한 탐구의 마지막 단계에 이르렀다. 문제가 무엇인지 알았으니 이젠 문제 해결에 집중할 차례다. 소유 효과는 보유 주식이 담고 있는 흥미로운 스토리가 주변에서 일어나는 일을 보지 못하게 시야를 가려 우리에게 주문을 건다. 주문에 걸린 투자자들은 보유 주식의 가치를 실제보다 더 높게 평가하고 시장 가격이 아직 적당한 가격에 도달하지 않았다며 주식을 지나치게 오래 보유한다.

바로 이것이 문제다. 그럼 해결책은 무엇일까? 카너먼은 소유자,

이 경우에는 주식 보유자가 보유 주식을 향후에 더 가치 있는 다른 물건으로 교환 가능한 대상으로 바라봄으로써 소유 효과를 피할 수 있다고 말한다.[19] 앞서 설명했듯이 보유 주식을 객관화하는 한 가지 방법은 새로운 시각으로 주식의 가치를 재평가하는 것이다. 또 '대신 가질 수 있는 다른 주식과 비교했을 때 내가 장기간 보유한 주식을 얼마나 원하는가?'라는 질문을 해볼 수도 있다. 이런 식으로 질문하면 받는 기쁨과 매도하는 스트레스 사이의 감정적 긴장을 해소할 수 있다.[20]

"누군가의 쓰레기가 다른 사람에게는 보물이다."라는 속담은 여기에 딱 맞는 말이다. 우리는 오랫동안 보유한 주식을 보물이나 수집품으로 여기겠지만 이 주식을 한 번도 소유한 적이 없는 다른 사람들은 전혀 다르게 생각할 수 있다. 어떤 의미에서 주식을 매도한다는 것은 나의 오래된 보물이 이제는 쓰레기라는 사실을 인정하는 것과 같다. 우리는 오래된 쓰레기를 버리고 새로운 보물을 찾을 수 있을까?

몇 가지 예외(가령 아마존, 엔론)가 있긴 하지만 주식은 일반적으로 쓰레기도 아니고 보물도 아니기 때문에 현실은 그 중간 어디쯤이다. 그러므로 오랫동안 보유한 주식에 감정적으로 매여 있는 투자자에게 필요한 자세는 현재 보유한 주식보다 더 좋은 보물이 존재한다는 사실을 떠올리는 것이다.

AT&T 포지션을 평가할 때 우리 팀은 쓰레기냐 보물이냐를 판단해야 하는 순간을 맞이했다. 한동안 AT&T로 재미를 봤지만 무리한 인수를 추진하고 부채가 쌓이기 시작하면서 먹구름이 몰려오는 듯 보였다. 다행히도 우리는 통신 분야에서 AT&T의 경쟁사인 버라이 즌도 가지고 있었다. 우리는 "대신 가질 수 있는 다른 주식과 비교했을 때 그 주식을 얼마나 원하는가?"라는 질문에 답하기 위해 AT&T와 버라이즌을 직접 비교 분석했다. 그 결과 버라이즌은 보물에 가깝지만(비록 다이아몬드보다는 은에 더 가깝지만) AT&T는 쓰레기통에 들어가야 할 주식이라는 결론이 나왔다.

타임워너 인수와 막대한 부채 때문에 AT&T는 궁지에 몰린 것 같았다. 경쟁이 점점 더 치열해지는 시장에서 타임워너가 히트 쇼를 제작하지 못한다면 AT&T는 부채 상환에 어려움을 겪거나 적어도 배당금 지급에 어려움을 겪을 터였다.[21] 그렇게 우리는 AT&T를 정리하고 버라이즌을 보유하기로 결정했다. 버라이즌은 안정적인 성장세를 유지했고 투자자들이 중요하게 생각하는 배당도 지급했기 때문이다.

행동 코칭 팁

비교 분석을 통해 소유 효과를 제한할 수 있다. 해당 주식을 얼마나 갖고 싶은지 가질 수 있는 다른 주식과 비교해 스스로에게 질문을 던져보라. 이렇게 하면 장기 보유한 주식을 팔기 어렵게 만드는 감정적 유대감을 제거할 수 있다.

무행동

- 오랫동안 보유해온 주식, 특히 좋은 수익률을 거뒀던 주식이라면 자기만족에 빠질 가능성이 높다. 매년 체크리스트를 이용해 이 주식이 여전히 매력적인지 확인해라.

- 우리는 행동하지 않은 것(무행동)에 비해 행동한 것을 더 많이 후회하는 경향이 있다. 그리고 그런 이유로 매도 기한이 훨씬 지나서까지 주식을 계속 보유하곤 한다. 체크리스트와 토론을 통해 후회와 무행동의 악순환에서 벗어나라.

- 주식의 추가 매수나 매도를 고려하기보다 장기간 보유를 선호하게 하는 현상유지 편향을 주의해라.

소유 효과

- 장기 보유한 주식에 너무 흥미로운 스토리가 존재한다면 매수, 보유, 매도 결정에 중요한 영향을 미치는 시장 요인을 평가하지 못하고 주의가 산만해질 수 있다.

- 어떤 것을 오랫동안 보유하면 다른 대안보다 더 가치 있다고 느끼는 경우가 많다.
- 소유 효과가 투자 과정에 관성을 만들기 때문에 투자자는 장기 보유한 주식을 매도하지 않을 가능성이 높다.
- 비교 분석을 활용해 소유 효과에서 벗어나라. 수년간 보유해온 주식에 감정적인 유대감이 있더라도 다른 주식이 보유 주식보다 더 매력적일 수 있다.

11장

너무 일찍 팔았거나, 너무 늦게 팔았거나, 괜히 팔았거나

매도 완료한 주식 평가하기

STOP THINK INVEST

이제 당신은 투자의 막바지에 다다랐다! 여기까지 왔다면 종목을 고르고, 가격의 움직임을 지켜보고, 트레이딩을 하고, 투자 논거를 확인하는 고비들을 넘었을 것이다. 당신의 투자 논거가 확실하다면 이 장은 건너뛰어도 된다!

　하지만 주식 포트폴리오를 운용하고 있다면 대수의 법칙에 따라 어느 시점에는 실패한 종목이 나올 수도 있다. 투자 논리가 무너졌거나 목표 주가를 돌파했다면 이 장을 읽어봐라. 이 장은 매도 완료한 주식을 평가해 다음 단계로 넘어갈 때인지 파악하는 데 도움을 줄 것이다.

무지가 많이 아는 것보다 나을 때

모르는 게 약이다.

- 오래된 격언

투자자에게는 때때로 적을수록 좋은 것이 있다. 주식을 매수하거나 매도할 때 우리는 종종 미래 주가를 예측해서 거래 결정을 내린다. 그러나 이때에는 조금 무지한 것이 너무 많은 정보를 가지고 있는 것보다 나을 수 있다. 잘못된 정보에 초점을 맞추면 특정 숫자나 아이디어에 생각이 고착되거나 '앵커링'될 수 있기 때문이다.

나는 15년 동안 산업 분석 애널리스트로 일하면서 적을수록 좋은 경우를 몇 번 봤다. 2014년 9월, 보스턴에서 열린 씨티그룹 투자자 미팅에 참석했을 때의 일이다. 바이오테크 관련 주식을 매매하는 헤지펀드 및 뮤추얼펀드 전문가들을 대상으로 생명공학 회사들이 모여서 발표하는 자리였는데, 나는 이 컨퍼런스에서 앵커링 효과가 일어나는 것을 보았다.

앵커링을 보여주는 사례에 대해 이야기하기 전에 2010년대 초반 바이오테크 업계에 어떤 일이 벌어지고 있었는지 그 배경을 먼저 살펴보자. 2011년 말부터 2015년 중반까지 몇몇 중대형 바이오테크 기업이 블록버스터급 신약을 출시하면서 바이오젠Biogen, 알렉시온Alexion, 셀진, 리제네론Regeneron과 같은 주식에 투자 열풍이 불었다. 바이오테크 지수(BTK)가 세 배나 상승하면서 시장은 아주 뜨거워졌고[1] 최고의 애널리스트인 마크 쇼네바움Mark Schoenebaum이 바이오테크 투자자들 전체가 아직 섹터의 약세장을 보지 못하고 있다고 경고할 정도였다.[2] 당시 바이오테크 주식은 마치 작은 부동산 버블처럼 느껴질 정도였는데 그도 그럴 것이 투자자들은 바이오테크 주식이 절대 하락할 리 없다고 생각했던 것이다.

이런 강세장이었다는 사실을 염두에 두고 씨티그룹이 주최한 컨퍼런스로 돌아가서 돈을 벌 수 있다는 흥분이 어떻게 앵커링과 같은 나쁜 투자 습관으로 이어질 수 있는지 알아보자. 이런 종류의 컨퍼런스에서는 보통 CEO나 CFO가 30분간 프레젠테이션을 하고 다음 회사가 발표 준비를 할 수 있도록 5분간 휴식 시간을 갖는다. 그 5분간의 휴식 시간 동안 나는 한 헤지펀드 투자자가 황반변성 등 안과 질환 신약을 개발하는 제약사 리제네론의 최고 관리자와 신나게 이야기를 나누는 모습을 봤다. 이 투자자는 몇 년 동안 리제네론으로 많은 돈을 벌었고 경영진들과도 아주 친한 사이였다. 이 투자자는 종이에 350달러를 적어 리제네론 관리자와 함께 사진을 찍고(복권 당첨자가 복권 스폰서 옆에서 당첨 금액이 쓰인 대형 수표를 들고 있는 것처럼) 리제네론 경영진과 하이파이브를 하며 환호를 마무리했다.

이 헤지펀드 투자자는 왜 350달러를 적었을까? 리제네론 차트를 보면 2011년 35달러 정도였던 주가가 2014년 350달러 이상까지 오르며 10배 가까이 급등했다. 이 헤지펀드 투자자는 350달러에 앵커링됐던 것 같다. 즉, 그녀가 세운 투자 논리에 따르면 리제네론은 400달러 이상까지 오를 테니 더 많은 돈을 벌 것이라고 기대했다는 뜻이다. 그런데 만약 주가가 300달러까지 하락한다면? 이 투자자는 주가가 350달러였을 때 하이파이브했던 자신을 떠올리며 당혹감, 좌절감, 후회와 같은 감정을 느낄 것이다. 이런 감정과 특정 가격(350달러)에의 앵커링은 향후 잘못된 투자 결정으로 이어질 수 있다.

리제네론의 사례를 투자 과정에 어떻게 일반화시킬 수 있을까? 기본적으로 과거 주가, 이익 추정, 회사 가이던스에 감정적으로 집착하면 당혹감, 좌절감, 후회 등의 감정들이 향후 결과 예측을 방해할 수 있다. 앵커링은 점화priming와 조정adjusting이라는 두 가지 측면으로 우리의 예측 능력을 약화시킨다.

리제네론이 가장 성공한 생명공학 회사 중 하나라고 알려준 다음 주식을 매수 혹은 매도할지 묻는다면 어떨까? 또는 리제네론의 자금이 말라간다고 알려준 다음 이 주식이 매력적인지 물어볼 수도 있을 것이다. 기업의 성공이나 현금 부족에 대해 말하는 것은 분위기를 바꿔주기 때문에 '점화'라고 부른다. 2010년대 초반 바이오테크 주식의 강세는 투자자들이 서로 하이파이브를 하며 더 큰 상승 모멘텀을 기대하게끔 하는 도화선이 되었다.

앵커링의 또 다른 측면은 '조정'이라고 한다. 계량적 예측에 편향을 주입하는 것이다. 이웃집이 매물로 나왔다는 소식을 듣고 그 집의 가치를 80만 달러로 추정했다고 가정해보자. 나중에 부동산 중개인이 그 집을 90만 달러에 팔고 있다는 소식을 들었다. 그러면 설사 중개인의 의견에 동의하지 않더라도 우리 뇌는 중개인의 견적에 가격을 맞추기 시작하고 집의 가치가 90만 달러보다 조금 더 높거나 낮을 것이라고 생각하게 된다. 부동산 중개인이 기준점anchor을 만들었고 당신은 여기에 맞춰 조정하는 것이다.

똑같은 일이 주식시장에서도 일어난다. 리제네론 주식을 350달러에 샀다고 가정해보자. 향후 주가를 예측하려고 할 때 무의식적으로 "주가가 350달러보다 높아지거나 낮아질까?"라고 질문을 재구성할 것이다. 주가가 300달러까지 내려가면 어떻게 할까? 아마도 시작점(350달러)에 앵커링을 하고 거기서부터 예측을 조정할 것이다.

바로 이 지점에서 투자자들이 곤경에 빠진다. 점화, 앵커링, 조정은 손익분기점에 도달하기를 바라며 손실 종목을 지나치게 오래 보유하거나 더 매력적인 다른 주식을 못 본 척하는 등 잘못된 결정을 초래할 수 있다. 리제네론의 경우에는 2014년에 매도하는 편이 더 나은 투자 결정이었을 것이다.

이 단락의 대부분은 주가에 대한 앵커링에 초점을 맞춰서 이야기하고 있지만 이 책의 앞부분에서 제시한 GE 사례에서도 볼 수 있듯이 앵커링은 이익 추정치 등 투자 지표에 대해서도 일어날 수 있다. GE 경영진은 회사가 주당 2달러를 벌 것이라고 말했고 투자자들은 그 수익 지표에 계속 앵커링했다. 더 나은 접근 방식은 경영진의 가이던스를 무시하고 독립적인 방식으로 이익 추정을 하는 것이었다.

행동 코칭 팁

매수 가격이나 최고점에 감정적으로 집착하면 주식을 지나치게 오래 보유하거나 대체 종목을 과소평가하는 등 비합리적인 결정을 내릴 수 있다. 매수 가격을 무시하거나 덮고, 미래지향적인 목표 가격을 세우고, 더 매력적인 다른 주식과 비교해라.

'밑져야 본전'과 이판사판

특히 돈과 위험이 관련되어 있으면 우리는 감정으로 인해 이상한 행동을 할 수 있다. 90퍼센트의 확률로 1,000달러를 딸 수 있는 경우와 확실한 현금 900달러를 받는 경우 중 하나를 선택하게 하면 많은 사람들이 위험 회피 성향을 보인다. 신중한 사람이라면 900달러를 택할 것이다. 하지만 900달러를 확실히 잃는 경우와 90퍼센트의 확률로 1,000달러를 잃는 경우 사이에 선택을 해야 한다면 어떨까? 가장 덜 위험한 선택은 900달러의 손실을 받아들이고 1,000달러를 잃는 더 고통스러운 가능성을 피하는 것이다. 하지만 바로 이 지점에서 감정이 개입한다. 선택지가 모두 나쁠 때는 대부분의 사람들이 위험을 추구하면서 자신이 손실을 피할 수 있는 행운의 10퍼센트에 속하기를 바란다.

카너먼에 따르면 사람들은 잠재적 결과가 점점 악화될수록 손실에 덜 민감해진다. 기본적으로 우리는 지금 당장 900달러를 잃는 상황을 10퍼센트라는 적은 확률로 1,000달러의 손실을 피할 수 있는 상황에 비해 더 고통스럽게 느낀다는 것이다.[3] 사람들은 흔히 모든 결과가 나쁠 때 위험한 선택지를 고르면서 "밑져야 본전"이라고 말한다.

투자 상황이 좋지 않을 때 위험 추구라는 주제를 어떻게 적용할 수 있을까? 일반적으로 이미 손실을 본 상태에서 추가 하락 가능성이 보이면 포지션을 고수하면서 턴어라운드를 바라는 위험 추구적인 접근 방식을 취할 수 있다. 먼저 든 예를 적용해보자면 주가가 90퍼센트의 확률로 계속 하락할 수 있지만 우리는 위험 추구형 투자자가 되어 10퍼센트 안에 드는 행운이 찾아오길 바라면서 주식을 매도하지 않고 보유한다. 더 나은 접근 방식은 손실 종목을 매도하고 상승 가능성이 더 높은 새로운 종목을 찾는 데 노력을 기울이는 것이지만 말이다.

대부분의 결과가 나빠 보일 때 위험을 추구하게 되는 예로 기술 하드웨어 기업 시스코를 살펴보자. 시스코는 2019년 말 실망스러운 이익 가이던스를 발표한 후 주가가 58달러에서 약 48달러까지 하락했다. 회사가 실망스러운 전망을 발표해서 두 가지 결과가 나올 수 있다고 가정해보자. 최상의 시나리오는 주가가 50달러로 소폭 회복되지만 전체 시장보다 낮은 수익률을 내는 것이다. 최악의 시나리오는 추가적인 가이던스 축소로 주가가 40달러대 초반이나 30달러대 후반까지 더 하락하는 것이다. 투자자에게는 다음의 세 가지 선택지가 있다.

- 고점이었던 58달러에 비해 손실을 보고 현재 가격 48달러에 매도한다.
- 50달러까지 회복되기를 바라면서 주식을 보유하지만, 30달러대 후반까지 추가 하락할 가능성을 감수한다.
- 동일한 결과(최상의 경우 50달러, 최악의 경우 30달러대 후반)를 예상하며 48달러에 추가 매수한다.

선택지가 모두 나쁠 때는 오히려 위험을 추구한다는 카너먼의 아이디어를 적용하면 이 상황에서 투자자들은 세 번째 선택지를 선택하고, 48달러에 시스코 포지션을 늘려 50달러에 매도해 빠른 수익을 얻기를 바랄 것이다. 그러나 사실 이 경우 가장 좋은 전략은 첫 번째 선택지다. 시스코를 48달러에 매도해서 손실을 확정하고 그 수익을 더 매력적인 상승/하락 시나리오를 가진 다른 주식에 투자하는 것이다.

> **행동 코칭 팁**
>
> 투자 논리가 어려움을 겪고 있고 보유 중인 주식에 대해 좋은 선택지가 거의 없어 보인다면 위험 추구 경향에 빠질 수 있다는 사실을 주의해라. 모든 선택지를 신중하게 검토하고 손실을 줄이고 더 매력적인 위험 대비 보상 시나리오를 가진 다른 종목으로 이동을 고려해라.

덜 매력적이라도 확실한 것이 좋다?

앞에서는 선택지가 모두 나쁠 때 투자자가 어떻게 이판사판으로 위험을 추구하게 되는지 설명했다. 하지만 선택지가 좋을 때는 어떨까? 이때는 반대로 많은 사람들이 위험 회피적인 성향을 보인다.

카너먼은 100만 달러로 투자를 시작하는 앤서니와 현재 자산이 700만 달러인 베티라는 두 사람을 예로 들어 설명한다. 두 사람에게는 선택권이 있다. 자산이 확실히 200만 달러가 되는 선택을 할 수도 있고, 50대 50의 확률로 100만 달러가 되거나 400만 달러가 되는 선택을 할 수도 있다. 예상할 수 있겠지만 앤서니에게는 모두 좋은 선택지다. 하지만 그는 확실한 것을 택하고 200만 달러를 받을 것이다. 반대로 베티에게는 두 가지 모두 나쁜 선택지다. 베티는 동일한 확률로 100만 달러냐 400만 달러냐가 정해지는 선택을 해 위험을 추구할 것이다.

그러나 합리적인 의사결정권자라면 위험을 추구하는 도박이 더 나은 거래임을 알고 있다. 50퍼센트의 확률로 100만 달러를 얻고 (=50만 달러) 50퍼센트 확률로 400만 달러를 얻는다면(=200만 달러) 이 거래의 기댓값은 250만 달러다. 확실한 200만 달러보다 더 매력적으로 보인다. 그렇다면 앤서니는 왜 위험을 회피하고 덜 매력적인 선택지를 골랐을까?

카너먼은 여기에서 기준점reference points이 중요하다고 말한다. 앤서니는 자산이 늘어나는 것을 보면서 새로 번 돈에서 큰 효용(즐거움 또는 만족감)을 얻는다. 확실한 100만 달러를 얻는 행복이 300만 달러를 얻거나 아무것도 얻지 못하는 위험한 선택에 대한 두려움보다 더 큰 만족감을 가져다주는 것이다.[4]

이 사례는 투자 및 자산 변화와 어떤 관련이 있을까? 저축자가 돈을 잘 모아서 은퇴 자금이 충분하다면 앤서니처럼 행동할 것이다. 자기 돈으로 투자하거나 개인 고객을 보유한 회사에서 일하고 있다면 역시 앤서니처럼 행동할 것이다. 나의 자산(또는 고객의 자산)이 증가함에 따라 상승 가능성이 높은 더 위험한 선택지가 있더라도 확실한 쪽을 취해 더 큰 만족을 얻을 것이다.

앞서 시스코의 예에서는 다음과 같은 선택지를 비교할 수 있다.

- (시스코처럼) 우량한 기술주를 보유하는 위험이 낮아 보이는 전략, 또는

- 시스코를 매도하고 새롭게 떠오르는 고성장 기술주를 매수하는 잠재적으로 더 위험해 보이는 전략

예시의 앤서니처럼 자산 상태가 증대되면 사람들은 보다 확실한 선택으로 시스코를 보유할 것이다. 그러나 보다 합리적인 접근 방식 또는 시스템 2 접근 방식은 상승 및 하락 시나리오를 고려해 더 매력적인 주식을 선택하는 것이다.

행동 코칭 팁

보유 주식이 한동안 계속 상승했다면 자산이 증대되었다고 느끼며 더 위험 회피적이 된다. 그에 따라 현재 보유 중인 주식보다 위험하지만 상승 가능성이 높은 주식을 놓칠 수 있다. 현 상황을 뒤흔들 수 있는 유망주에 열린 마음으로 접근하기보다 우량주처럼 확실한 종목에 당신이 편향되고 있음을 느낀다면 주의해라.

상승 주식을 팔 때 생각해야 할 점

폴 사이먼Paul Simon은 '연인을 떠나는 50가지 방법Fifty ways to leave your lover'이 있다고 노래했지만 주식을 떠나는 방법은 단 세 가지뿐이다. 벌거나, 잃거나, 본전치기로 떠나거나. 합리적인 투자자라면 자신이 투자한 종목과 사랑에 빠지지 않아야 하지만 많은 투자자가 승자 주식을 정리하거나 더 나은 투자 아이디어를 위해 보유 주식을 완전

매도하는 등 오랫동안 보유해온 종목에 대해 어려운 결정을 내려야 하는 순간에 직면한다. 주식을 매도하려고 할 때 승자 주식과 패자 주식 중 무엇을 파는 게 더 기분이 좋을까? 대부분의 사람들은 패자 주식을 매도하고 그 투자 아이디어가 나빴다고 인정하면서 단기적인 고통을 감수하기보다는 이익을 확정하는 즐거움과 만족감을 얻는 편을 선호한다.

카너먼은 패자 주식보다 승자 주식의 처분을 선호하는 편향을 처분 효과disposition effect라고 말한다.[5] 이 편향은 장기적인 성과를 침식시킬 수 있다. 잠깐! 그런데 투자자는 저점에 매수하고 고점에 매도해야 한다. 그렇지 않은가? 상승한 주식을 매도한다면 올바른 투자 결정을 내린 것이다. …… 아닌가? 좀 더 자세히 살펴보자.

우리는 1장에서 편협한 프레이밍에 대해 이야기하며 투자자가 심리적 회계에 빠져 포트폴리오를 전체가 아닌 일부만 본다고 설명했다. 투자자는 작은 조각들, 이 경우에는 각각의 주식을 저점에 매수하고 고점에 매도하면서 웃을 수 있기를 바란다. 하지만 여기에서 우리는 나무만 보고 숲을 보지 못할 수 있다.

시스템 2 투자자는 매수 가격을 무시하고 각 종목의 상승 시나리오와 하락 시나리오만 고려한다. 이렇게 넓은 틀로 사고하면 위험 대비 보상 프로필이 매력적이지 않은 주식을 매도하는 것이 더 나은 접근 방식이다. 그렇다면 이것은 처분 효과와 어떤 관련이 있을까? 승자 주식이 패자 주식보다 높은 수익률을 낼 가능성이 크다면 승자 주식을 파는 것이 옳은 결정이지 않을까?

승자 주식을 매도하면 두 가지 문제가 있다. 첫째, 투자자는 수익에 대해 세금을 내야 하고, 둘째, 상승 모멘텀이 있는 주식은 단기적으로 추세가 지속되는 경우가 많기 때문에 단기 추세를 놓치게 된다. 따라서 승자 주식을 매도하면 정부에 세금을 내야 하고 완만한 모멘텀 패턴에서 상승 추세를 잃어야 한다. 실제로 투자자들은 패자 주식 대신 승자 주식을 매도함으로써 세후 연간 수익률의 약 3.4퍼센트를 포기한다.[6] 카너먼은 우리가 심리적 회계를 이익으로 마감하기 위해 승자 주식을 매도함으로써 기쁨을 얻지만 그에 대한 대가를 치른다고 말한다.[7]

다시 시스코의 예로 돌아가 보자. 시스코는 50퍼센트의 수익을 냈고 또 다른 기술주인 인텔은 매수 가격보다 25퍼센트 하락했다고 가정해보자. 처분 효과는 시스코를 매도하게끔 이끈다. 50퍼센트 수익을 확정하고 만족감을 느끼게 해주기 때문이다. 그러나 과거 수익률을 제쳐두고 두 주식의 상승 잠재력만을 살펴본다면 시스코가 인텔보다 계속 좋은 수익률을 내리라는 사실을 알 수 있다.

이 경우 인텔을 매도하고 시스코를 계속 보유함으로써 괴로운 일을 해치워버려야 한다. 그러면 세 가지 이익을 얻을 수 있다. (1) 인텔의 손실이 다른 종목으로 얻은 수익을 상쇄해 절세 효과가 있고, (2) 수익률이 저조한 주식(인텔)을 보유하지 않을 수 있으며, (3) 잠재적 승자 주식(시스코)을 보유할 수 있다.

행동 코칭 팁

승자 주식과 패자 주식의 두 종목을 매도하려고 한다면 상승한 종목을 매도하려는 경향, 즉 처분 효과를 피하도록 주의해라. 승자 주식을 매도하려는 편향은 수익률에 있어 연간 약 3.4퍼센트의 손해를 초래할 수 있다. 더 나은 접근 방식은 매수 가격을 무시하고 상승 및 하락 시나리오를 살펴본 다음 위험 대비 보상이 덜 매력적인 주식을 매도하는 것이다.

누군가가 공짜로 이 주식을 준다면 팔 것인가?

지금까지 오랫동안 보유해온 주식에 대해 나쁜 결정을 내리게 만드는 심리적 함정에 대해 살펴보았다. (1) 앵커링은 주식을 지나치게 오래 보유하게 하고, (2) 나쁜 선택지만 있는 경우에는 위험을 추구하게 하며, (3) 처분 효과는 승자 주식을 너무 일찍 매도하게 하고, (4) 자산 증가는 위험을 회피하고 너무 일찍 매도하게 만든다. 투자자들이 매도 시점을 아는 데 어려움을 겪는 것은 당연하다!

그래서 카너먼은 투자자가 하락세에서 낙하산을 펼쳐 주식을 매도할 때 겪는 감정적 혼란을 정리할 수 있는 우아한 방법을 제시한다. 카너먼은 환불이 불가능한 티켓을 사서 경기를 보러 눈보라를 뚫고 운전해 가는 경우를 예로 든다. 티켓은 매몰 비용이지만 이 사람은 위험한 날씨를 뚫고 경기장까지 가거나 손실을 받아들이고 TV로 경기를 볼 수도 있다. 우리는 티켓을 공짜로 얻었다면 어떻게 할 것인지 자문해봄으로써 이러한 결정에 대한 부담을 덜 수 있다.[8]

무엇인가를 소유하면 그 물건이나 자산에 얽힌 개인적인 역사가 나의 비전과 향후 결정에 영향을 미친다. 오래된 집을 고쳐서 살아야 할까, 이사를 가야 할까? 낡은 자동차를 계속 타야 할까, 더 좋은 차를 사야 할까? 가보를 계속 가지고 있어야 할까, 팔거나 기부해야 할까? 이때 물건이나 자산을 누군가가 공짜로 주었다고 생각하면 내려야 할 결정에 대해 더 나은 관점을 얻을 수 있다. 추첨으로 경품을 받았거나 길에서 희귀하고 값진 물건을 발견했다고 상상해보라. 이 물건을 20년 동안 보유해온 주식과 똑같이 취급하겠는가?

결론은 주식을 되돌릴 수 없는 매몰 비용처럼 취급하되 누군가 이 주식을 공짜로 줬다면 매도할지 자문해보라는 것이다. 어떤 사람이 시스코 주식을 48달러에 줬다면 내가 58달러에 매수해서 48달러에 매도하는 경우와 다르게 취급할 것인가? 주식을 48달러에 공짜로 받았다면 설사 몇 년 동안 이 주식을 보유했더라도 단기적 손실 회피나 매도 후 납부해야 할 세금에 대한 회피가 없을 것이다.

어떤 의미에서 누군가 오늘 시스코 주식을 공짜로 준다면 당신은 이 주식을 길에서 주운 48달러처럼 다룰 것이다. 이렇게 돈을 주웠다고 생각하는 방식은 주식의 매도를 고려할 때 더 분명한 생각을 가질 수 있게 해준다.

행동 코칭 팁

매도 결정을 하는 데 어려움을 겪고 있다면 누군가 그 주식을 공짜로 주었다고 가정해봐라. 이런 접근 방식은 주식에 대한 감정적 부담을 덜고 매수, 보유, 매도를 결정하는 데 도움이 된다.

가치평가 도구와 매도: 실러의 CAPE

지금까지 잘못된 타이밍에 매도를 하게 만드는 심리적 함정을 살펴보고 이러한 실수를 피할 수 있는 몇 가지 방법도 알아보았다. 이 책 전체에 걸쳐 이야기하고 있듯이 매수, 보유, 매도의 모든 투자 결정에서 편향을 피하는 가장 좋은 방법은 감정에 좌우되지 않는 데이터와 분석을 사용하는 것이다.

주가수익비율(P/E)은 많은 투자자가 매도를 고려할 때 사용하는 분석 도구 중 하나다. 주가수익비율이 높으면 비싼 주식을 매도할 시기가 왔다는 의미일 수 있다. 대부분의 주가수익비율은 회사의 올해 또는 내년 수익을 살펴보는 단기 스냅샷이다. 그러나 주가가 회사가 벌어들이는 이익에 비해 고평가됐는지 여부를 평가하기 위해 10년 치 이익을 살펴볼 수도 있다.

로버트 실러 교수는 단기 이익을 과대 혹은 과소 반영할 수 있는 호황과 불황 사이클의 효과를 완화하기 위해 10년 동안의 후행 이익trailing profits을 살펴보는 방법을 고안해냈다. 실러가 개발한 '경기조정주가수익비율Cyclically Adjusted Price Earning ratio, CAPE'은 시장이나 주식이 밸류에이션의 극단에 도달하는 시점을 파악하는 효과적인 도구다.

하지만 투자자가 실러의 경기조정주가수익비율을 매매를 위한 정확한 지표로 사용하려면 주의를 기울여야 한다. 경기조정주가수익비율은 '방향'은 맞아도 '타이밍'이 틀릴 수 있기 때문이다. 예를 들어 1996년 12월, 실러는 연방준비제도이사회 브리핑에서 앨런 그린스펀Alan Greenspan 의장에게 주가가 위험한 수준으로 높아 보인다고 경

고했다. 실러는 고평가된 밸류에이션 비율(가령, 경기조정주가수익비율)
은 더 낮은 장기 평균으로 회귀할 것이며, 이는 "장기 주식시장 전망
이 좋지 않다."는 뜻이라고 생각했다.[9] 탈러는 실러의 경기조정주가
수익비율에 대한 경고 때문에 그린스펀이 이후 연설에서 "비이성적
과열irrationally exuberant"이라고 말하게 된 것 같다고 추측한다.[10]

연방준비제도이사회 의장이 주식이 고평가됐다고 말했을 때 일
부 투자자는 그린스펀의 말을 듣고 경기조정주가수익비율이 상승
하는 것을 보며 앞으로 주식시장이 조정되리라고 예상했을 수 있다.
하지만 1996년에 주식을 매도한 사람들은 수년 동안 추세를 넘어서
는 높은 상승세를 놓쳐야 했다. 이에 대한 대안으로 탈러는 경기조
정주가수익비율을 타이밍 신호가 아닌 '방향성'을 판단하는 도구로
사용해야 한다고 제시한다. 경기조정주가수익비율이 상승할수록 장
기적으로 높은 수익률을 내기가 어려워지므로 경기조정주가수익비
율이 낮은 종목의 매도 가능성에 초점을 맞춰야 한다.

시스코의 사례에서 경기조정주가수익비율은 매수 또는 매도 신
호로서 엇갈린 결과를 제공했다. 연간 기준 경기조정주가수익비율
은 1990년대 후반 시스코가 수년간 시장수익률을 상회하는 수익률
을 내왔음에도 시스코를 매도해야 한다는 신호를 보냈다.[11] 설상가
상으로 2000년부터는 신호가 반전되어 여러 해 동안 시스코에 대한
매수 신호를 보냈지만 안타깝게도 시스코는 이 대부분의 기간 동안
시장 대비 저조한 수익률을 보였다.

책임 없는 불안에 휘둘리지 말 것

이 장에서는 우리는 너무 일찍, 너무 늦게, 그리고 전혀 매도하지 않게 만드는 내적 감정을 집중적으로 살펴보았다. 이제 편향의 외부 그물망으로 돌아가서 최종 매도를 고려할 때 우리 주의를 분산시킬 수 있는 원인들에 대해 조사해보자.

1장에서 시장 전문가가 나쁜 뉴스가 터질 것이라고 말하면서 언론의 관심을 끄는 책임감 없는 불안 조성에 대해 논의했었다. 그러나 같은 전문가가 나중에 자신이 틀렸다고 인정하는 경우는 거의 본 적이 없다. 이와 관련해 전문가들이 어떤 주식이나 자산군이 거품이라고 주장하면 투자자들이 감정적으로 반응하는 편향이 있다.

탈러는 "버블이 터질 시기를 예측하는 것보다 버블이 껴 있는지를 발견하기가 훨씬 쉽다."고 말한다.[12] 달리 말해, 어떤 주식이나 시장이 버블 상태라고 추측하는 전문가의 주장을 주의해서 들어야 한다는 얘기다. 보유 주식이나 포트폴리오에 거품이 끼어 있다고 생각하면 시스템 1 사고가 우리를 가벼운 패닉 상태에 빠뜨리면서 시스템 2 사고가 작동을 멈추게 되기 때문이다.

전문가가 주식이나 시장이 거품이라고 말할 때 투자자는 이런 외부 편향을 어떻게 극복할 수 있을까? 3장에서 배운 내용을 활용해 인지적 긴장 상태를 유지하면 내 주식이 버블의 영역에 진입하고 있다는 말을 들었을 때 더 의심하고 경계할 수 있다. 또한 전문가의 말을 좀 더 주의 깊게 듣고 이 사람이 자산 버블을 터뜨릴 촉매제의 합리적인 타임라인을 명확하게 제시하는지 확인할 수도 있다.

주식 매도를 고려하고 있는데 〈비즈니스 뉴스 쇼〉에 자신감에 찬 전문가가 나와서 내가 보유하고 있는 주식에 거품이 끼어 있다고 주장하는 것을 본다면 당장 매도해버릴 가능성이 높다. 하지만 그 주장을 충분히 검토한 후라면 매도 타이밍을 판단하는 데 보다 합리적인 접근 방법을 취할 수 있다.

행동 코칭 팁

시장 전문가들은 종종 어떤 주식이나 섹터가 버블이라고 주장한다. 그러나 이들 전문가들이 버블이 꺼질 시기를 정확히 예측하는 경우는 드물다. 누군가 내 주식이 버블이라고 주장한다면 회의적인 시각을 가져라. 패닉에 빠져 주식을 매도하기 전에 자산 버블을 터뜨릴 촉매제에 대해 신뢰할 수 있는 이야기를 하는지 살펴봐라.

- 특정 주가에 앵커링하면 매수 가격이 돌아오길 바라며 지나치게 오래 주식을 보유하는 등 판단과 향후 결정을 흐리는 감정적 요인이 발생할 수 있다. 매수 가격이나 고점과 무관하게 상승 또는 하락 시나리오를 살펴봐라.

- 상황이 좋지 않고 모든 선택지가 나쁠 때 사람들은 종종 위험을 추구한다. 이런 상황에 대해 합리적인 시스템 2 접근 방식을 취하고, 나중에 더 큰 손실을 피하기 위해 지금 작은 손실을 취하는 방법을 고려해라.

- 자산이 증가함에 따라 많은 투자자가 확실한 것을 향한 보이지 않는 끌림을 느끼거나 위험 회피 성향을 갖게 된다. 이런 편향을 극복하고 더 위험하지만 위험 대비 보상이 매력적인 우량주(확실한 것)나 덜 알려진 주식을 보유하는 데 열린 마음을 가져라.

- 많은 투자자가 똑똑한 선택에 대한 만족감을 얻고자 승자 주식을 처분하는 경향이 있다. 그러나 이러한 처분 효과는 전체 수익률을 떨어뜨린다. 수익에 대해 세금이 부과되는 데다 많은 승자 주식이 단기 상승 모멘텀을 가지는데 이른 매도로 그 추세를 놓쳐버리기 때문이다. 매수 가격을 무시하고 위험 대비 보상 프로필이 가장 매력적이지 않은 주식을 매도해라.

- 손실의 고통이나 주식 양도소득세에 대한 두려움으로 어려움을 겪고 있다면 그 주식을 누군가가 공짜로 준다면 매도할 것인지 자문해봐라.
- 실러의 경기조정주가수익비율은 주식이 더 싸지거나 비싸지는지 평가하는 데는 유용하지만 단독으로는 타이밍에 대해 잘못된 신호를 보낼 수 있다.
- 산업 전문가들은 종종 어떤 주식이나 시장이 버블의 영역에 진입했다고 주장하며 매도하고 싶은 감정적 충동을 일으킨다. 매도하기 전에 일시 정지 버튼을 누르고 현실적으로 버블을 터뜨릴 수 있는 모든 가능한 촉매제를 평가해라.

12장

이길 때도 있고
질 때도 있다

매도 후 지속적인 향상 고려하기

STOP
THINK
INVEST

축하한다! 투자의 전체 라이프 사이클을 지나오며 롤러코스터를 타는 것과도 같았던 우리 여정의 종착역에 드디어 도착했다. 초기 리서치를 하고, 투자 논리를 세우고, 최초 거래와 후속 거래를 하고, 이제 매도하고 새로운 투자를 시작할 준비가 됐다.

투자 라이프 사이클의 각 단계마다 어려움이 있지만 몇몇 투자자에게는 마지막 단계가 가장 어려울지도 모른다. 매수 후 보유 전략을 취하는 많은 투자자들이 대부분의 시간을 자산을 축적하는 데 쏟으며 최종적이고 완전한 매도를 불편해하기 때문이다.[1] '후회'는 이 마지막 장에서 다루는 핵심 주제다. 많은 투자자가 보유 주식이 전체 시장보다 낮은 수익률을 낼 때 느낄 수 있는 후회를 피하거나 늦추기 위해 주식을 지나치게 오래 보유한다.

12장에서는 매도를 완료하고 투자의 전체 라이프 사이클을 끝마치면서 배울 수 있는 교훈을 한 발 물러서서 살펴볼 것이다. 매도하고 배우는 것, 두 부분 모두 중요하다. 보유 주식이 전체 시장이나 다른 주식보다 낮은 수익률을 거둘 것 같다면 매도하면서 나머지 포트폴리오의 향후 수익률을 개선할 수 있는 대안을 찾아야 한다.

한편 계속 개선하겠다는 마음으로 나의 투자에서 무엇이 잘못되었고 무엇이 잘되었는지도 돌아봐야 한다. 이제 최종 거래를 지연시키거나 방해하는 감정적 문제를 검토하면서 마지막 장을 시작해보자.

고통은 즉각적이고 이익은 점진적이다

성공적인 투자는 무엇을 아느냐가 아니라 무엇을 하느냐에 달려 있다.

- 리즈 앤 손더스Liz Ann Sonders(찰스 슈왑 최고투자전략가)[2]

지금까지 지연 행동에 대해 세 번 살펴봤는데, 지연 행동은 최초 매수, 후속 거래, 최종 매도처럼 어떤 행동을 취하려고 할 때마다 나타난다. 투자 라이프 사이클은 대부분 리서치, 분석, 토론으로 이루어지지만 궁극적으로 거래는 위험한 행동을 취해야 하는 것이고 사람들은 어렵거나 고통스러운 일을 미루는 경우가 많기 때문이다.

행동경제학자 댄 애리얼리는 "지금 지불해야 하는 비용과 미래에 기대하는 보상 사이에 비대칭성이 존재하기 때문에 지연 행동이 생긴다."고 말했다.[3] 즉, 장기적인 이익을 얻기 위해 단기적인 고통을 감수해야 한다는 것이다. 장기적으로 생각하는 머리로는 미래의 목표가 가져다주는 이점이 클 것이라는 사실을 알고 있지만 안타깝게도

이런 목표를 달성하기 위해 "지금 당장 어려운 일을 해야 할 때"에는 그 생각이 사라져버릴 수 있다.[4]

이번 장에서는 처음으로 돌아가서 다시 GE를 예로 들겠다. 특히 나는 완전 매도를 논의하기 직전 GE 포지션에서 상당한 손실을 봤기 때문에 완전 매도를 검토하면서 지연 행동에 시달렸다. 다행히 행동재무학의 몇 가지 개념을 활용해 여전히 고통스러웠지만 매도를 통해 더 이상의 단기 손실을 피할 수 있었다.

행동 코칭 팁

대부분의 사람들은 비용은 미리 지급하고 만족감은 나중에 얻는 상황을 원하지 않는다. 그런 이유로 최종 매도를 하기 전에 지연 행동이 나타나곤 한다. 손실 종목을 매도할 때의 고통스러운 감정이나 세금 납부에 따른 금전적 고통 등 어려움은 즉각적으로 나타나지만 더 좋은 수익률을 낼 수 있는 종목으로 교체함으로써 얻을 수 있는 이익은 점진적으로 나타나는 경우가 많다.

절대 오지 않는 '나중'이라는 시간

일은 피해야 할 필요악이다.

- 마크 트웨인

방금 투자자가 최종 매도를 미루는 문제를 개략적으로 살펴보았다. 그렇다면 투자 라이프 사이클의 마지막 단계에서 지연 행동을 어떻게 극복할 수 있을까? 다행히도 심리학자와 행동경제학자들이 행동을 미루고 싶은 충동을 전환시키기 위한 방법들을 찾아냈다.

댄 애리얼리부터 시작해보자. 애리얼리는 비용은 미리 지불하고 보상은 먼 미래에 받는 것 사이의 간격을 건너뛰기 위해 "현재의 경험을 더 보람 있고 재미있게 만들라."고 조언한다.[5] 마감일을 맞춰야 하는 스트레스가 많은 프로젝트를 하거나 기술 시스템에 큰 변화를 도모하는 것처럼 노력은 지금 하고 보상은 나중에 받는 일상적인 업무 활동에는 이 방법이 더 쉬울 것이다. 피자 파티나 휴식 시간을 이런 선행 비용에 대한 보상으로 생각할 수 있다.

하지만 최종 매도를 고려할 때는 그 과정을 더 즐겁게 만들기 위해 약간의 창의성이 필요하기도 하다. 최종 매도에 앞서 의욕을 높이는 한 가지 방법은 주식을 매도했을 때의 이점과 다른 종목에 투자했을 때의 보상 가능성에 대해 그룹 토론을 하는 것이다.

지연 행동을 극복하는 또 다른 방법으로 심리학자 캐럴 드웩은 행동의 방법, 시기, 장소를 시각화할 수 있도록 구체적인 계획을 세우라고 조언한다. 이렇게 구체적인 심적 계획은 일반적으로 "매우 높은 수준의 실행으로 이어지며" 업무를 달성할 성공 확률을 높인다.[6] '나중에 주식을 팔겠다'고 말한다면 이는 화를 자초하는 것이다. 하지만 팀 회의가 끝나자마자 금요일 오후 2시에 주식을 매도하겠다고 계획을 세우면 미루는 버릇을 극복할 수 있는 정신적 단서가 생긴다. 이렇게 구체적으로 계획을 세우는 방법은 최종 매도를 지연시키거나 방해할 수 있는 감정적 마찰을 줄여준다.

GE의 사례로 돌아가서, 내가 지연 행동을 극복하기 위해 최종 매도 과정을 더 즐겁게 만들라는 애리얼리의 조언에 귀를 기울였다면 좋았을 것이다. 최근의 손실에 얽매이는 대신 상승 시나리오와 하락 시나리오를 살펴보는 접근 방식을 취했어야 했다. GE 주가가 계속 하락할지라도 GE를 매도하고 더 안정적인 회사에 투자하면 팀원들은 안도감과 전반적인 만족감을 느낄 수 있었을 것이다. 방법, 시기, 장소를 구체적으로 정하는 캐럴 드웩의 접근 방식을 이용해 GE의 최종 매도를 위해 보다 체계적인 프레임워크를 갖출 수도 있었다. 이때 주간 회의는 최종 거래를 완료하기 위한 시간, 장소, 과정을 정하는 좋은 출발점이 될 수 있다.

행동 코칭 팁

지연 행동을 극복하기 위한 방법으로 전체 포트폴리오를 업그레이드할 수 있다는 점 등 최종 매도로 얻을 수 있는 즐거운 이점을 생각해라. 또한 최종 거래의 방법, 시기, 장소를 구체적으로 생각함으로써 미루고 싶은 충동을 줄일 수 있다.

이길 때도 있고 질 때도 있다

나는 커리어의 14년을 질병뿐만 아니라 환자를 치료하는 의약품, 기기, 서비스를 제공하는 회사들을 연구해온 헬스케어 부문의 투자자다. 그러다 보니 수년 동안 잘못된 식습관과 운동 부족으로 어떤 문제가 생길 수 있는지 알게 되었고, 그래서 투자 대상으로 삼았던 의학적 도움을 받지 않기 위해 미리 예방에 힘쓰는 편이다.

나의 아내는 훌륭한 요리사고 우리 가족이 건강한 식단을 유지하도록 도와주지만 운동을 빼먹지 않고 하는 것은 온전히 내 몫이다. 가정과 직장 생활로 바쁘기 때문에 나는 아침마다 시장이 열리기 전에 헬스장에 가려고 노력한다. 좋은 식단과 운동으로 나쁜 음식을 먹고 소파에 널브러졌을 때 느낄 후회를 줄일 수 있기를 바란다.

왜 갑자기 이런 이야기를 하는지, 이것이 주식을 매도하는 것과 무슨 관련이 있는지 궁금할 것이다. 곧 이야기할 테니 조금만 기다려 달라. 일하러 가기 전 운동을 하는 루틴의 이점 중 하나는 하루를 시작하면서 작은 승리감을 얻을 수 있다는 점이다. 그 작은 승리로 하루의 나머지 시간이 전혀 다르게 펼쳐질 수 있다. 예를 들어, 2020년 2월에는 코로나19 바이러스가 글로벌 경기침체를 촉발할 것이라는 우려로 일주일 동안 증시가 약 14퍼센트 하락했다. 이 '코로나 폭락' 주간에 나는 매일 저녁, 시장 하락의 부담감을 느끼며 집으로 돌아갔다.

이런 일련의 손실이 후회나 가벼운 우울증으로 이어져 향후 잘못된 투자 결정을 촉발할지도 모른다고 추측할 수도 있다. 하지만 나는 운동을 통해 하루를 승리로 시작했기 때문에 투자 손실의 고통을 조금은 완화할 수 있었다. 어떤 면에서는 이런 매일의 루틴이 나에게 이길 때도 있고 질 때도 있다는 인식을 심어주었다.

이길 때도 있고 질 때도 있다는 생각을 더 광범위한 경제적 의사 결정에 적용해보면 어떨까? 카너먼은 이길 때도 있고 질 때도 있다는 예상하에 각각의 크지 않은 투자를 더 넓은 범위의 투자 프레임에 넣으라고 조언한다. 이러한 접근 방식은 한 번에 하나의 결과에만 초점을 맞출 때 느낄 수 있는 위험 회피를 제한하고 불가피한 손실에 감정적으로 반응하지 않을 수 있게 해준다.

카너먼은 이길 때도 있고 질 때도 있다는 개념을 위한 세 가지 가이드라인을 제시한다.[7] 첫째, 평가하는 모든 작은 투자들이 서로 독립적인지 확인해라. 10건의 투자가 모두 부동산 섹터에 속한다면 상관관계 때문에 문제가 생길 수 있다. 둘째, 전체 자산에 영향을 미치지 않을 것 같은 작은 베팅만 해라. 셋째, 이길 때도 있고 질 때도 있다는 개념은 가능성이 매우 낮거나 승산이 없는 베팅을 무력화시킨다.

나는 GE의 주가가 2년도 채 되지 않아 30달러대에서 10달러대 후반까지 폭락하는 것을 지켜보면서 손실의 고통을 느끼며 무척 후회했다. 만약 내가 다른 모든 것은 무시하고 GE의 손실에만 집중했다면 GE를 계속 보유하면서 손실을 만회하려고 하는 등 잘못된 투자 결정을 내렸을지도 모른다. 하지만 나는 수익률이 괜찮은 다른 주식이 있다는 것을 알았기 때문에 이길 때도 있고 질 때도 있다는 관점을 취했다. 또한 GE를 매도한 돈으로 위험 대비 보상 프로필이 더 매력적인 다른 주식에 투자할 수 있다고도 생각했다.

행동 코칭 팁

각각의 투자를 여러 적당한 베팅들로 구성된 포트폴리오에 속한 하나의 소소한 베팅으로 바라봐라. 이들 중 일부는 수익을 거둘 테고, 일부는 손실을 가져오며 이길 때도 있고 질 때도 있다는 말을 뒷받침할 것이다. 수익과 손실에 대한 폭넓은 접근 방식은 최종 매도를 완료하고 더 기분 좋게 다음 투자로 넘어가는 데 도움이 된다.

위험 감수와 후회 사이의 균형점 찾기

우리는 그냥 엄지손가락을 빨면서 앉아 있었습니다.

- 찰리 멍거[8]

후회는 강력한 감정이고 투자자를 잘못된 결정으로 이끌 수 있다. 위에 소개한 찰리 멍거의 말은 버크셔 해서웨이가 구글을 지켜보다가 매수할 시기를 놓친 것을 후회하는 말이다.

내가 멍거와 버핏에게 조언을 해줄 처지는 아니지만, 한 가지 의견을 전하자면 초기에 구글을 놓친 것에 대한 버크셔의 후회가 현재 구글에 대한 그들의 시각에 영향을 미치고 있을 수 있다는 점이다. 후회라는 편향을 제거하고 새로운 시각을 가지면 여전히 구글을 전체 시장보다 높은 수익률을 낼 가능성이 큰 주식으로 볼 수 있다.

투자자는 위험을 감수하지만 위험을 감수하면 손실과 후회가 남는다. 후회를 피하기 위해 대세에 있는 우량주를 고집한다면 시장 대비 저조한 성과를 거둘 확률이 높다. 그렇다면 투자자는 어떻게 위험을 감수하는 동시에 미래의 후회에 대비할 수 있을까?

카너먼은 후회할 가능성에 대해 솔직해지라고 말한다.[9] 후회가 어떤 느낌일지 미리 그려놓으면 실제로는 후회를 덜 경험할 수도 있다.

또한 이는 후회와 사후 과잉확신 편향hindsight bias이 섞인 유해한 생각을 피하는 데도 도움이 된다. 철저한 위험 분석 및 시나리오 분석을 하면 "더 나은 결정을 내릴 수 있었는데!"와 같은 불쾌한 생각을 피할 수 있다.

후회할 가능성에 편안해지는 또 다른 방법은 심리적 면역체계를 구축하는 것이다. 심리적 면역체계는 미래의 후회를 예상보다 덜 고통스럽게 만드는 심리적 방어막을 제공한다.[10] 심리적 면역체계에 의지하면 오랫동안 보유해온 주식을 최종 매도할 때처럼 중요한 결정을 내릴 때 편안함을 얻을 수 있다.

후회를 다루는 마지막 팁은 댄 애리얼리의 생각에서 나왔다. 애리얼리는 단기적으로는 행동을 후회하지만 장기적으로는 무행동을 후회하기가 더 쉽다고 말한다.[11] 다시 말해 장기 투자 전략을 이런 후회의 패턴에 맞춘다면 지금 당장 행동을 취할 용기가 날 것이다.

GE의 사례는 이 방법이 맞는 경우라 할 수 있다. 우리 팀은 주식을 팔고 손실을 받아들인 직후 단기적인 후회를 조금 느꼈다. 하지만 몇 년이 지나고 나서 보니 그때의 결정은 행동을 하지 않는 데서 오는 더 깊은 후회를 피할 수 있었던 좋은 선택이었다. GE를 몇 년 더 보유했더라면 나중에 매도하면서 훨씬 더 큰 손실을 입었을지도 모른다.

행동 코칭 팁

후회하지 않으려고 노력하면서 투자를 하면 위험을 회피하게 되고 결과적으로 낮은 수익률을 거둘 수 있다. 문제를 정면돌파하고 미래의 후회

가능성에 편안해져라. 철저한 위험 분석으로 실제 후회를 예상보다 덜 고통스럽게 만들 수 있다.

틀 바꾸기 파트 1: 손실이 아닌 비용

샌드위치를 사면서 5달러를 내면 5달러를 잃었다고 느끼는가?

– 리처드 탈러, 『똑똑한 사람들의 멍청한 선택』 중에서[12]

지금 우리는 주식의 최종 매도를 고려할 때 우리를 잘못된 결정으로 이끄는 후회 등의 감정에 대해 알아보고 있다. 일반적으로 우리는 손실을 입거나 기회를 놓쳤을 때 후회를 느끼곤 한다. 그런데 만약 손실과 후회를 생각하는 방식을 바꾼다면 어떨까? 그러면 매도 결정에 대한 감정적인 부담을 내려놓고 포트폴리오에 있는 다른 주식으로 넘어갈 수 있을지도 모른다.

이 단락 앞머리에 인용한 탈러의 글은 손실을 다른 방식으로 생각하게 해준다. 우리가 샌드위치를 살 때는 두 가지 일이 일어난다. 지갑은 조금 가벼워지고 고픈 배는 든든해진다. 하지만 어떤 사람들은 손실에 집중하느라 이 방정식에서 한쪽 면만을 본다. 만약 당신이 복권을 구매했는데 꽝이거나 라스베이거스에서 슬롯머신을 당겼는데 역시 꽝이라면 어떤가? 완전히 돈만 잃은 것 같아서 후회하는 마음이 들까? 아니면 소액의 비용을 지불하고 잠깐 당첨자가 될 수 있다는 기분을 만끽했다고 생각할까?

라스베이거스의 카지노에서 500달러를 잃었다고 해보자. 후회하지 않을 수 있는 한 가지 방법은 이 500달러를 라스베이거스에서 주사위를 굴리는 짜릿함을 즐기기 위해 지불한 금액으로 생각하는 것이다. 탈러와 카너먼은 손실이 비용보다 더 부정적인 감정을 불러일으키기 때문에 손실을 비용으로 표현하면 감정적으로 덜 동요하게 된다고 이야기한다.[13] 투자에도 같은 논리를 적용할 수 있다. 비싸게 사서 싸게 팔면 손실을 보고 후회할 것이다. 하지만 이 거래를 사업 비용으로 이해한다면 후회의 감정을 줄일 수 있다.

GE의 경우 2016년에 30달러 수준에서 매도할 기회가 있었지만 연이어 회사에 대한 악재가 터지면서 다음 해 주가가 18달러까지 떨어졌다. 만약 내가 18달러에 주식을 매도한다면 이 거래는 12달러 손실(30달러에서 18달러를 뺀 금액)로 볼 수 있다. 손실에 따른 후회를 피하고 싶어서 18달러에 매도하는 것을 미룰 수도 있다. 하지만 18달러에 매도하는 거래를 손실로 보는 생각의 프레임을 바꿔서 고객의 은퇴 계획을 돕는 비용이라고 생각할 수도 있다. 다행히도 내가 18달러에 매도하고 몇 달 후 주가는 6달러를 조금 넘는 수준까지 떨어졌다. 이 경우 손실을 비용으로 보는 생각의 틀이 효과가 있었던 셈이다.

GE를 제쳐두고 전체적인 포트폴리오나 자산 배분 결정에 있어서 고객의 투자금을 현금이나 미국 국채와 같은 무위험 자산에 전부 넣으면 고객의 은퇴 니즈를 충족시키지 못할 가능성이 높다. 인플레이션을 능가해 편안한 은퇴를 위해 돈을 충분히 축적해놓으려면 때때로 비싸게 사서 싸게 팔아야 할 필요가 있다. 주식이 실망스러운 성과를 내면 손실은 비용으로 치고 후회는 내려놓아라. 그리고 더 성공적인 결과를 가져다줄 다른 종목으로 옮겨가라.

틀 바꾸기 파트 2: 손실이 아닌 수익

영화 〈캐디쉑〉에서 빌 머레이Bill Murray가 연기한 괴짜 골프장 관리인이자 전직 캐디 칼은 동료에게 안 좋은 소식이 담긴 이야기를 해준다. 자신이 달라이 라마의 캐디를 맡았는데, 라운딩이 끝난 후 달라이 라마가 칼의 서비스에 대해 충분한 팁을 주지 않았다는 것이었다. 어떤 관점에서 보면 이것은 손실이다. 칼은 기대했던 수입에 비해 상대적으로 손실을 봤다.

하지만 그는 생각의 틀을 바꿔 이 일의 좋은 점에 초점을 맞춘다. 달라이 라마의 선물로 임종 시 완전한 의식을 얻게 될 거라는 것이다. 슬랩스틱 코미디에 나오는 우스꽝스러운 일화지만 손실에 대한 생각의 프레임을 바꾸는 칼의 이야기는 우리가 더 나은 투자 결정을 내리는 데 유용한 교훈을 준다.

이전 단락에서는 손실을 입은 후 후회하지 않기 위해 매도 결정을 바라보는 생각의 틀을 바꿨다. 이제 후회 가능성을 줄일 수 있는 또 다른 접근 방법을 알아보자. 하락한 주식을 매도할 때 '얼마나 손실을 입었는지'가 아니라 '얼마나 많은 돈을 남겼는지'의 측면으로 결과를 생각한다면 일어난 일에 대해 더 나은 기분을 느낄 수 있다.[14]

카너먼은 여기서 더 나아가 사람들이 손실의 관점으로 결과를 생각하면 더 위험을 추구하게 되고, 반대로 얼마나 남겼는지의 관점으로 생각하면 보통은 덜 위험한 길을 선택한다고 말한다.[15] 수익률이 저조한 주식을 매도하는 투자자라면 다음 행동에 영향을 미치는 위험 추구적 감정을 피하기 위해 얼마나 남겼는지를 살펴봐라.

GE를 예로 들면, 18달러에 주식을 매도하면 최근 고점 대비 약 12달러의 손실을 보는 것이었다. 하지만 나는 주가가 더 하락하리라고 생각했기 때문에 18달러에 매도했다. 매도 논리의 핵심은 주가가 18달러까지 떨어졌을 때도 향후 실적에 대한 투자자들의 기대치가 너무 높다는 것이었다. 이익 전망치가 가령 20~30퍼센트 하락하면 주가는 비슷한 길을 따르거나 더 하락할 수도 있다. 주가가 대략 12달러까지 하락할 것으로 예상하고 18달러에 매도한다면 지킨 돈에 초점을 맞춰 생각의 틀을 바꿀 수 있다.

행동 코칭 팁

손실보다 남은 돈에 초점을 맞춰 생각의 틀을 바꾸면 감정적인 반응과 위험 추구적인 선택을 줄이는 데 도움이 된다.

틀 바꾸기 파트 3: 끝나는 시점이 아닌 지속 기간

하지 마라. 후회할 것이다.

- 대니얼 카너먼, 『생각에 관한 생각』 중에서[16]

후회를 줄이기 위해 떠난 이 열차의 마지막 정거장은 손실을 매도 고려 시 감정적인 투자를 줄이기 위한 수단으로 생각하는 것이다. 주가가 이미 매수 가격 아래로 떨어졌거나 고점 대비 훨씬 낮은 수준이지만 앞으로 더 낮아질 수도 있겠다는 확신이 든다고 가정해보자. 합리적인 투자자라면 즉시 매도할 것이다. 그러나 행동을 취해 후회할 수도 있다는 위의 인용문과 비슷한 의견을 듣고 발이 묶여버린 투자자라면?

"하지 마라. 후회할 것이다."라는 감정적인 조언의 문제점은 이 말이 과정의 '지속 기간'보다 과정이 '끝나는 시점'에 지나치게 무게를 두고 있다는 점이다. 우리는 심리적으로 보유 기간이 끝나는 시점으로 건너뛰어 후회를 예상한 다음, 후회를 피하거나 최소화할 수 있는지 확인하기 위해 뒤를 돌아본다. 이렇게 과거 회고적인 논리는 전체 기간이 아니라 주식의 라이프 사이클이 끝나는 시점에 초점을 맞춘다. 투자자는 수익률이 저조한 주식을 보유함으로써 나중에 더 큰 손실을 피하고 후회하지 않을 수 있기를 바란다.

카너먼은 후회를 줄이는 방법으로 정반대의 접근 방식을 취한다. 그는 경험이 지속되는 기간에 초점을 맞추고 앞날을 생각하라고 한다. 재미있는 휴가를 보냈지만 집으로 돌아오는 비행기를 놓쳐 여행의 끝이 좋지 않았다고 해보자. 여행 전체를 후회하는가? 여행의 종료 시점보다 여행의 기간에 초점을 맞추면 여행 중 대부분이 좋았고 집으로 돌아올 때가 조금 아쉬웠다고 생각할 것이다.

휴가를 계속 예로 들자면 "하지 마라. 후회할 것이다."라는 말은 과거 회고적인 관점을 담고 있어 다음 여행에 대해 비합리적인 결정을 유도할 가능성이 높다. 지난 휴가의 좋지 않은 결말을 기억하고 후회할까 봐 다음 휴가를 취소하는 결정을 할 수 있는 것이다.

GE에 투자했던 나의 경험을 평가하면서 결말에만 초점을 맞추고 과거 회고적인 관점을 취하기가 쉬웠다. 18달러에 주식을 매도한다면 1년 전 30달러였을 때에 비해 손실을 보는 것이다. 하지만 카너먼의 조언을 따른다면 GE가 그동안 지급한 배당금과 더불어 이 주식이 수년 동안 고객들의 수익률에 어떤 기여를 했는지에 더 집중할수 있다. 게으른 접근 방식은 GE를 18달러에 팔아 인지된 손실을 받아들이고 후회하지 않으려고 애쓰는 것일 테다. 다행히도 나는 18달러에 GE를 팔고 얻은 수익금을 잠재력이 더 큰 다른 주식에 투자해 얻을 수 있는 상승 가능성을 미리 내다볼 수 있었다.

행동 코칭 팁

주식이 실망스러운 수익률을 보여 매도하려고 한다면 "하지 마라. 후회할 것이다."와 같은 조언을 들을 수 있다. 이는 과거 회고적이며 투자 라이프 사이클의 종료 시점에만 초점을 맞춘 말이다. 대신 전체 투자 기간에 초점을 맞추고 매도 수익금을 사용할 수 있는 다른 잠재력 큰 종목을 찾아라.

실험하고, 검증하고, 평가하고, 배워라

영화 〈스타워즈: 라스트 제다이〉에서 작지만 강한 제다이 요다는 실의에 빠진 루크 스카이워커의 기운을 북돋아주려고 한다. 요다는 루크에게 실패를 통해 위대한 것을 배울 수 있다고 말한다. 그런데 정말 성공하는 방법을 배우기 위해 실패를 경험할 필요가 있을까? 요다는 실패에서 배움을 얻는 것이 다른 제다이들에게 도움이 되리라고 생각했지만 우리들은 어떨까?

많은 사람들이 살면서 그리고 투자를 하면서 똑같은 결정을 내리고 똑같은 실수를 반복한다. 왜 그럴까? 이 악순환에서 벗어날 수 있는 방법은 없을까? 만약 우리가 새로운 것을 실험하고, 검증하고, 평가하고, 그로부터 배운다면 어떨까? 탈러는 의사결정을 할 때 이 네 가지 접근 방식을 취하라고 조언한다. 투자자들도 투자 결정을 내릴 때 이 네 단계를 적용할 수 있다.

탈러는 제너럴 모터스General Motors와 함께 진행했던 컨설팅 프로젝트를 예로 들어 대기업이 어떻게 과신에 차 실험과 검증, 평가, 학습에 실패하는지를 보여준다.[17] GM은 매년 수요 예측을 지나치게 낙관적으로 해서 자동차를 과잉 생산했고 결국 연말이면 남는 재고를 리베이트와 자동차 대출 할인을 통해 처분해왔다.

과잉 생산된 자동차를 처분하기 위해 리베이트 및 할인 프로그램을 성공적으로 운영하고 있었던 GM은 탈러 교수에게 할인 프로그램을 선택하는 소비자 행동을 극대화시키는 요인이 무엇인지 알려달라고 도움을 요청했다. 하지만 탈러는 진짜 문제는 자동차를 지나치게 많이 생산하는 과신이라고 지적했다. 그러나 GM은 회사의 기획자들이 왜 그렇게 자동차를 과도하게 생산하는지 알아야 한다는 탈러의 조언을 무시했고, GM 주주들에게는 안타깝게도 과잉 생산과 연말 할인이라는 패턴을 계속 유지했다.

이 사례에서 탈러는 주로 의사결정 과정의 마지막 단계인 학습에 집중했다. 그러나 GM은 배우지조차 못했다. 이상적으로 기업과 투자자는 하나의 의사결정에서 배우고 이를 다음 주기 실험에 반영할 수 있어야 한다.

GM에서 GE로 넘어와서 실험, 검증, 평가, 학습 사이클의 또 다른 예를 살펴볼 수 있다. 2017년과 2018년에 GE는 비싸고 실망스러운 인수 거래가 회사를 무너뜨리기 시작하면서 수년 동안 계속된 과신에 찬 제국 건설의 대가를 치렀다. GE는 다시 사이클을 시작해 실수로부터 배우고 다른 접근 방식을 실험해야 했다. GE가 무너지는 대부분의 기간 동안 나는 왜 GE가 급락하는지 이유를 파악하는 데 소홀했다. 하지만 '안 하는 것보다는 늦는 것이 낫다'는 신념에 따라 늦었지만 실수에서 배우기로 했다. 그렇게 2017년 말, GE의 2018년 잠재적 이익에 대한 시나리오를 실험해보았다. 평가해보니 GE는 월스트리트의 향후 이익 기대치에 도달하지 못할 것 같았다. 나는 탈러의 실험, 검증, 평가, 학습 과정을 이용하여 2017년 11월에 18달러에 GE 주식을 매도했고, 이후 주가는 거의 6달러까지 폭락했다.

GE의 경험을 통해 나는 크고 성숙한 우량주도 주주 가치를 창출해내는 기업으로서 수십 년간 명성을 쌓아왔음에도 불구하고 투자 위험이 클 수 있다는 사실을 깨닫게 되었다. 다나허, 포티브, 로

퍼Roper, 하니웰 등 덜 알려진 기업들을 대상으로 해서도 실험을 진행했고, GE에 대한 이들 대안을 검증하고 평가했다. 그 결과 지금까지 비우량주가 유명 기업만큼 또는 그 이상의 성과를 낼 수 있다는 사실을 배우게 되었다.

행동 코칭 팁

투자 라이프 사이클이 끝나면 무엇이 효과가 있었고 무엇이 별로였는지 시간을 들여 알아봐라. 여기서 얻은 통찰력으로 다음 투자를 실험해라. 실험을 검증하고, 결과를 평가하고, 주식을 매도한 후 그 과정에서 교훈을 얻어 사이클을 계속 유지해라.

지나고 나면 잘 보이는 사후 과잉확신 편향

세상은 당신이 생각하는 것보다 더 불확실하다.

- 대니얼 카너먼[18]

투자자들은 종종 지나간 투자를 회상하면서 사건이 어떻게 전개되었는지를 잘못 기억한다. 2020년에 발생한 세계 보건 위기는 이런 유형의 시스템 1 사고를 보여주는 새로운 사례를 제공한다. 2020년 초, 중국 우한에서 독감과 유사한 코로나 바이러스가 나타났고 이것이 전 세계로 확산되어 코로나19 팬데믹이 시작되었으며 정책 입안자들은 바이러스 확산을 늦추기 위해 전 세계적으로 봉쇄 조치를 선언했다.

2020년 1월에 바이러스에 대한 뉴스가 전해졌지만 그때 증시는 약 5퍼센트 상승했다. 그리고 3월 말까지 S&P 500 지수는 2월 말 대비 35퍼센트 가까이 하락했다. 돌아보면 많은 투자자들이 당시 상황을 잘못 기억하고 있을 것이다. 지나고 나서 보면 분명히 보이지만 투자자들은 2020년 1월에 바이러스가 경기침체와 하락장을 불러오리라는 점을 모두가 알고 있었다고 말할 것이다. 하지만 이것은 거짓말이다. 모든 사람들이 35퍼센트나 폭락하기 직전이라는 것을 알았다면 왜 시장은 5퍼센트가 상승했을까?

도대체 무슨 일이 일어나고 있는 것일까? 대니얼 카너먼은 의사 결정 과정 초반의 과신을 결과가 나온 이후의 사후 과잉확신 편향과 연결하여 이 상황을 설명한다.[19] 우리는 주식 거래 등 어떤 의사 결정을 계획할 때 종종 성공 가능성을 과대평가한다. 최근에 투자한 주식이 오를 거라고 확신한다. 그런데 이상한 일이 벌어진다. 결과에 상관없이 지나고 나서 결정을 되돌아본다. 주가가 오르면 분명히 그렇게 될 줄 알았던 것이다. 주가가 하락하면? 글쎄. 그 주식에 대해선 항상 느낌이 안 좋았던 것 같다.

탈러는 사후 과잉확신 편향을 "사후에 그 결과가 필연적인 결론은 아니더라도 일어날 것 같았다고 느끼는 것"이라고 설명한다.[20] 반대로 그럴 법하지 않은 결과가 나온 후에는 잘못 기억한다. 카너먼은 이렇게 덧붙인다. "어떤 일이 일어나면 그 일이 어떻게 일어났는지 즉각적으로 이해한다. 즉시 이야기와 설명을 만들어낸다. 그리고 교훈을 얻었고 다시는 같은 실수를 하지 않을 것 같다고 느낀다."[21]

그러나 여기에는 세 가지 문제가 있다. 먼저 의사결정을 할 때 지나친 자신감을 갖는 것이다. 그런 다음 종목 선택과 결과 사이에 선형적인 인과 관계를 구성한다. 마지막으로 그 과정에서 무언가를 배웠다고 생각한다.

더 나은 접근 방법은 4장에서 투자 논거를 세울 때 설명한 것처럼 투자 결정에 이르는 지나친 자신감을 가라앉히는 것이다. 그다음 주가가 상승한 또는 하락한 이유를 섣불리 판단하지 않는다. 사후 과잉확신 편향을 제한함으로써 우리는 각각의 투자 라이프 사이클을 지나며 "또 한 번 놀랐다."는 사실을 배울 수 있다.[22] 세상은 우리가 생각하는 것보다 더 불확실하다는 단락 첫머리에 인용한 카너먼의 말은 불확실성이 과신, 기억 착오, 사후 과잉확신 편향의 악순환을 초래할 수 있음을 상기시켜준다.

GE의 사례로 돌아가서 사후 과잉확신 편향이 어떻게 작용하는지 살펴볼 수 있다. 사후에는 모두가 GE의 전망이 지나치게 낙관적이었고 고가의 가스 터빈 인수가 장애로 작용하고 있음을 알았다. 그러나 이러한 시각은 GE가 월스트리트의 사랑스러운 애인에서 연이어 부진한 성과를 내는 실패자로 전락하는 길고 고통스러운 하락세를 잘못 기억하게 만든다.

행동 코칭 팁

주식에 대해 좋은 결과나 나쁜 결과가 나오면 우리는 재빨리 원인과 결과에 대한 이야기를 만들어낸다. 하지만 예기치 않은 일들 때문에 리서치 결과로는 좋았던 주식이 손실을 내는 주식이 되거나 나쁜 거래가 승자로 바뀔 수 있다. 주식을 매도한 후에는 투자 라이프 사이클을 되돌아 보면서 성과를 이끈 예상치 못한 변수가 있었는지 살펴보고 다음 투자에 이 지식을 활용해라.

과거에 머무는가, 미래를 바라보는가

누구나 산 정상에서 살고 싶어 하지만 나는 모든 행복과 성장은 산을 오르는 동안 생긴다는 사실을 배웠다.

– 팻 서밋[23]

투자자들은 최고의 운동선수에게서 과정과 결과에 대해 한두 가지 교훈을 배울 수 있다. 미 대학 농구 사상 최다 승리를 거머쥔 감독 중 한 명인 팻 서밋의 명언은 연습과 과정이 목표에 도달하는 것만큼이나 중요하다는 사실을 깨닫게 해준다. 뉴잉글랜드 패트리어트New England Patriot의 쿼터백이었던 톰 브래디Tom Brady는 "잘못된 계획을 세우고 잘못된 연습을 평가한 다음 경기장에 나가면 이미 뒤처진 상태에서 출발하게 된다."고 말했다.[24]

이전 단락에서 투자를 판단하는 방식에 존재하는 결함에 대해 개략적으로 설명했다. 사후 과잉확신 편향으로 우리는 투자 과정에 대해 잘못된 결론을 내릴 수 있다. 그럼 어떻게 하면 사후 과잉확신 편향을 피하고 실수와 성공으로부터 배울 수 있을까? 스탠퍼드 대학의 심리학과 교수 캐럴 드웩이 몇 가지 아이디어를 제시한다.

드웩은 마인드셋이라는 개념을 정립하며 인간을 두 부류로 나누었다. 바로 과거를 바라보는 사고방식(고정 마인드셋)을 가진 사람과 미래를 바라보는 사고방식(성장 마인드셋)을 가진 사람이다. 고정 마인드셋을 가진 사람은 도전을 피하고, 포기하며, 피드백을 무시하고, 다른 사람들로부터 위협을 느낀다. 반면 성장 마인드셋을 가진 사람은 도전을 받아들이고, 좌절 후에도 끝까지 하며, 비판에서 배우고, 다른 사람의 성공에서 영감을 얻는다.[25]

보유 주식이 손실을 보고 있다면 고정 마인드셋을 가진 투자자는 더 높은 매수 가격에 사고를 고정시키고 손실에 대해 수치심과 후회를 느낄 것이다. 주식을 매도한 후에는 "더 좋은 주식을 살 기회가 있었는데 왜 저런 패자 주식을 샀을까?"라고 자문할 것이다. 더 최악은 애플이나 아마존처럼 놓쳐버린 기회가 지나가는 것을 보면서 감정적 혼란에 빠질 수 있다는 점이다. 그러나 성장 마인드셋을 가진 투자자는 금을 찾는 광부처럼 전체 투자 라이프 사이클을 세밀히 분석한다. 잘된 점과 실패한 점의 핵심을 뽑아내 미래를 내다보고 다음 투자를 위한 과정을 개선한다.

앞서 4장에서 주식을 매수하기 전에 사전 부검을 하라고 조언했던 것을 기억하는가? 이제는 사후 부검을 해야 할 때다. 최종 매도 후 몇 달을 기다렸다가 무엇이 잘됐고 잘못됐는지 파악함으로써 사후 과잉확신 편향과 감정적 기복을 줄일 수 있다.

성장 마인드셋은 결과보다 과정에 더 초점을 맞춘다. 사후 부검을 하면서 초기 실사 단계를 모두 따랐는지 자문해봐라. 투자 논거는 정확했나? 각 거래의 타이밍과 규모에 대해 건전한 토론을 했나?

다음 투자 사이클을 위해 무엇을 배울 수 있는가? B 주식 대신 A 주식을 선택했다면 주식 B에 대한 투자 논거는 어떻게 진행되었나?

실제 사례 연구에 성장 마인드셋을 적용하여 GE 사태에서 무엇을 배울 수 있는지 확인해보자. 여기서 목표는 힘겨웠던(그러나 더 나쁠 수도 있었던) 결과보다 엇갈린 결과를 가져온 '과정'에 더 초점을 맞추는 것이다. 우리는 GE 경영진에게 합격점을 주고 양호한 과거 실적이 향후 이익 목표를 달성할 가능성을 높인다고 생각하면서 인지적 편안함에 빠졌다. 이것은 잘못된 접근 방식이었다. 보다 나은 접근 방식은 3장에서 설명한 인지적 긴장감을 가지고 경영진의 재무 목표를 살펴볼 때 의심과 경계를 유지하는 것이었다. GE에 대한 투자 라이프 사이클이 끝날 무렵에 잘된 것이 있었나? 아마도 내가 행동 코칭을 가장 잘 활용했던 때는 8장에서 이야기했던 대로 확률을 지나치게 낙관할 때 위험한 프로젝트를 그만두었던 것이다. GE는 내게 매몰 비용이었고 이전 고점에 앵커링하고 반등을 바라는 것이 감정적으로 쉬웠다.

행동 코칭 팁

성장 마인드셋을 가지고 밀고 나가라. 결과보다는 투자 과정에 초점을 맞춰라. 잘된 것은 더 많이 하고, 잘 안 된 것은 피해라. 승자 주식을 매도한 후 지나친 자신감을 부추기거나 패자 주식을 매도한 후 수치심과 후회를 불러일으키는 고정 마인드셋을 버려라.

인간은 늘 실수한다. 하지만 성장도 한다

말하고, 요구하고, 길들여라.

- 멜라니 패럴Melanie Farrell(미국의 자기계발 블로거)[26]

투자 라이프 사이클의 막바지에 다다르면서 우리는 지금까지 투자 과정과 결과를 개선할 수 있는 100가지 이상의 행동 코칭 팁을 살펴보았다. 그렇다면 이제 모든 과정을 마치고 완벽하게 주식투자를 할 수 있다는 뜻일까?

스스로 만족하기 전에, 그리고 성장 마인드셋을 갖고 끊임없이 개선을 이루어도 탈러는 고도로 훈련된 전문가조차 여전히 인간이며 편향의 영향을 받는다는 사실을 지적한다. 탈러는 정부가 시민을 보호하려고 노력하지만 공직자도 인간이며 편향을 가질 수 있다는 행동적 공직자behavioral bureaucrat를 예로 든다.[27]

전업 투자자와 같이 훈련된 전문가들도 편향의 방해를 받는다면 어차피 투자 과정은 감정, 편향, 지름길, 저조한 성과라는 함정에 빠질 운명이니 포기해야 한다는 뜻일까? 그렇지 않다. 탈러는 "더 나은 결정을 내릴 수 있게 돕는 것은 불가능하다는 반사적인 주장을 연구 결과는 분명히 반박한다."고 강조했다.[28] 다시 말해 우리는 편향을 인정하고(말하고, 요구하고), 오류와 실수를 최소화하기 위해 행동 코칭을 받아들이는(길들이는) 타협안에 익숙해져야 한다.

지금까지의 GE 사례 연구를 통해 투자 과정과 결과에서 성공과 실패를 확인할 수 있었다. 우리는 주식을 너무 오래 보유했지만 몇 가지 행동 코칭 기법을 사용하여 결국 10달러대 후반에 매도했고 이것은 저점인 6달러대보다 훨씬 높은 가격대였다. 인간적인 편향은 주가가 30달러에서 18달러로 하락하는 과정에서 잠시 우리 눈을 멀게 했지만 재무 분석을 통해 마지막 하락 구간에서 GE를 보유하는 고통에서 고객들을 구해냈다.

GE의 경험에서 우리는 무엇을 배울 수 있을까? 이 단락의 시작 부분에 인용한 글은 투자자로 하여금 편향을 말하고, 실수를 저지를 것이란 사실을 받아들이고, 마지막으로 잘못을 줄이고자 노력해야 한다는 사실을 일깨워준다.

> **행동 코칭 팁**
> 전문 투자자는 고객을 도울 수 있다는 사실을 아는 동시에 심리적 실수를 할 수 있다는 점을 인지하고 이 둘 사이의 긴장감에 익숙해져야 한다.

성공 확률을 높이는 연습과 피드백의 힘

쉬운 일은 아닐 것이다. 쉽다고 생각하는 사람은 멍청이다.

- 찰리 멍거[29]

드디어 투자 라이프 사이클을 통과하는 여정의 마지막 단락에 도착했다. 당신은 이제 위험한 투자 결정을 내릴 때 심리적 함정을 발견하고 피할 수 있는 도구 상자를 갖추게 되었다. 잘된 일이다. 하지

만 샴페인을 터뜨리고 촛불을 끄기 전에 알아야 할 몇 가지 나쁜 소식이 있다.[30]

나쁜 소식이라고 말하기엔 좀 과할 수도 있겠다. 그보다는 마지막 연습을 마친 선수들에게 큰 경기를 앞두고 코치가 격려의 말을 전하는 것과 더 비슷하다. 코치는 힘을 북돋아주고 싶지만 동시에 선수들이 경기를 앞두고 긴장을 늦추지 않기를 바란다. 그래서 여기 마지막 격려의 말을 전한다. 이 책에서 소개한 100가지 이상의 행동 코칭 팁에서 교훈을 얻는 가장 좋은 방법은 자주 연습하고 즉각적인 피드백을 받는 것이다. 주의를 기울이고, 개념을 적용하기 위해 시스템 2 사고를 하고, 신속한 피드백을 받으려면 많은 노력이 필요하다. 위에 나오는 찰리 멍거의 말은 시장의 신비를 푸는 데 따라오는 정신적, 감정적 어려움을 유머러스하게 요약한다. 하지만 이 모든 노력의 결과로 우리는 합리적인 투자 결정을 내리고 포트폴리오의 성과를 개선시킬 수 있다.

하지만 연습을 하고 피드백을 받는 데는 두 가지 어려움이 있다. 첫 번째 문제는 주식을 수년간 보유하는 경우가 많기 때문에 즉각적인 피드백을 받기가 어렵다는 점이다. 두 번째 문제는 불규칙한 피드백을 받기 때문에 투자의 전문성을 개발하기가 어려울 수 있다는 것이다. 점수판이 잘 보이지 않으면 좋은 게임을 했는지 어떻게 알겠는가?

그렇다면 먼저 투자자들이 어떻게 피드백을 받는지 살펴보자. 카너먼은 전문성을 얻으려면 정기적인 피드백을 통해 나의 기술을 효과적으로 테스트할 수 있어야 한다고 주장한다.[31] 운동선수, 조종사, 외과의사 등 전문가들은 반복되는 연습과 즉각적인 피드백을 통해 전문성을 개발하며, 이런 부류의 의사결정권자들은 지속적인 경험을 통해 배움을 얻는다. 하지만 나머지 사람들은 어떠한가? 연습과 즉각적인 피드백을 통해 어떻게 배울 수 있는지 더 넓은 범위의 의사결정들을 살펴보자.

탈러는 카페테리아에서 점심 메뉴를 고르거나 가게에서 우유와 빵을 사는 것처럼 빈도가 높고 위험이 낮은 의사결정은 빠른 피드백을 얻을 수 있다고 말한다. 이런 경우 우리는 좋은 결정을 꽤 잘 내릴 수 있다. 그러나 자동차, 집, 대학, 직업, 배우자를 선택하는 것처럼 위험도가 올라갈수록 빈도가 낮은 결정을 내려야 한다. 이런 경우에는 "연습을 많이 할 수 없거나 학습 기회를 많이 얻지 못한다."[32]

투자자는 피드백을 받을 기회가 있지만 데이 트레이딩처럼 특별한 경우를 제외하고는 즉각적인 피드백을 받는 경우는 드물다. 그렇다면 불규칙적인 피드백을 받을 때 어떻게 하면 전문성을 키울 수 있을까? 카너먼에 따르면 연구 결과, 즉각적인 피드백이 없는 경험은 아이디어의 정확성보다 자신감을 높여준다고 한다. 실제로 카너먼은 금융업과 같은 일부 직업은 피드백이 불규칙적이어서 많은 참가자들이 게임의 규칙을 배우지 못한다고 말하기도 했다. 그러면서 그는 "주식시장을 예측하는 데 있어 진정한 전문성을 개발할 수 있다고 생각하기는 매우 힘들다. 세상은 사람들이 규칙을 배울 수 있을 만큼 충분히 규칙적이지 않기 때문이다."라고 덧붙였다.[33]

그렇다면 어떻게 더 일정한 피드백을 받고 잘못된 자신감을 피할 수 있을까? 이 장의 앞부분에서도 이야기했던 방법인데 각각의 투자 결정을 하고 약 1년 후에 사후 부검을 하는 것이다. 나는

40~50개 종목으로 구성된 포트폴리오를 관리하고 있으며, 우리 팀은 매년 20~30건의 트레이딩 결정을 내린다. 이 틀 안에서 우리는 투자 결정에 대한 피드백을 상당히 일정하게 받을 수 있다. 이러한 방식은 보유 기간이 3~5년인 경우 30개 이상의 종목으로 구성된 다각화된 포트폴리오에 유용하다.

경험에서 배울 수 있는 또 다른 방법은 과신의 징후가 있는지 살펴보는 것이다. 다른 팀원에게 나의 자신감이 사실과 분석에 근거한 것인지 아니면 감정과 자기 과신에 근거한 것인지 판단해달라고 부탁하라. 이 두 가지 방법은 100가지 이상의 행동 코칭 팁을 활용하고 반복된 연습과 정기적인 피드백으로 전문성을 개발하는 데 도움이 될 것이다.

GE의 사례 연구는 여기에 적합하다. 2017년과 2018년에 GE를 강타했던 충격처럼 우량 기업이 붕괴되는 경우는 거의 없기 때문이다. 투자자들은 무너져 내리는 우량주 투자에 대해 피드백을 얻을 기회가 거의 없기 때문에 이런 상황에 대한 전문성을 개발하기가 거의 불가능하다.

몇 달 동안 회사의 펀더멘털과 투자자 심리가 하락하는 모습을 지켜보면서 나는 함정에 빠졌다. 그러다가 마침내 방향을 잡고 기업이 향후 이익 예상치를 충족하거나 초과 달성할 수 있는지 살펴보는 과정에 집중했다. 그렇게 나는 GE가 투자자의 예상을 만족시키지 못하리라고 판단하여 폭락하는 중간에 매도했다. 아마도 이 경험은 언젠가 GE와 같은 우량주가 폭락하기 시작하면 투자 결정을 평가할 때 유용하게 활용될 것이다.

행동 코칭 팁

투자의 전문성을 키우려면 반복되는 연습과 즉각적인 피드백이 필요하다. 많은 투자자들이 주식을 자주 사고팔지 않으므로 더 많은 피드백을 얻기 위해 사후 부검을 해라. 또한 직감은 있지만 아이디어를 테스트할 기회가 드물 때 나타날 수 있는 과신의 징후를 조심해라.

- 최종 매도를 앞두고 지연 행동이 나타나는 경향이 있다. 대부분의 사람들은 비용(손실 주식 매도, 세금 납부 등)이 먼저 발생하고 보상(더 좋은 주식 보유)은 먼 미래에 발생하는 일을 미루고 싶어 한다.

- 매도 시 지연 행동을 극복하는 두 가지 방법은 매도를 통해 얻을 수 있는 혜택 등 기쁜 일을 생각하고 최종 매도를 언제, 어디서, 어떻게 할 것인지 구체적으로 계획하는 것이다.

- 이길 때도 있고 질 때도 있다는 생각으로 수익과 손실에 대해 폭넓은 접근 방식을 취해라. 매도를 완료하고 포트폴리오의 다른 종목으로 옮겨갈 때 후회를 피할 수 있다.

- 철저한 위험 분석으로 후회를 줄일 수 있다. 잘못된 결정으로 후회할 수 있다는 사실을 솔직하게 인정해라. 이렇게 하면 실제 후회가 예상보다 덜 고통스럽게 느껴진다.

- 투자의 위험을 감수하고 있다면 사업 운영 비용이라 생각하고 때때로 높은 가격에 매수하고 낮은 가격에 매도하는 것을 고려하라. 이렇게 잃은 돈을 비용으로 간주하고 다른 종목이 있는 더 푸른 초원으로 옮겨가라.

- 생각의 틀을 바꿔 매도할 때 손실을 보더라도 후회하지 마라. 손실보다 매도로 얻을 수 있는 수익에 더 집중해라.

- 매도를 고려할 때는 "하지 마라. 그러지 않으면 후회할 것이다."라는 식의 조언을 듣지 마라. 후회를 줄이기 위해 결말이 아닌 미래를 내다보고 투자 기간에 초점을 맞춰라.

- 주식을 매도한 후에는 실패와 성공에서 배워라. 이 지식을 다음 주식투자에서 실험해보라. 실험을 검증 및 평가하고 학습 사이클을 계속 이어가라.

- 투자를 할 때는 뜻밖의 변수를 예상하고 왜 이 종목이 승자 주식 또는 패자 주식인지에 대해 신중하게 결론 내려라. 사후 과잉확신 편향 때문에 투자 라이프 사이클이 끝날 때 의사결정 과정을 잘못 기억할 수 있다.

- 성장 마인드셋을 가지고 투자 과정을 평가해라. 시스템 2 사고에 비해 시스템 1 사고가 과정에 얼마나 반영되었는가? 성장 마인드셋은 투자 과정의 지속적인 개선에 초점을 맞춘다.

- 전문 투자자는 투자 과정에서 편향을 제거하기 위해 노력해야 하지만 우리는 인간이고 완벽하지 않기 때문에 언제든 심리적인 실수를 할 수 있다는 점을 인지해야 한다. 이러한 결함에도 불구하고 투자 과정을 계속 개선한다면 투자에 관한 조언은 편향을 벌충하고도 남는다.

- 투자 전문성을 갖추려면 빈번한 연습과 피드백이 필요하다. 더 나은 피드백을 얻기 위해 매년 투자 결정에 대한 사후 부검을 시행해라. 또한 피드백이 빈번하지 않을 경우 나타날 수 있는 과신의 징후를 조심해라.

멈춰라, 그리고 느리게 생각하라

2020년에 개봉한 디즈니 애니메이션 〈소울〉에서 재즈 피아니스트인 조 가드너는 예술가나 운동선수들이 연주를 하거나 경기에서 이길 때 종종 '무아지경'이라고 표현하는 상상의 세계에 들어간다고 설명한다. 영화는 대단한 예술가와 유명인들이 '몰입flow'에 빠진 상태를 흥미롭게 묘사한다. 몰입은 심리학자 미하이 칙센트미하이Mihaly Csikszentmihalyi가 만든 개념으로 "너무 집중해서 관련 없는 것을 생각하거나 문제에 대해 걱정할 주의력이 남아 있지 않은 상태"다.[1] 어떤 의미에서 자의식을 제거하고 시간을 왜곡하는 몰입은 이 책이 도달하고자 하는 목표, 즉 투자를 재미있게 하고 더 발전시키자는 개념의 정점에 있다고 하겠다.

할리우드의 연예인들은 수천 시간의 연습 끝에 몰입의 경지에 도달한다. 이들은 몰입과 반대되는 상황, 즉 드물고 어렵고 위험하며 피드백이 거의 제공되지 않는 상황을 극복하는 경험을 평생에 걸쳐 쌓아왔다. 그러나 전문 투자자들은 무아지경에 빠지거나 몰입의 경지에 도달하는 것이 가능하긴 하지만 매우 힘들다. 드물고 어렵고 위험한 상황에 대비하면서 실시간 피드백을 받으려면 많은 노력과 집중력, 경험이 필요하기 때문이다. 나의 바람은 이 책이 그 몰입에 더 가까이 다가갈 수 있도록 좋은 습관을 만드는 데 도움이 되는 것이다. 하던 일을 멈추면 시스템 1 사고에서 시스템 2 사고로 전환해 더 나은 투자 결정을 내릴 수 있다. 감정과 편향에 대한 인식을 높인다면 행동재무학적 개념을 활용해 지속적으로 기술을 개선하고 정보에 입각한 자본 배분 결정을 내릴 수 있다.

그러면 그다음은 무엇인가? 지금까지 100가지 이상의 행동 코칭을 받았으니 몇 가지 주제와 제안을 직접 실천해볼 수 있을 것 같지 않은가? 100가지 이상의 각 단계를 따라가는 데 어려움을 겪더라도 자책하지 마라. 어떤 의미에서 이 책은 가능한 많은 심리적 함정을 피할 수 있도록 도와주기 위한 안내서다. 이 방법 중 단지 몇 가지만 따랐다고 해도 성장 마인드셋을 취하고 스스로를 칭찬해줘라. 몇 가지라도 손실을 부르는 실수를 피했을 테니 말이다.

행동 코칭대로 더 많이 실행하고자 의지를 불태우는 투자자라면 계획 오류를 기억하고 현실적인 예측을 하길 바란다. 여기에는 좋은 소식과 나쁜 소식이 있다. 나쁜 소식부터 말하자면 수많은 기업, 사건, 데이터, 감정, 편향의 바다를 헤쳐 나갈 때 시간은 투자자의 적이라는 사실이다.

투자는 왜 그렇게 많은 투자자로 하여금 지름길을 택하게 만드는 시간 집약적인 과정일까? 행동 코칭 팁을 실천에 옮기고 시스템 1 사고를 통해 쉬운 길을 택하고 싶은 충동에 맞서려는 투자자에게 시간 관리는 매우 중요한 주제다. 대부분의 전문 투자자들은 매일 엄청나게 쏟아지는 정보의 홍수 속에서 살고 있기 때문에 카너먼의 책 제목처럼 빠르게 생각하기와 느리게 생각하기 사이에서 전환하기가 무척 어렵다. 더 나은 투자 결정을 내리려면 빠르게 생각을 불러오는 정보의 홍수를 차단하고 느리게 생각하는 사색적인 뇌세포를 켜야 한다.

'멈추고, 생각하고, 투자하라'의 세 부분 중에서 하던 일을 멈추는 것이 가장 어려운 일일 수 있다. 투자자에게는 여러 가지 요구와 업무, 책임이 있기 때문이다. 하지만 멈추고 집중할 수 있다면 데이터 수집, 실사, 재무 분석을 해야 하는 시간 집약적인 투자 라이프 사이클의 초기 단계를 보다 효율적으로 다룰 수 있다.

내 멘토였던 마이크 크렌세비지Mike Krensavage가 "일은 시간을 채우기 위해 연장된다."고 말했듯이 투자자에게 효율성은 매우 중요하다. 많은 투자자들이 거의 하루 종일 데이터를 분석하느라 행동재무학적 위험 신호를 생각해볼 시간을 거의 남기지 않는다.

어떤 면에서 이 책에서 말하는 행동 코칭들은 투자 과정이라는 피라미드의 가장 꼭대기에 해당한다. 맨 아래 칸에는 재무 분석을 기본적으로 이해하기 위한 시간과 노력이 들어간다. 많은 전문 투자자가 대학이나 MBA 수업, 공인재무분석사 과정, 수년간의 실무 교육과 동료의 멘토링을 통해 이 과정을 거친다. 일단 투자자가 이 정도 수준의 이해를 할 수 있게 되면 산업 분석에 뛰어들어야 한다. 기술 및 헬스케어 섹터에서 주식을 고르는 일은 프랑스어나 스페인어를 배우는 과정처럼 느껴질 수 있다. 각 산업에는 고유한 전문 용어와 재무 지표가 있기 때문이다. 기본적인 재무 분석과 업계 용어 및 통계를 이해하고 나면 그다음 단계는 향후 기업의 펀더멘털과 밸류에이션에 영향을 미치는 수많은 뉴스들을 제대로 파악해야 한다. 예상할 수 있겠지만 대부분의 투자자는 이 작업 흐름 피라미드의 처음 세 단계에서 질려버리곤 한다.

하지만 여기서 좋은 소식이 있다. 이 책에 담은 노벨상 수상자들의 잘 정리된 지식은 투자자가 몰입의 상태에 들어가고 전문성을 갖추기 위해 노력할 때 효율성과 집중력을 높일 수 있게 해준다는 점이다. 이 책에서 이야기하는 행동재무학의 개념을 이해하고 행동 코칭 팁을 당신의 투자에 적용하라. 하던 일을 멈추고, 앞으로 나아갈 최선의 길을 찾아라. 당신의 투자는 성공에 더 가까이 다가갈 수 있을 것이다.

머리말_ 매수와 매도 버튼 사이에서 감정이 요동칠 때

1   https://www.ge.com/sites/default/files/ge_webcast_presentation_12162015_0.
    pdf. 2015년 다수의 투자자들은 GE 주식이 실적을 가까이 따라갈 것이라고 예
    상했다. GE의 이익이 2015년 주당 1.20달러에서 2018년 주당 2.00달러가 된다
    면 투자자들은 3년 동안 약 70퍼센트 또는 연간 약 18퍼센트의 이익성장률을
    예상했다는 말이다. 주가가 이익을 밀접하게 따라간다면 투자자는 3년 동안 매
    년 약 18퍼센트 정도의 비슷한 주가 상승을 기대할 수 있으며, 이는 대부분 주식
    의 장기 평균 수익률인 8~10퍼센트를 훨씬 웃도는 수익률이다. 예외가 있을 수
    있지만 역사적으로 많은 주식(및 주식시장)은 장기간에 걸쳐 주가의 기본이 되
    는 이익에 따라 거래되어왔다. https://www.ge.com/sites/default/files/GE%20
    Investor%20Update_Presentation_11132017.pdf, https://www.ge.com/sites/
    default/files/ge_webcast_pressrelease_01312019.pdf. GE에 대한 블룸버그 애
    널리스트 투자 의견Bloomberg ANR 기능을 사용해 확인해보면, 2016년과 2017년 월
    스트리트 애널리스트의 약 3분의 2가 GE의 이익이 2018년까지 매년 증가할 것
    으로 예상하며 GE에 대해 매수 의견을 냈다. 사업이 무너지기 시작하고 2017년
    10월 30달러대 초반이었던 주가가 20달러까지 떨어지며 3분의 1 토막 난 후에
    도 애널리스트 절반은 여전히 GE 주식에 대한 매수 의견을 유지했다. 애널리스
    트 심리는 2018년 7월이 되어서야 바닥을 쳤다. 당시 13달러 수준으로 거래되
    던 GE에 대해 매수 의견을 표시했던 월스트리트 애널리스트는 전체 애널리스트
    의 약 20퍼센트뿐이었다. 흥미롭게도 GE 주가가 더 하락하자 탐욕이 공포를 앞
    질렀다. 2018년 말 GE 주가가 약 7달러로 바닥을 쳤을 때 상승론자들이 시장에
    돌아오기 시작했다. 이 당시 애널리스트 중 거의 40퍼센트가 매수 의견을 표시
    했다. 여기에서 말하는 GE 주가와 주당 이익은 2021년 1 대 8로 역분할reverse split
    하기 이전을 기준으로 한다.

2   대니얼 카너먼, 『생각에 관한 생각Thinking, Fast and Slow』(New York: Farrar, Straus and
    Giroux, 2011), 24.

3 하워드 막스가 오크트리 고객들에게 보내는 메모 https://www.oaktreecapital. com/docs/default-source/memos/uncertainty.pdf

4 리처드 탈러, 『똑똑한 사람들의 멍청한 선택_{Misbehaving: The Making of Behavioral Economics}』 (New York: W.W.Norton&Company, 2015), 220. 가치 투자에 대한 그레이엄의 생각 은 재무 지표를 사용해 주식의 내재가치 또는 가격 목표를 설정하는 것이었다. 분석 결과 어떤 주식의 가치가 10달러인데 시장이 공포에 사로잡혀 있거나 비 관적이라서 현재 5달러에 거래되고 있다면, 그레이엄은 이 주식을 매수해서 보 유하라고 말한다. 시간이 지남에 따라 비합리적인 시장은 탐욕이나 낙관주의로 물들어 주가가 내재가치까지 상승하고, 투자자는 더 높은 가격에 주식을 매도 할 수 있게 된다.

5 위의 책, 209, 233

6 로버트 실러, 「직감을 믿는가? 머리를 써라_{Trust Your Gut? Use Your Head}」, 『뉴욕타 임스_{New York Times}』, 2020년 1월 5일, https://www.nytimes.com/2020/01/02/ business/gut-feelingsare-driving-the-markets.html.

7 상동

8 상동

9 리처드 탈러, 캐스 선스타인_{cass sunstein}, 『넛지_{Nudge: Improving Decisions About Health, Wealth, and Happiness}』(New York: Penguin Books, 2009), 9.

10 상동

11 커밍스_{S. Cummings}, 브리지먼_{T.Bridgman}, 브라운_{K. Brown}, 「변화를 해빙하는 3단 계_{Unfreezing Change as Three Steps: Rethinking Kurt Lewin's Legacy for Change Management}」, 『휴먼 릴레 이션_{Human Relations}』 2016;69(1) 33-60, https://journals.sagepub.com/doi/ pdf/10.1177/0018726715577707.

12 홀리 세니욱_{Holly Seniuk}, 벤자민 위츠_{Benjamin N. Witts}, 래리 윌리엄스_{W. Larry Williams}, 패 트릭 게치_{Patrick M. Ghezzi} 외, 「Behavioral Coaching」, 『The Behavior Analyst』 2013;36(1): 167-172, https://doi.org/10.1007/BF03392301.

13 탈러, 선스타인, 『넛지』, 6

14 카너먼, 『생각에 관한 생각』. 이 책을 읽고 카너먼이 제시한 광범위한 개념들을 전문 투자자들을 위한 실용적이고 집중적인 단계별 체크리스트로 만들어 카너 먼이 만든 토대 위에 책을 써야겠다고 영감을 얻었다. 나는 이 책의 제목을 '빠 르고 느리게 투자하기_{Investing Fast and Slow}'로 정할 수도 있었지만 그렇다면 카너먼이

경고하는 시스템 1 사고의 한 유형인 정신적 게으름의 함정에 빠졌을 것이다!

15 NFL 드래프트 지명권에 대한 어리석음이 계속된다고 말하는 리처드 탈러 교수의 인터뷰. https://www.pm-research.com/conversationswiththaler

16 이 책은 약 100가지 행동경제학적 개념에 초점을 맞추고 있다. 이 중 많은 개념(아마도 80~90가지)이 간과되며 의사결정권자와 투자자들 사이의 더 넓은 논의로 이어지는 경우는 거의 드물다. 엄밀히 학자와 전문가들은 블룸버그 뉴스 기사인 「행동경제학의 최신 편향: 어디에나 편향이 있다Bahavioral Economics' Latest Bias: Seeing Bias Wherever It Looks」 (2020년 1월 13일, 브랜든 코흐코딘Brandon Kochkodin)에서 이야기한 것처럼 200가지도 넘는 행동경제학 이론들을 증명해냈다. 다만 200가지 주제 중 다수는 금융 및 투자와 관련이 없다. 이 책은 이론과 실제 투자를 섞어 투자 과정을 개선할 수 있는 약 100개의 행동재무학적 도구를 확립하려고 한다.

17 관심 있는 독자들은 마이클 루이스Michael Lewis가 쓴 『생각에 관한 생각 프로젝트The Undoing Project: A Friendship That Changed Our Minds』(New York: W.W. Norton & Company, 2016)를 읽어봐라. 행동재무학 및 행동경제학을 창시한 트버스키와 카너먼의 흥미로운 역사를 다루고 있다.

18 Roger G. Ibbottson, Thomas M. Idzorek, CF, Paul D. Kaplan, CFA, James X. Xiong, CFA, 외. "Popularity: A Bridge Between Classical and Behavioral Finance," CFA Institute Research Foundation, Charlottesville, VA, 2018, p.6, https://www.cfainstitute.org/-/media/documents/book/rf-publication/2018/popularity-bridgi-between-classical-and-bevavioral-finance.ashx.

19 말콤 글래드웰, 『아웃라이어』(New York: Little, Brown, 2008) 2장에서는 전문성을 쌓으려면 특정 활동(가령, 음악, 스포츠 등)에 1만 시간을 투자해야 한다고 말한다.

20 캐럴 드웩, 『마인드셋Mindset: The New Psychology of Success』(New York: Random House, 2006).

21 상동, 6

22 카너먼, 『생각에 관한 생각』, 20-21

23 탈러, 선스타인, 『넛지』, 22

24 상동, 19

서문_ 합리적인 투자를 가로막는 심리적 함정들

1   나는 지역 증권 중개 회사(레이먼드 제임스Raymond James)에서 제약 회사들을 담당하

다가 이후 2008~2009년 금융 위기 때 JP 모건에 인수된 베어스턴스Bear Stearns에서 의료기기 회사들을 담당했다.

2 2004년에 내가 담당했던 네 개의 회사를 보면, 화이자의 수익률은 전체 시장 수익률을 크게 하회했던 반면 애벗의 수익률은 전체 시장수익률을 상회했다. 2004년부터 2020년까지 S&P 500 지수는 세 배 상승했지만 화이자는 배당을 제외하고 거의 변동이 없었다. 애벗은 기업분할과 배당을 제외하고 약 다섯 배 상승했다. 이렇게 장기적인 결과는 정보가 완벽히 투명하게 공개된 대형주일지라도 투자 스타일이 장기간에 걸쳐 승자와 패자를 식별하는 데 도움이 될 수 있음을 보여준다.

3 자산 관리 회사 레그 메이슨Legg Mason에서 리서치 부서장이었던 조 힐리는 시장 수익률을 상회할 종목을 찾는 가장 좋은 방법으로 펀더멘털이 변화해 밸류에이션이 개선되는 종목을 찾아야 한다고 말했다.

4 빌 밀러는 레그 메이슨에서 펀드를 운용했으며 그의 펀드는 무려 15년 동안이나 S&P 500을 상회하는 수익률을 거뒀다. 나는 2006년부터 2014년까지 레그 메이슨에서 밀러와 함께 일했다. 행동재무학에 대한 밀러의 관심은 경제학과 철학을 공부하고 해외 정보 장교로 일했던 경험에서 비롯됐다. 그는 https://millervalue.com/sources-of-edge/에서 심리적 우위에 대한 자신의 견해를 밝힌다. 일부 투자자들은 구조, 인센티브, 보상, 문화를 포함하는 조직적 우위organizational edge라는 네 번째 요소를 제시하며 이 개념을 확장하기도 한다. 조직적 우위는 인센티브와 개인의 책임을 통해 장기적인 수익률 향상을 촉진하는 동시에 집단 사고를 피한다. 어떤 의미에서 조직적 우위는 투자 회사 내에서 행동재무학적 모범 사례를 강화할 수 있다.

5 2014 표준 실무 지침Standards of Practice Guidance 2014, Standard Ⅱ(A) Material Nonpublic Information, CFA Institute, Charlottesville, VA, 2014, https://www.cfainstitute.org/en/ethics-standards/codes/standards-of-practice-guidance/standards-of-practice-Ⅱ-A#mosaic

6 하워드 막스가 오크트리 고객들에게 보내는 메모, 「미래의 지식Knowledge of the Future」, New York, 2020년 4월 14일, https://www.oaktreecapital.com/docs/default-source/memos/knowledge-of-the-future.pdf.

7 탈러, 『똑똑한 사람들의 멍청한 선택』, 292-293.

1장_ 투자를 시작할 때 우리의 마음속에서 일어나는 일들

1 찰리 멍거, 버크셔 해서웨이 연례 총회, 네브라스카 오마하, 2019년 5월 4일

2 탈러, 선스타인, 『넛지』, 3, 6

3 시몬 브랜즈Simone Brands, 스티븐 J. 브라운Stephen J. Brown, 데이비드 R. 갤러거David R. Gallagher 외, 「포트폴리오 집중과 매니저의 성과Portfolio Concentration and Investment Manager Performance」, SSRN, 뉴욕, 2004년 3월 12일, https://papers.ssrn.com/sol3/papers. cfm?abstract_id=846065.

4 댄 애리얼리Dan Ariely, 「너무 많은 선택지는 의사결정을 불가능하게 하는가?Can Too Many Options Make Decisions Impossible?」, 『월스트리트 저널Wall Street Journal』, 2019년 8월 9일, https://www.wsj.com/articles/can-too-many-options-make-decisions-impossible-11565370496.

5 「사이버 영웅: 미끼를 물지 마시오Cyber Heroes Series: Don't Take the Bait」, Popcorn Training Pty Ltd., 2020년 5월. 이 영상을 제작한 미디어 제작사의 슬로건은 "인간의 오류. 정복됐다."이다. 어떤 의미에서 이 슬로건은 이 책의 광범위한 몇 가지 주제와 맞다. 감정에서 비롯된 인간의 오류는 투자 실패로 이어질 수 있다.

6 가스 선뎀Garth Sundem, 「멀티태스킹을 하는 당신의 뇌This Is Your Brain on Multitasking」, Psychology Today (블로그), 2012년 2월 24일, https://www.psychologytoday. com/us/blog/brain-trust/201202/ is-your-brain-multitasking

7 존 해밀턴Jon Hamilton, '진짜 멀티태스킹을 하고 있다고 생각하는가? 다시 생각해봐라.Think You're Multitasking? Think Again' 내셔널 퍼블릭 라디오National Public Radio, 2008년 10월 2일, https://www.npr.org/templates/story/story.php?storyId=95256794.

8 카너먼, 『생각에 관한 생각』, 23

9 상동

10 밥 브라운Bob Browne, 노던트러스트 투자 기관 컨퍼런스Northern Trust Investment Institute Conference 발언, 시카고, 2019년 9월 12일

11 카너먼, 『생각에 관한 생각』, 67.

12 상동, 66.

13 MSCI 선진국지수All Country World Index (ACWI), 2021년 초 기준, MSCI, Inc. 발표, 뉴욕, https://www.msci.com/acwi.

14 제프리 클라인탑Jeffrey Kleintop, 「당신의 포트폴리오는 생각하는 것보다 분산되지 않았다Your Portfolio May Be Less Diversified Than You Think」, 슈왑 펀드Schwab Funds, 뉴욕,

2021년 2월 1일, https://www.schwabassetmanagement.com/content/your-portfolio-may-be-less-diversified-than-you-think.

15 J.P. 모건 자산운용J.P. Morgan Asset Management, 「2020년 2분기 미국 시장 가이드Guide to the Markets, U.S. 2Q 2020」, 뉴욕, 2020년 6월 23일 기준.

16 하워드 막스가 오크트리 고객들에게 보내는 메모, 「불확실성Uncertainty」, 2020년 5월 11일, https://www.oaktreecapital.com/docs/default-source/memos/uncertainty.pdf.

17 카너먼, 『생각에 관한 생각』, 249.

18 하워드 막스가 오크트리 고객들에게 보내는 메모, 「불확실성」, 2020년 5월 11일, https://www.oaktreecapital.com/docs/default-source/memos/uncertainty.pdf.

19 카너먼, 『생각에 관한 생각』, 248. 카너먼은 도널드 럼스펠드 전 국방장관의 유명한 말을 인용해 미지의 질문이나 미지의 변수에 대해 이야기한다. 한 가지 예로 생애 첫 주택을 매수할 때는 뭘 물어봐야 하는지도 잘 모른다. 두 번째 집을 살 때는 더 잘 물어볼 수 있다. 마찬가지로 새로운 주식을 찾을 때는 그 회사에 대해 잘 모르기가 쉽고 더 많은 조사가 필요한 사업인데 모른다는 사실조차 모르는 것들이 있을 수 있다.

20 모건 하우젤Morgan Housel, 「투자에 있어 지나친 자신감에 대한 카너먼의 생각 Kahneman on Overconfidence in Investing」, 모틀리 풀The Motley Fool, 2013년 5월 6일, https://www.fool.com/investing/general/2013/05/06/nobel-prize-winning-psychologist-daniel-kahneman-o.aspx.

21 카너먼, 『생각에 관한 생각』, 129.

22 모건 하우젤, 「투자에 있어 지나친 자신감에 대한 카너먼의 생각」, 모틀리 풀, 2013년 5월 6일, https://www.fool.com/investing/general/2013/05/06/nobel-prize-winning-psychologist-daniel-kahneman-o.aspx.

23 찰리 멍거, 버크셔 해서웨이 연례 총회, 네브라스카 오마하, 2019년 5월 4일

24 카너먼, 『생각에 관한 생각』, 273.

25 탈러, 『똑똑한 사람들의 멍청한 선택』, 189.

26 카너먼, 『생각에 관한 생각』, 336.

27 에릭 플랫Eric Platt, 「찰리 멍거의 복음: 기대치를 낮춰라The Gospel According to Charlie Munger: Lower Your Expectations」, 『파이낸셜 타임스Financial Times』, 2020년 2월 12일, https://www.

ft.com/content/03f977e6-4dde-11ea-95a0-43d18ec715f5.

28 탈러, 『똑똑한 사람들의 멍청한 선택』, 165.

29 카너먼, 『생각에 관한 생각』, 343.

30 폴 맥카프리, 「대니얼 카너먼: 더 나은 의사결정을 위한 네 가지 열쇠」, CFA Institute blog, 2018년 6월 8일, https://blogs.cfainstitute.org/investor/2018/06/08/daniel-kahneman-four-keys-to-better-decision-making/.

31 카너먼, 『생각에 관한 생각』, 262.

32 상동

33 상동

34 셀사이드 애널리스트는 기업에 대한 이해도도 높고 이익이 어떻게 나올지 예측하는 데 탁월할 때가 많지만 나는 그들이 하는 종목 추천에 대해서는 회의적이다. 나는 6년 동안 셀사이드 애널리스트로 일해왔기 때문에 이런 말을 편하게 할 수 있다. 셀사이드 애널리스트는 정말 열심히 일하고 좋은 이야기들을 들려주지만 고객도 많고 마케팅 책임도 많아서 종목 추천에 집중할 시간이 많지 않다.

35 솔직히 2006년부터 바이사이드에 있었기 때문에 내 글은 바이사이드 쪽으로 편향되어 있을 수 있다!

36 로렌스 시겔은 비영리 금융 교육 및 출판 단체인 CFA Institute의 리서치 책임자이다. 제이슨 츠바이크Jason Zweig, 「왜 투자하는가? 자본주의에 대한 22살 젊은이의 어려운 질문Why Invest? A 22-Year-Old's Tough Questions About Capitalism」, 『월스트리트 저널』, 2020년 1월 24일, https://www.wsj.com/articles/why-invest-a-22-year-olds-tough-questions-about-capitalism-11579882164?mod=hp_featst_pos1.

37 스티브 리스먼, 「시장은 침체를 예측할 수 있는가? 우리가 알아낸 것들Can the Markets Predict Recessions? What We Found Out」, CNBC.com, 2016년 2월 4일, https://www.cnbc.com/2016/02/04/can-the-markets-predict-recessions-what-we-found-out.html.

38 앤드루 캐플로위츠Andrew Kaplowitz, 「포티브 코퍼레이션: 견고한 성장 잠재력이 잘 반영된 주식Fortive Corporation: Solid Growth Potential Well Reflected in Stock」, 시티 리서치Citi Research, 2016년 7월 5일.

39 탈러, 『똑똑한 사람들의 멍청한 선택』, 198.

40 상동, 74.

41 존 J. 맥코넬John J. McConnell, 스티븐 E. 시블리Steven E. Sibley, 웨이 수Wei Xu, 외,

「2001~2013년까지 스핀오프 자회사와 모회사, 스핀오프 ETF의 주가 수익률 The Stock Price Performance of Spin-Off Subsidiaries, Their Parents, and the Spin-Off ETF, 2001–2013」, 『저널 오브 포트폴리오 매니지먼트 Journal of Portfolio Management』 2015;42(1):143-152, https://www.researchgate.net/publication/283556164_The_Stock_Price_Performance_of_Spin-Off_Subsidiaries_Their_Parents_and_the_Spin-Off_ETF_2001-2013.

2장_ 무엇을 믿고, 무엇을 믿지 않을 것인가?

1   카너먼, 『생각에 관한 생각』, 85

2   상동

3   샤흐람 헤시마트, 「확증 편향이란 무엇인가 What Is Confirmation Bias?」, Psychology Today(블로그), 2015년 4월 23일, https://www.psychologytoday.com/us/blog/science-choice/201504/what-is-confirmation-bias.

4   마이클 W. 아론, 「비상식 Uncommon Sense: What I Learned This Summer: He Who Holds the Data Makes the Rules」, State Street Global Advisor, Boston, 2020년 9월 3일, https://www.ssga.com/us/en/institutional/etfs/insights/uncommon-sense-what-i-learned-this-summer-he-who-holds-the-data-makes-the-rules?.

5   상동

6   아툴 가완디, 『나는 고백한다, 현대의학을』(New York: Metropolitan Books, 2002),15.

7   버나드 쇼, 『의사의 딜레마』(London: Constable and Co., 1922).

8   https://www.goodreads.com/quotes/959873-those-who-have-knowledge-don-t-predict-those-who-predict-don-t.

9   하워드 막스가 오크트리 고객들에게 보내는 메모, 「불확실성」, 2020년 5월 11일, https://www.oaktreecapital.com/docs/default-source/memos/uncertainty.pdf.

10 상동

11 상동

12 하워드 막스가 오크트리 고객들에게 보내는 메모, 「불확실성 2 Uncertainty II」, 2020년 5월 28일, https://www.oaktreecapital.com/docs/default-source/memos/uncertainty-ii.pdf.

13 카너먼, 『생각에 관한 생각』, 219.

14 상동

15 「후광 효과Halo Effect」, Psychology Today(블로그), https://www.psychologytoday. com/us/basics/halo-effect, 2021년 8월 26일 접속

16 카너먼, 『생각에 관한 생각』, 103.

17 상동

3장_ 사색적인 '시스템 2'의 목소리를 들어라

1 카너먼은 배경 효과가 행동에 영향을 줄 수 있다는 '점화priming 효과'에 대해 설명한다. 이 실험에서 실험 참가자들은 다른 사람들의 과제를 도우라는 지시를 받았다. 실험실에 돈 그림이 있을 때 참가자들은 더 이기적으로 행동했고 다른 사람들을 덜 도왔다. 돈 그림이 실험 참가자들이 더 이기적이 되도록 유도한 것이다. 『생각에 관한 생각』, 55.

2 카너먼, 『생각에 관한 생각』, 60.

3 상동, 59.

4 SWOT 분석은 기업의 강점, 약점, 기회, 위협을 중점적으로 살펴본다. 포터의 다섯 가지 경쟁요인 분석 모델은 고객, 경쟁사, 공급자, 신규 진입자, 대체재를 살펴본다.

5 탈러, 선스타인, 『넛지』, 99.

6 당시 바이사이드 고객은 좋은 리서치 자료에 대한 보답으로 셀사이드 애널리스트의 회사와 거래했다. 또한 「인스티튜셔널 인베스터」의 설문조사는 셀사이드 애널리스트가 회사의 매출에 얼마나 많은 기여를 했는지 확인할 수 있는 방법이었다. 바이사이드 애널리스트들은 최고의 셀사이드 애널리스트에게 투표하고 「인스티튜셔널 인베스터」가 매년 그 결과를 발표했다.

7 베어스턴스에서 일할 때 동료 중에 밀턴 쉬Milton Hsu라는 정형외과 의사가 있었다. 밀턴은 항상 의료기기 회사나 제품을 이해하기 위한 가장 좋은 방법은 "의사에게 물어보는 것!"이라고 말했다.

8 하워드 막스가 오크트리 고객들에게 보내는 메모, 「불확실성」, 2020년 5월 11일, https://www.oaktreecapital.com/docs/default-source/memos/ uncertainty.pdf.

9 카너먼, 『생각에 관한 생각』, 205

10 상동, 206.

11 하워드 막스가 오크트리 고객들에게 보내는 메모, 「불확실성」, 2020년 5월

11일, https://www.oaktreecapital.com/docs/default-source/memos/uncertainty.pdf.

12 수잔 래트클리프Susan Ratcliffe, 편집, 『옥스퍼드 에센셜 인용구Oxford Essential Quotations』, 4판 (Oxford: Oxford University Press, 2016), https://www.oxfordreference.com/view/10.1093/acref/9780191826719.001.0001/q-oro-ed4-00003457.

13 카너먼, 『생각에 관한 생각』, 212, 262.

14 정치, 언론, 스포츠계의 유명 인사들에게서도 과신과 정합성 있는 이야기 사이의 연관성을 확인할 수 있다. 가령, 어떤 내부자들은 정치는 이야기를 하고 사람들에게 영향을 미치는 것이 전부라고 말하기도 한다.

15 폴 맥카프리, 「대니얼 카너먼: 더 나은 의사결정을 위한 네 가지 열쇠」, CFA Institute blog, 2018년 6월 8일, https://blogs.cfainstitute.org/investor/2018/06/08/daniel-kahneman-four-keys-to-better-decision-making/.

16 상동

17 하워드 막스가 오크트리 고객들에게 보내는 메모, 「불확실성」, 2020년 5월 11일, https://www.oaktreecapital.com/docs/default-source/memos/uncertainty.pdf.

18 시어도어 수스 가이젤Theodore Seuss Geisel(닥터 수스Dr. Seuss), 『로렉스The Lorax』, (New York: Random House, 1971).

19 피터 클라크Peter Clark, 로저 밀스Roger Mills, 『Masterminding the Deal: Break throughs in M&A Strategy and Analysis』(London: Kogan Page, 2013), 148-149.

20 카너먼, 『생각에 관한 생각』, 258.

21 콜린 캐머러 박사와의 인터뷰, 2021년 4월 29일.

22 마이클 모부신Michael Mauboussin, 댄 캘러한Dan Callahan, 다리우스 마즈드Darius Majd, 「자본 배분: 근거, 분석 방법 및 평가 지침Capital Allocation: Evidence, Analytical Methods, and Assessment Guidance」, 크레딧 스위스Credit Suisse, 파라데플라츠Paradeplatz, 스위스, 2016년 10월 19일.

23 카너먼, 『생각에 관한 생각』, 346. 카너먼은 대리인 문제와 관련된 문제에 대해서도 언급한다. 일반적으로 CEO는 주인이나 소유자가 아닌 대리인(관리자)이다.

24 상동, 345.

25 샤프는 잘못된 영업 관행을 정리하기 위해 노력했지만, 잘못된 영업 관행에 대한 정부의 엄격한 규제와 처벌로 인해 고군분투했다.

26 카너먼, 『생각에 관한 생각』, 161.

27 게리 스미스Gerry Smith, 캐서린 치글린스키Katherine Chiglinsky, 「월스트리트는 신문에 대한 계획이 있고, 그것은 썩 좋지는 않다Wall Street Has Plans for Newspapers, and They Aren't Pretty」, 『블룸버그 비즈니스위크Bloomberg Businessweek』, 2020년 2월 7일, https://www. bloomberg.com/news/articles/2020-02-07/wall-street-has-no-use-for-newspapers-anymore.

28 카너먼, 『생각에 관한 생각』, 190.

29 상동

30 상동, 251.

31 팀 하포드Tim Harford, 「우리는 나쁜 결과를 더 잘 예측해야 한다We Need to Be Better at Predicting Bad Outcomes」, 『파이낸셜 타임스』, 2019년 9월 20일, https://www.ft.com/content/374fd3fa-dac1-11e9-8f9b-77216ebe1f17.

32 카너먼, 『생각에 관한 생각』, 310.

33 상동

34 로리 서덜랜드, 「비즈니스 마술의 예술과 과학The Art and Science of Business Magic」, 『스펙테이터The Spectator』, 2019년 5월 7일, https://spectator.us/topic/art-science-business-magic/.

35 마이클 아론, 「비상식: 의도적으로 논리를 무시하는 2020년의 세 가지 놀라움Uncommon Sense: Three Surprises for 2020 That Deliberately Defy Logic」, State Street Global Advisors, Boston, 2020년 1월 29일, https://comms.ssgaglobal.com/rs/451-VAW-614/images/spdr-uncommon-sense-three-surprises-for-2020.pdf?link=Uncommon-Sense-button.

36 현금흐름할인법(DCF)을 활용하거나 미래 이익을 할인하고 주가수익비율을 사용해라.

4장_ 착각과 과신의 늪에서 벗어나라

1 하워드 막스가 오크트리 고객들에게 보내는 메모, 2020년 5월 11일, https://www.oaktreecapital.com/docs/default-source/memos/uncertainty.pdf.

2 폴 맥카프리, 「대니얼 카너먼: 더 나은 의사결정을 위한 네 가지 열쇠」, CFA Institute blog, 2018년 6월 8일, https://blogs.cfainstitute.org/investor/2018/06/08/daniel-kahneman-four-keys-to-better-decision-making/.

3 상동

4 　조 힐리는 내가 자산 관리 회사인 레그 메이슨에서 주식 애널리스트로 일할 때 리서치 팀장이었다. 조는 주식의 펀더멘털이나 밸류에이션이 개선될 것이라고 희망하는 팀원들에게 재빨리 정지신호를 보냈다.

5 　탈러, 『똑똑한 사람들의 멍청한 선택』, 186.

6 　상동

7 　상동

8 　크레이그 칼카테라Craig Calcaterra, 「2019년 오프닝 데이: '한 방 맞기 전까지는 누구나 계획을 가지고 있다.'Opening Day 2019: 'Everybody Has a Plan Until They Get Punched in the Mouth'」, NBC 스포츠, 2019년 3월 28일, https://mlb.nbcsports.com/2019/03/28/opening-day-2019-everybody-has-a-plan-until-they-get-punched-in-the-mouth/.

9 　카너먼, 『생각에 관한 생각』, 250.

10 　상동, 312.

11 　투자자들은 보상 확률이 적으면 반대로 반응하여 위험을 추구하고 크게 이길 가능성을 과대평가할 수 있다.

12 　카너먼, 『생각에 관한 생각』, 312.

13 　확실성 효과는 이익이 거의 확실할 때에 위험을 회피하게 한다. 사람들은 실망에 대한 두려움을 피하려고 하기 때문이다. 복권 당첨 확률을 99퍼센트에서 100퍼센트가 되게 하려면 얼마를 지불하겠는가?

14 　카너먼, 『생각에 관한 생각』, 328.

15 　분명히 저성장 패턴에서 벗어나 고성장세로 전환을 이룬 성공한 기술 기업(줌 비디오Zoom Video)과 소비재 개발사(펠로톤Peloton)의 사례도 많이 존재한다. 하지만 이러한 성공 사례는 투자자들 사이에서 큰 성공을 거두려고 애쓰고 있는 스타트업 기업들 사이에서 매우 드문 경우다.

16 　하워드 막스가 오크트리 고객들에게 보내는 메모, 2020년 5월 11일, https://www.oaktreecapital.com/docs/default-source/memos/uncertainty.pdf.

17 　팀 하포드, 「우리는 나쁜 결과를 더 잘 예측해야 한다」, 『파이낸셜 타임스』, 2019년 9월 20일 https://www.ft.com/content/374fd3fa-dac1-11e9-8f9b-77216ebe1f17.

18 　카너먼, 『생각에 관한 생각』, 264.

19 　에릭 플랫, 「찰리 멍거의 복음: 기대치를 낮춰라」, 『파이낸셜 타임스』, 2020년

2월 12일, https://www.ft.com/content/03f977e6-4dde-11ea-95a0-43d18ec
715f5.

20 2020년 말 아마존은 시장 가치 기준으로 S&P 500의 약 5퍼센트를 구성한다.
    포트폴리오에 아마존을 5퍼센트 이상 보유한다는 것은 아마존이 전체 S&P
    500보다 더 많이 상승할 것이라는 데 베팅하는 것이다.

21 탈러, 『똑똑한 사람들의 멍청한 선택』, 186.

5장_ 모든 훌륭한 투자는 불편함에서 시작된다

1 투자 과정에 심리적 우위 개념을 고려하는 일부 투자 회사는 집단 역학이 불필
   요한 편향을 더한다고 주장하며 투자 위원회를 기피하기도 한다. 이러한 견해에
   는 몇 가지 장점이 있을 수 있지만 대부분의 투자 회사는 투자 위원회를 두고 있
   으며, 이 장은 투자자들이 의사결정에 영향을 미칠 수 있는 편향과 감정을 확인
   하고 피하는 데 도움이 될 것이다.

2 일반적으로 나는 평균 약 2퍼센트의 비중으로 50개 정도 종목으로 구성된 높
   은 확신을 가진 포트폴리오를 선호한다. 이 투자 과정에서 포트폴리오의 2퍼센
   트 미만으로 포지션을 잡았다는 것은 확신이 낮다는 의미인 반면, 2퍼센트 이상
   으로 포지션을 보유한다는 것은 과감한 선택이거나 높은 확신을 가지고 있다는
   의미다. 2020년 말에 CRM의 시장 비중은 1퍼센트 미만이었기 때문에 사실 포
   트폴리오에서 꽉 찬 1퍼센트 비중은 과감한 선택이었을 것이다. 그러나 이 사례
   의 경우 2퍼센트보다 큰 비중은 대담한 선택인 경우가 많다.

3 성장주와 모멘텀 전략을 담당했던 예전 동료 데이비드 말그렘David Malmgren은 "높
   을 때 사서 더 높을 때 팔아라!"라고 말했다.

4 하워드 막스가 오크트리 고객들에게 보내는 메모, 「불확실성」, 2020년 5월
   11일, https://www.oaktreecapital.com/docs/default-source/memos/
   uncertainty.pdf.

5 제이슨 츠바이크Jason Zweig, 「투자자 케인스, 그의 말Keynes the Investor, in His Own Words」(블
   로그), 2016년 10월 14일, https://jasonzweig.com/keynes-th percentinvestor-
   in-his-own-words/.

6 하워드 막스가 오크트리 고객들에게 보내는 메모, 「불확실성」, 2020년 5월
   11일, https://www.oaktreecapital.com/docs/default-source/memos/
   uncertainty.pdf.

7 카너먼,『생각에 관한 생각』, 44.

8 상동, 84-85.

9 조 테네브루소Joe Tenebruso, 「당신이 무시해서는 안 되는 피터 린치의 10가지 투자 팁10. Investing Tips from Peter Lynch That You Shouldn't Ignore」 모틀리 풀The Motley Fool, 2019년 4월 7일, https://www.fool.com/investing/2019/04/07/10-investing-tips-from-peter-lynch-that-you-should.aspx. 또한 피터 린치와 존 로스차일드John Rothchild가 쓴 『전설로 떠나는 월가의 영웅One Up on Wall Street: How to Use What You Already Know to Make Money in the Market』(New York: Simon & Schuster, 2000)도 참고해라. 많은 투자자들은 피터 린치가 좋은 회사를 좋은 주식으로 보았다고 생각하지만 사실 좋은 회사는 출발점에 불과했다. 린치는 좋은(그리고 이해할 수 있는) 제품이나 서비스를 제공하는 회사를 찾으라고 조언했지만, 그다음에는 재무 분석 및 가치 분석을 더 자세히 하라고 말했다.

10 카너먼,『생각에 관한 생각』, 89.

11 캐스 선스타인, 「코로나 바이러스에 대해 우리를 패닉에 빠지게 만드는 인지적 편향The Cognitive Bias That Makes Us Panic About Coronavirus」, 블룸버그 오피니언Bloomberg Opinion, 2021년 2월 28일, https://www.bloomberg.com/opinion/articles/2020-02-28/coronavirus-panic-caused-by-probability-neglect.

12 상동

13 카너먼,『생각에 관한 생각』, 144.

14 상동, 333.

15 J. B. 매버릭Maverick, 「S&P 500의 연평균수익률은 얼마인가?」, 인베스토피디아Investopedia(블로그), 2020년 2월 19일, https://www.investopedia.com/ask/answers/042415/what-averag percentannual-return-sp-500.asp. S&P 500 지수는 500개 종목을 포함하기 시작한 1957년 이후 연평균 약 8퍼센트의 수익률을 기록하고 있다. 1926년부터 따지면 연평균 11퍼센트의 수익률을 기록하고 있지만 1958년 이전에는 90개 종목만 포함했다.

16 카너먼,『생각에 관한 생각』, 338.

17 탈러,『똑똑한 사람들의 멍청한 선택』, 190.

18 상동, 300-301.

19 상동, 357.

20 상동

6장_ 타이밍보다 중요한 것은 오래 버티는 것

1 마틴 린드스트롬Martin Lindstrom, 「'완성' 대 '완벽'에 대한 진실The Truth About Being 'Done' Versus Being 'Perfect'」, 『패스트 컴퍼니Fast Company』, 2012년 9월 25일, https://www. fastcompany.com/3001533/truth-about-being-done-versus-being-perfect.

2 지연은 투자자들이 세금 영향뿐만 아니라 실제 손익과 관련된 감정을 다루기 때문에 투자 라이프 사이클의 후반 단계에서 더 문제가 될 수 있다.

3 탈러, 『똑똑한 사람들의 멍청한 선택』, 17.

7장_ 왜 내가 사면 떨어지고 팔면 오를까?

1 게리 켈리, 트위터 게시물, 2020년 3월 23일 오후 5시 45분, https://twitter.com/ gary_kelly/status/1242205868848021508.

2 하워드 막스. 오크트리 고객들에게 보내는 메모, 「랠리의 해부학The Anatomy of a Rally」, 2020년 6월 18일, https://www.oaktreecapital.com/docs/default-source/memos/the-anatomy-of-a-rally.pdf.

3 상동

4 가용성 폭포는 미디어의 편향과 주가 움직임 사이의 상호작용을 포착한 개념이다.

5 톰 바킨, 「침체가 코앞인가?Is a Recession Around the Corner?」, 메릴랜드 은행가 협회Maryland Bankers Association 연설, 2020년 1월 3일, https://www.richmondfed.org/press_room/speeches/thomas_i_barkin/2020/barkin_speech_20200103.

6 카너먼, 『생각에 관한 생각』, 142.

7 톰 바킨, 「침체가 코앞인가?」, 메릴랜드 은행가 협회 연설, 2020년 1월 3일, https:// www.richmondfed.org/press_room/speeches/thomas_i_barkin/2020/ barkin_speech_20200103.

8 카너먼, 『생각에 관한 생각』, 339.

9 상동, 435. 이 책의 부록 B에는 이익과 손실에 대한 기쁨과 고통을 보여주는 그래프가 인용되어 있다.

10 크레스트몬트 리서치Crestmont Research의 자료에 따르면 상승 거래일은 전체 거래일의 50퍼센트를 살짝 넘고 하락 거래일은 전체 거래일의 50퍼센트를 살짝 밑돈다.

11 탈러, 『똑똑한 사람들의 멍청한 선택』, 195.

12 상동, 197-198.

13 「책 발췌- 팻의 『서밋의 말』Book excerpt-'Quotes from the Summitt' by Pat」, ESPN, 2019년 3월

7일, https://www.espn.com/espnw/culture/story/_/id/26172217/book-excerpt-quotes-summitt-pat-summitt.

14 탈러, 『똑똑한 사람들의 멍청한 선택』, 195-196.

15 랜디 포시, 「랜디 포시의 마지막 강의: 어린 시절의 꿈을 이루는 것」, 2007년 9월 18일 카네기멜론 대학 연설.

16 카너먼, 『생각에 관한 생각』, 263.

17 하워드 막스가 오크트리 고객들에게 보내는 메모, 「불확실성」, 2020년 5월 11일, https://www.oaktreecapital.com/docs/default-source/memos/uncertainty.pdf.

18 댄 애리얼리, 「쓰레기를 버리고 다니는 사람들이 스스로에게 하는 말What Litterers Tell Themselves」, 『월스트리트 저널Wall Street Journal』, 2019년 9월 27일, https://www.wsj.com/articles/what-litterers-tell-themselves-11569590133.

19 상동

8장_ 팔까, 더 살까, 유지할까, 그것이 문제

1 수 헤레라Sue Herrera, 빌 그리피스Bill Griffith, PBS 〈나이틀리 비즈니스 보고서〉, 2019년 5월 1일. https://www.youtube.com/watch?v=K2-IdnqS2_U.

2 '5월에 팔고 떠나라'는 전략으로 돈을 벌기 힘들다는 의견을 내고 나는 체면을 구겼다. 2019년 5월 시장이 6퍼센트 하락하며 매우 단기적으로 이 이론이 맞았음을 보여줬기 때문이다.

3 항상 11월에 매수하는 전략은 다우존스 지수가 5월에서 10월 사이에 저조한 수익률을 보일 경우 조금 더 잘 작동할 수 있다.

4 매튜 J. 벨베디어Matthew J. Belvedere, 「워런 버핏의 냉정한 충고: 수익률을 추구하는 것은 정말 어리석은 일이다. 그러나 매우 인간적인 일이다.」, CNBC.com, 2020년 2월 24일, https://www.cnbc.com/2020/02/24/warren-buffett-reaching-for-yield-is-really-stupid-but-very-human.html.

5 탈러, 『똑똑한 사람들의 멍청한 선택』, 28. 경험상 위험이 높은 상황은 주식 포트폴리오의 2퍼센트 이상을 차지하는 주식에 대해 매수, 보유, 매도 결정을 내리는 경우를 포함한다.

6 카너먼, 『생각에 관한 생각』, 151.

7 에너지 섹터의 상장지수펀드인 XLE는 2016년 1월 20일부터 2016년 4월 27일

까지 총 34퍼센트의 수익률을 기록하여 같은 기간 13퍼센트의 수익률을 거둔 S&P 500보다 높은 수익률을 거뒀다.

8 카너먼, 『생각에 관한 생각』, 225.

9 존 D. 스톨John D. Stoll, 「'포스를 느껴라': 데이터가 아닌 직감이 중요하다Feel the Force': Gut Instinct, Not Data, Is the Thing」, 『월스트리트 저널』, 2019년 10월 18일, https://www.wsj.com/articles/the-secret-behind-starbucks-amazon-and-the-patriots-gut-instinct-11571417153?mod=hp_lead_pos9.

10 카너먼, 『생각에 관한 생각』, 253-254.

11 제이슨 츠바이크Jason Zweig, 「찰리 멍거: '전화는 연속에서 울리지 않는다'Charlie Munger: 'The Phone Is Not Ringing Off the Hook'」, 『월스트리트 저널』, 2020년 4월 17일, https://www.wsj.com/articles/charlie-munger-the-phone-is-not-ringing-off-the-hook-11587132006.

12 카너먼, 『생각에 관한 생각』, 256.

13 행복과 스트레스 감소에 관한 전문가인 리처드 칼슨은 사소한 일에 목숨 걸지 마라는 주제로 여러 권의 책을 썼다.

14 카너먼, 『생각에 관한 생각』, 402.

15 탈러, 『똑똑한 사람들의 멍청한 선택』, 84.

16 상동

17 짐 수바, 「수바의 위클리 후트 앤 콜, iOS 앱스토어 파고들기Suva's Weekly Hoot and Call, Digging Deeper into iOS App Store」, 시티리서치, 2020년 1월 17일.

18 탈러, 『똑똑한 사람들의 멍청한 선택』, 100.

19 카너먼, 『생각에 관한 생각』, 343.

20 워런 버핏, 버크셔 해서웨이 연례 회의, 2019년 5월 4일, 네브라스카 오마하. 블룸버그 통신.

21 탈러, 『똑똑한 사람들의 멍청한 선택』, 83.

22 일반적으로 최소 포지션 규모는 전체 주식의 약 1.5퍼센트를 권장한다. 경험상 1.5퍼센트 미만이면 대개 포트폴리오에 거의 영향을 미치지 않는다.

23 탈러, 『똑똑한 사람들의 멍청한 선택』, 217.

24 멜리사 카쉬Melissa Karsh, 「2019년 4분기가 끝났을 때 빌 밀러의 펀드는 120퍼센트 상승했다Bill Miller's Hedge Fund Rose 120 Percent in 2019 After Fast Finish」, 블룸버그 뉴스Bloomberg News, 2020년 1월 23일, https://www.bloomberg.com/.

25 상동

26 일반적으로 나는 위험을 관리하기 위해 포트폴리오의 4퍼센트 이상을 보유하지 않는 것을 선호한다.

27 탈러, 『똑똑한 사람들의 멍청한 선택』, 356-357.

28 상동

9장_ 당신 안의 계획가와 실행가가 싸움을 벌일 때

1 예전에는 또 다른 거래 비용이었던 중개 수수료나 거래 수수료가 최근 몇 년간 거의 0에 가깝게 낮아졌기 때문에 미루는 버릇이 있는 사람들에게는 잘된 일이다. 거래를 미룰 이유가 하나 줄었다는 뜻이기 때문이다!

2 애플의 경우 2019년 매도를 논의한 후 2020년에 높은 수익률을 거뒀기 때문에 미루는 버릇과의 대결에서 잘 졌다고 주장하는 사람들도 있을 것이다.

3 탈러, 『똑똑한 사람들의 멍청한 선택』, 104.

4 상동, 335.

5 상동, 337.

6 상동, 315.

7 탈러, 선스타인, 『넛지』, 12.

8 상동, 7.

9 「리처드 H. 탈러: 경제학과 심리학의 통합Richard H. Thaler: Integrating Economics with Psychology」 스웨덴 왕립 과학 아카데미, 2017년 10월 9일, https://www.nobelprize.org/uploads/2018/06/advanced-economicsciences2017-1.pdf.

10장_ 후회와 무행동의 악순환에서 벗어나는 법

1 구축한 뒤 잊는다는 개념, 또는 자동적인 투자 방식이 일부 맞는 사람들도 있다. 특히 부를 축적하는 초기 단계에서 그런 경우가 많다. 하지만 전문 투자자라면 관성과 현상유지 편향을 경계해야 한다.

2 애덤 라신스키Adam Lashinsky, 「아마존의 제프 베조스: 교란의 달인Amazon's Jeff Bezos: The Ultimate Disrupter」, 『포춘Fortune』 2012년 12월 3일, 『포춘』 온라인판 2012년 11월 16일, https://fortune.com/2012/11/16/amazons-jeff-bezos-the-ultimate-disrupter/.

3 노던트러스트Northern Trust가 집계한 월별 시장 조정 빈도를 분석한 결과다.

4 조안나 스미알렉Joanna Smialek, 「노벨 경제학자 탈러는 주식시장이 불안하다고 말한
   다Nobel Economist Thaler Says He's Nervous About Stock Market」, 블룸버그 뉴스, 2017년 10월 10일,
   https://www.bloomberg.com/news/articles/2017-10-10/nobel-economist-
   thaler-says-he-s-nervous-about-stock-market.

5 내가 AT&T에 대한 투자 논거를 재평가할 때 동료 잭 와이스가 조사의 대부분
   을 맡았다.

6 탈러, 『똑똑한 사람들의 멍청한 선택』, 348.

7 상동, 347.

8 상동, 292.

9 탈러, 『똑똑한 사람들의 멍청한 선택』, 154.

10 카너먼, 『생각에 관한 생각』, 292.

11 제니퍼 말로니Jennifer Maloney, 후지카와 메구미Megumi Fujikawa, 「곤도 마리에와 정리 열
   풍Marie Kondo and the Cult of Tidying Up」, 『월스트리트 저널』, 2015년 2월 26일,https://www.
   wsj.com/articles/marie-kondo-and-the-tidying-up-trend-1424970535.

12 댄 애리얼리, 「쓰레기를 버리고 다니는 사람들이 스스로에게 하는 말」, 『월스트
   리트 저널』, 2019년 9월 27일, https://www.wsj.com/articles/what-litterers-
   tell-themselves-11569590133.

13 탈러, 『똑똑한 사람들의 멍청한 선택』, 167.

14 상동

15 제임스 그랜트James Grant, 「내러티브 경제학 리뷰: 우리가 자신에게 하는 비싼 이
   야기들Narrative Economics' Review: Costly Tales We Tell Ourselves」, 『월스트리트 저널』, 2019년 10월
   15일. https://www.wsj.com/articles/narrative-economics-review-costly-
   tales-we-tell-ourselves-11571180255.

16 탈러, 『똑똑한 사람들의 멍청한 선택』, 167.

17 이디나 멘젤, '렛잇고Let It Go', 〈겨울왕국〉 사운드트랙, Walt Disney Records,
   2013년, https://www.youtube.com/watch?v=L0MK7qz13bU.

18 탈러, 『똑똑한 사람들의 멍청한 선택』, 149.

19 카너먼, 『생각에 관한 생각』, 297.

20 상동, 298.

21 넷플릭스, 아마존, 디즈니, 애플 등은 스트리밍 전쟁에서 새로운 쇼를 쏟아냈다.

11장_ 너무 일찍 팔았거나, 너무 늦게 팔았거나, 괜히 팔았거나

1 블룸버그 데이터에 따르면 BTK 지수는 2011년 말부터 2015년 7월 사이 300퍼센트까지 상승했으나 같은 기간 S&P 500은 80퍼센트 수익률을 보였다.

2 2021년 기술주 투자자에게도 비슷한 경고가 적용될 것이다.

3 카너먼, 『생각에 관한 생각』, 385.

4 상동, 275-276.

5 상동, 344.

6 상동, 345.

7 상동, 340.

8 상동, 344.

9 존 Y. 캠벨John Y. Campbell, 로버트 실러Robert Shiller, 「밸류에이션 비율과 장기 주식시장 전망: 업데이트Valuation Ratios and the Long-Run Stock Market Outlook: An Update」, 「NBER Working Paper No. 8221」, 전미경제연구소National Bureau of Economic Research, 매사추세츠주 케임브리지, 2001년 4월, https://www.nber.org/system/files/working_papers/w8221/w8221.pdf.

10 탈러, 『똑똑한 사람들의 멍청한 선택』, 234-235.

11 실러의 경기조정주가수익비율은 1999년 말에 시스코를 매도하라는 시기적절한 신호를 보냈다. 시스코 주가는 2000년 초부터 2001년 9월까지 80퍼센트 가까이 하락했기 때문이다.

12 탈러, 『똑똑한 사람들의 멍청한 선택』, 236.

12장_ 이길 때도 있고 질 때도 있다

1 다음 기사에서 주식을 매도하는 것에 대한 투자자의 불편한 감정을 더 자세히 논의한다. 데비 칼슨Debbie Carlson, 「주식이나 펀드를 매도하는 여덟 가지 이유8 reasons to sell a stock or fund」, 『U.S 뉴스 & 월드 리포트U.S. News & World Report』, 2019년 4월 25일, https://money.usnews.com/investing/stock-market-news/slideshows/8-reasons-to-sell-a-stock-or-fund.

2 리즈 앤 손더스, 「믿음으로 달리기: 주가 할인이 이익 회복에 너무 큰 영향을 미치는가?Running on Faith: Are Stocks Discounting too Powerful an Earnings Recovery?」, 찰스 슈왑 자산운용, 뉴욕, 2020년 7월 28일, https://www.advisorperspectives.com/commentaries/2020/07/28/running-on-faith-are-stocks-discounting-too-

3 댄 애리얼리, 「지연 행동의 해결책An Antidote to Procrastination」, 『월스트리트 저널』, 2019년 1월 17일, https://www.wsj.com/articles/an-antidote-to-procrastination-11547737784.

4 상동

5 상동

6 캐럴 드웩, 『마인드셋』, 238.

7 카너먼, 『생각에 관한 생각』, 338-339.

8 찰리 멍거, 버크셔 해서웨이 연례 총회, 네브라스카주 오마하, 2019년 5월 4일, 블룸버그 통신.

9 카너먼, 『생각에 관한 생각』, 352.

10 상동

11 댄 애리얼리, 「사느냐 마느냐To Buy or Not to Buy」, 『월스트리트 저널』, 2019년 11월 27일, https://www.wsj.com/articles/to-buy-or-not-to-buy-11574866607?mod=hp_featst_pos1.

12 탈러, 『똑똑한 사람들의 멍청한 선택』, 59.

13 카너먼, 『생각에 관한 생각』, 364.

14 상동, 374.

15 상동, 365.

16 상동, 409.

17 탈러, 『똑똑한 사람들의 멍청한 선택』, 123.

18 폴 맥카프리, 「대니얼 카너먼: 더 나은 의사결정을 위한 네 가지 열쇠」, CFA Institute blog, Charlottesville, VA, 2018년 6월 8일, https://blogs.cfainstitute.org/investor/2018/06/08/daniel-kahne-man-four-keys-to-better-decision-making/.

19 상동

20 탈러, 『똑똑한 사람들의 멍청한 선택』, 21.

21 폴 맥카프리, 「대니얼 카너먼: 더 나은 의사결정을 위한 네 가지 열쇠」, CFA Institute blog, Charlottesville, VA, 2018년 6월 8일, https://blogs.cfainstitute.org/investor/2018/06/08/daniel-kahneman-four-keys-to-better-decision-making/.

22 상동

23 「책 발췌- 팻의 『서밋의 말Quotes from the Summit』」, ESPN. 2019년 3월 7일, https://www.espn.com/espnw/culture/story/_/id/26172217/book-excerpt-quotes-summitt-pat-summit.

24 '톰 브래디의 플레이 북Tom Brady's Playbook: Extended Cut', 비디오, Adobe Summit 2020: Digital Experience Conference, 2020년 3월 29일-4월 https://business.adobe.com/summit/adobe-summit.html?video=4.

25 드웩, 『마인드셋』, 263.

26 멜라니 패럴, 「현재를 살아라Live in the Present」(블로그), 2018년 1월 29일, https://melaniefarrell.com/2018/01/29/live-in-the-present/.

27 탈러, 『똑똑한 사람들의 멍청한 선택』, 269.

28 상동

29 하워드 막스가 오크트리 고객들에게 보내는 메모, 「생각할 시간Time for Thinking」, 2020년 8월 5일, https://www.oaktreecapital.com/docs/default-source/memos/timeforthinking.pdf.

30 이 책은 행동경제학에 관한 것이므로 나는 우울한 과학dismal science이라는 경제학의 명성에 걸맞게 나쁜 소식들을 섞어야겠다!

31 폴 맥카프리, 「대니얼 카너먼: 더 나은 의사결정을 위한 네 가지 열쇠」, Enterprising Investor(블로그), CFA Institute, Charlottesville, VA, 2018년 6월 8일, https://blogs.cfainstitute.org/investor/2018/06/08/daniel-kahneman-four-keys-to-better-decision-making/.

32 탈러, 『똑똑한 사람들의 멍청한 선택』, 50.

33 폴 맥카프리, 「대니얼 카너먼: 더 나은 의사결정을 위한 네 가지 열쇠」, Enterprising Investor (블로그), CFA Institute, Charlottesville, VA, 2018년 6월 8일, https://blogs.cfainstitute.org/investor/2018/06/08/daniel-kahneman-four-keys-to-better-decision-making/.

맺음말_ 멈춰라, 그리고 느리게 생각하라

1 미하이 칙센트미하이, 『몰입』(New York: Harper, 1990), 71.

KI신서 11112

멈춰라, 생각하라,
그리고 투자하라

1판 1쇄 인쇄 2023년 8월 25일
1판 1쇄 발행 2023년 8월 30일

지은이 마이클 베일리
옮긴이 이주영
펴낸이 김영곤
펴낸곳 (주)북이십일 21세기북스

콘텐츠개발본부이사 정지은
정보개발팀장 이리현
정보개발팀 강문형 이수정 박종수
해외기획실 최연순
디자인 표지 장마 **본문** 푸른나무디자인
출판마케팅영업본부장 한충희
마케팅1팀 남정한 한경화 김신우 강효원
출판영업팀 최명열 김다운 김도연

출판등록 2000년 5월 6일 제406-2003-061호
주소 (10881) 경기도 파주시 회동길 201(문발동)
대표전화 031-955-2100 **팩스** 031-955-2151 **이메일** book21@book21.co.kr

ⓒ 마이클 베일리, 2023
ISBN 979-11-7117-067-8 03320

(주)북이십일 경계를 허무는 콘텐츠 리더

21세기북스 채널에서 도서 정보와 다양한 영상자료, 이벤트를 만나세요!
페이스북 facebook.com/jiinpill21 **포스트** post.naver.com/21c_editors
인스타그램 instagram.com/jiinpill21 **홈페이지** www.book21.com
유튜브 youtube.com/book21pub